千卷耕讀
一卷評

朱敬一

目次

歷史切片

經濟思潮

企業管理

知識邊界

腦與科技

人物傳記

生活影藝

見樹亦見林

李登輝基金會董事長 李安妮

　　眾所周知本書作者朱院士是一位勤於耕讀的飽學之士，同時也是一位善於評述的文字快手，從他為本書冠以「千卷耕讀一卷評」的書名，即可瞭解他試圖透過此書來與讀者分享，如何從多元知識的吸收過程中，建構自己內在的價值觀並對周遭事務產生獨特的見解（智慧）。

　　此書不同於一般的出版品，它不在描述單一現象，也不在論述特定議題，更不在闡述某項主張，而是作者將過往寫的各類書評集結成冊。也因此當我在構思如何書寫此推薦序時，經常迷失在兩書（原書與此書）與兩作者之間，不斷被作者與作者背後的作者糾纏著，尤其碰到原書作者是我所喜愛的，他們的著作是饒富深意的，這些資訊就會「陰魂不散」的盤據在我腦中，使我忘了要推薦的是本書還是原書。還好女性的腦袋本來就是裝載著一團看似雜亂無章的線圈，必要時這些線圈總能自成網絡，彼此連結產生有效的符號與訊息。

　　之前我在臉書上閱讀朱院士的書評時，由於每則都是零星

散見於不同時間點，加上他除了理路清晰外，文字的運用也多幽默詼諧，偶而還會調侃一下作者，因此閱讀起來總是輕鬆愉快沒有壓力，有時還會想一讀再讀，甚至立即上網購書。如今集結成冊才赫然發現朱院士所寫的書評來自如此多面向且主題互異的書籍，有硬邦邦的科學與新科技，有軟趴趴的生活影藝，也有暖呼呼的人物傳記，有全球關注的兩岸與國際關係，有學者庶民都關心的財經企管論著，也有人類歷史上重大事件的回顧，更有徘徊於現有知識框架邊界難無以名之的知識。若不是透過他本人長期「不住相閱讀」（朱氏新語）的積累，很難將近百則書評妥適的安排在一本書的每一個篇章當中。即便各篇章間也不見得可以完全切割，但比起之前閱讀單則書評時，更能見樹也見林。難怪有人說男人的腦袋本來就是由一隔隔小抽屜所構成，分門別類本來就是他們的日常。

本書除了結構性篇章的安排，有助讀者完整性閱讀與有效性購書外，朱院士在對個別書籍下筆評論時並沒有一定的模式，而是有不同的切入點。有時他會劈頭先對書名甚至副標與該書主軸的關係是否貼切，使用的（翻譯）語詞是否得當表示意見，《平等的暴政》大概是他最不以為然的書名，還氣到要把自己的書評叫做「終極書評」（莞爾一笑）。有時他也會對作者或譯者本身的特質表達個人的偏好，例如他對曾獲普立茲獎的記者、具實務工作經驗的作家們，書中的觀點與文字的運用評價頗佳；對所謂社會賢達、專家學者或名人名嘴不知所云胡說八道時，會不惜還以「狗屁不通」或是「豬狗不如」等看似粗俗不雅的文字。但對人品高尚、堅持理想且謙卑的智者，也會毫不掩飾的流露出對他

們的景仰與崇拜，例如多次評介余英時院士的著作、追憶陳定信院士的紀念文，以及研讀 Michael Sandel 的名著後，下筆充滿孺慕之情，評論也止於讀後心得報告的範圍。好一位性情中人！

除了從書名與作者切入去評論一本書之外，博覽群籍的朱院士當然不會放過對每一本書的內容進行批判、糾錯與補述。在攸關台灣與中國關係的多則書評中，可以觀察到他總是不忘將兩岸的差異與對抗的本質，聚焦在「民主 vs. 民族」上。台灣的民主化是我們最大的資產也是武器，民主化的過程使台灣的公民力與社會力崛起，這樣的政治多元甚至足以對抗與經貿體制一元架構所帶來的衝突。至於他對中國政權的描述除了獨裁專制外，最經典的當屬將余英時院士茶餘飯後所談及的「狠」、「痞」、加註了：「狠」這個字雖然可以分級，「痞」就很難分級了，而大惡魔史達林、希特勒、毛澤東等人還需再加個「陰」字，簡直精準到我一度懷疑他曾混過黑道。其實朱院士這種無時無刻不忘強調台灣民主的思維，不只出現在「台灣中國」這篇的 10 則書評中，全書至少八成以上的書評，他都在內文或結語「偷渡」這個概念。我認為民主台灣根本就是他的 DNA，愛台灣就是他流的血液。

比較有趣的是，他在《我們如何守住台灣》的書評末了，幽默的提醒作者不宜用「主管」來形容老婆，因為「主管」只是業務上級，但老婆是標竿、是領導、是燈塔方向、是思想、信仰、力量、是道路、真理、生命、是獨一無二的精神指標，豈是「主管」二字所能形容？看到這裡大家是不是覺得他簡直是極盡反諷之能事，很想賞他兩個巴掌（喔喔不可施暴）。不過他最後

用規勸作者要深切檢討，否則家庭地位都守不住，又怎麼能守住台灣來作為結語，何嘗不也是他試圖用戲謔的筆法來提醒讀者，要守住台灣需要更多的創意與突破，是「找題目」而不是「解題目」。這是他頑皮性格中慧點的展現。

從「歷史切片」的 9 則書評（10 本著作），和「生活影藝」中數則與飲食旅遊有關的書評中，隱約可以發現到朱院士對探索歐洲有極大的樂趣，對（地中海）海洋、海權、運輸也有一定的關注，對歐洲的分治（難以產生大一統帝國）與台灣的命運也有一些聯想。他會不時的比較歐洲與台灣（至少也是東亞）的歷史發展，曾遭遇的災難。

在《民族重建》的書評中，他感性的寫到此書對他的啟發。由於「一個民族一個國家」的思維，竟然變成「為了要建立民族國家，就把其他民族殺戮、清洗、驅趕出境」這樣極其狹隘且危險時，波蘭的外交政策卻終能讓東歐各國的民族重建成為精彩的故事。這個過程讓他得以更深一層思考台灣的民主未來，朱院士不吝惜用「這是一本超級好書」來作為書評的結語。

在《槍砲、船艦與筆墨》的書評中，他對作者以「外在戰爭催生了各國立憲」的分析結論雖表同意，但也反思了形諸文字的憲法終究只是文件，不但徒法不足以自行，被極權統治者廢絀、凍結、擱置的事例比比皆是（台灣就曾是其中一例）。尤有甚者，藉憲法的至高性與僵硬性將專橫與強權置入時，悲劇將成為該國無法避免的命運。朱院士在書評結語寫道「筆桿子何時才能免於槍桿子的蹂躪」，道盡了（中國）知識分子的悲哀。

透過《歷史的草稿》一書的書評，他其實希望分享的是自己

擔任文膽的心得。他批評作者只闡述了「寫文章」的技巧，少了對寫作者知識的孕育。書評中他也直言不諱的舉出自己幫人寫稿最痛苦的經驗，就是委託人「把文稿當文告」，因為文告是公文書，絕對沒有感情；文稿才可能「筆鋒常帶感情」。我認為他所指的就是知識孕育深厚的重要性，我也相信他確實曾遇到過有讀書、有哲思的委託人，否則不會用「但開風氣不為師」的喜悅作為結語。

對於「經濟思潮」與「企業管理」相關的著作，我們的經濟大院士果然花較多的篇幅，先用科普的寫作方式為讀者摘要全書的精髓，再從政治經濟學的角度指出作者在左右光譜上所站的位置，最後當然不忘提出他個人精闢的見解，此時他的價值觀（或稱道德觀）與立場就表露無遺了。他顯然對主導經濟學研究以及全球經濟思潮半個世紀以上的「芝加哥學派」不表認同，對「自由市場萬萬歲」的論調，以及高度依賴數理統計的方法學都有所保留。他在許多則書評中一再提醒讀者，自由市場有其失能失控的陷阱，它絕不是萬能的是有極限的，尤其是當它在一個政治不自由的專制集權體系中運作時，往往會出現黑箱、虛假、扭曲的現象，也導致過度天真的全球化遭遇到困境甚至面臨崩解。我可以感受到他試圖在為自由市場找出一條紅線，這種心境像極了 20 年前我在為政府書寫「性別平等政策綱領」總論時，對於在過分依賴自由市場運作邏輯下推動社會政策時，需要一條紅線來加以「規勸」一模一樣。如前文所述，此時他又會不忘再度將「民主 vs. 民族」的概念「偷渡」在多則書評的結語中。

對於方法論的部分，他也在《隨機試驗：改變世界的大膽

研究》的書評中，說明了「沒有辦法複製」的真正意涵，強調想法重於方法，就是要先有超越的想法 insight（也就是洞見），再去思考要採用的方法。而洞見或創意則來自「連結諸點」的能力，少了這項能力，「即使用超級隨機的實驗方法，做出一個超級乾淨的統計顯著結論，它還是個狗屁啊！」（好傳神的朱氏用語）。

值得一提的是他用 Michael Sandel 的《成功的反思》來為「民粹主義」溯源。他在書評中首先用「超級精彩」與「絕對最值得推薦」的極端語詞來開場，讓讀者也就不知不覺去「急購」此書了（出版商拍拍手！不要謝我，我早有此書了）。朱院士也許和我一樣對 Sandel 有追師的敬仰情懷，書評以心得報告（如前文所述）為主，但並不止於此。他認為閱讀政治哲學一點也不枯燥，它幫助我們把事情「想清楚、想透徹」，讓我們成為比較「完整」的人，而做人完整與完美完全不同，我們永遠不會完美，但是一定要努力使自己完整。這是我看過最棒的人生哲語！

在閱讀「知識邊界」或「腦與科技」這兩篇的書評時，讀者一定會搞不清楚朱院士是科學家還是哲學家。也許因為這幾本書的內容多屬於「徘徊於現有知識框架邊界無以名之的知識」，或是硬邦邦的科學與新科技知識，因此從多則書評中可以發現朱院士不再像看待經濟思潮與企業管理的書籍一樣，仔細為讀者先導讀一番，而是很急於提出他的見解。不過與其說他無意為大家轉譯科普教材，不如說他想花更多的心思與原作者對話，提供讀者更多面向的思維。他十分關心資通訊技術的迅速發展，認為未來美／中之間對峙的關鍵就在 6G 與 AI 兩大面向。

從這一區塊的書評總結來看，他保留推薦意見的書籍其實為數不少，有些是既對作者有意見，也對作品內容不滿意。《亞洲未來式》和《新 AI 與新人類》是典型會被當掉的兩名學生。前者除了他在書評中有明確指出作者對「未來」的定義龐雜失焦外，我認為他對作者在書中亂吹捧一帶一路的經濟價值一定有絕對的關係，因為在另一則〈比爾蓋茲教你如何避免氣候災難〉的書評中，他突然毫無關連的在結語中冒出一句：「但我有點不滿。Gates 這個傢伙支持一帶一路。唉！人都有弱點。騙之以方，正是中國共產黨的百年傳統。」這也是閱讀朱院士書評有趣之處，他的文字有時好像很理性，但又能用幽默與戲謔來加以軟化。不過對中國政權的警覺性倒是一刻沒有停止的。

　　關於人物傳記的書評，朱院士可以大剌剌的直言對這人有多麼「厭煩」，即便該書是由第三人所寫，他也不在乎「偏見」的可能，顯然他對這等人物們早有定見。有一段他用來描寫自己對馬斯克（Elon Musk）貢獻的感觸，有點諷刺但也十分貼切：「我寧願這個世界沒有 Tesla、沒有 SpaceX、沒有 Starlink，我也不要被一個通識白癡的科學怪人主宰未來。人文社會的怪咖頂多只是『鐘樓怪人』，頂多只是嚇到鄰居，危害有限。但是科學怪人的危害，程度要大上好幾個級數啊！」。

　　他對於許多人把賈伯斯（Steve Jobs）說過的話奉為金句也視之為無知、可笑之舉，因為在他眼中賈伯斯既不是一個好父親，也不是個好男人，更不是個好老闆，會說出他「不想浪費生命為他人而活」的人，有什麼崇高的人生目標可言？對比他所推崇尊敬的前輩陳定信院士，他投入了所有的感情對那篇紀念文，

表達出孺慕與思念之情，相當令人感動。

　　《向獨裁者說不》一書的書評所引伸的「武器」意涵也十分發人深省，他對作者描繪在菲律賓如何向獨裁者說不，感到敬佩甚至流淚，但也反思如果獨裁者不是杜特蒂，而是中國的毛澤東、習近平這種人，下場恐不樂觀。朱院士書寫過許多有關網際網路的書評，不時表露出他的關注與焦慮，他認為網路的蓬勃發展未必對民主自由有利，在不自由的國度中，往往為獨裁者所掌控，因此作者的遭遇換成在中國，他不知哪來武器對抗，也不知民主自由的未來在哪？他是不是又回到對中國的警覺心了！

　　行文至此，我發現自己已經遠遠遠遠超過朱院士給我的字數限制，雖然還有沒說完的話，但也是該停筆的時候了。我基本上是個喜歡閱讀，也喜歡發表意見的人，不過幫人家寫「書評集」的推薦文卻是人生首次。著手書寫前確實有一些個人認知上的困擾（前文已述），請教過師長朋友後，決定跟著感覺走，作自己就對了。這本書評集的背後有近百冊的出版品，我十分佩服朱院士能讀、能寫還能說（應該也能做）。作為鐵粉的我最後想說的還是請大家能好好閱讀這本知識養分高，視野角度廣，文字流暢詼諧的好書。

二○二四年八月八日

君子不器 國士無雙

　　我是一個喜歡讀書的醫師，因為我相信「讀書之於頭腦，好比運動之於身體」，因此「書猶藥也，善讀可以醫愚」。除了讀專業的書籍和論文外，我也涉獵不少與專業無關的閒書。其實到我這個年紀多讀書讀好書並不是為了滿足「書中自有黃金屋」的功利心，也非緩解「書到用時方恨少」的焦慮感，單純只是追求內在的開悟，少一點人云亦云的跟風，多一點獨立思考的能力，活出不一樣的精彩自我。

　　但是強中更有強中手，提起讀書這回事，我認為只有敬一兄才是真正的「讀書種子」。他提倡「不住相讀書」，藉由廣泛閱讀觸類旁通，擴充自己的思路，避免見樹不見林而達到他宣稱的圓融一貫（coherent），無惑的境界。更令我甘拜下風的是他看完書後，可以在最短的時間，用最少的篇幅寫出文情並茂的精闢書評，為讀者導航，跟他一起遨遊書海。令人羨慕並嫉妒的是他雖非專業寫手，卻是寫作速度極為驚人的快手，自稱一個半小時可以完成 1500 字，而且完成的文章就像胡適提倡的白話文「言

之有物，不摹仿古人，須講文法，不無病呻吟」。他的祖輩有狀元、探花、進士、詩人、思想家、文淵閣大學士，先天就有優良的「動筆基因」，加上後天「讀書破萬卷」，故能「下筆如有神」。

這本《千卷耕讀一卷評》，就是敬一兄集結他近來所寫的書評出版。我看他所寫的書評，常擊節讚賞自歎弗如。看這一本書，等於買一百本的原書，讀起來不僅興味盎然，他的神來一筆也會令讀者腦洞大開，舉其各章節精彩處，舉舉大者如下：

（1）談台灣與中國：對共產黨和列寧政權本質，認識最深刻最清楚的兩人，以前有余英時，現在有朱敬一。前者認為共產政權基本上是具有「狠、痞」特性的「流氓」政權，後者錦上添花再加上「陰」。因為「狠、痞、陰」三合一，所以鬥爭無往不利，置民主、自由、平等於度外。兩位高人同樣道德思路圓融一貫，不會因「民族情懷」而放棄「民主價值」。敬一兄更提醒我們的國民之所以保台，是因為珍惜民主，之所以要備戰，捍衛的是中華民國憲法、民主、自由，台灣人民期待的是有錢加安全加「尊嚴」。對台灣最危險的是中國十幾億人民還活在鴉片戰爭後民族主義的亢奮情緒，而在未來不可避免的美中衝突，台灣已無槓桿（leveraging）的空間，只能扮演關鍵扭轉（pivoting）。

（2）歷史切片：他評論了新疆的種族清洗、中國是怎麼形成的。且因為中國沉溺於民族主義，並無人本主義，不僅對於民主體制不能理解，也缺乏對其它民族苦難的同理心，對於一切全球事物都可以因為官媒或網軍的民族主義召喚而完全不辨是非黑白；談到過去疫情間台灣的疫苗政策，指出防災和救災時間軸的

不同，防災是防「以後」的災，救災是救「現在」的急，他以「草船借箭」說明「國防產業」和「敵前作戰」的差異，更是於我心有戚戚焉；以歷史學家和經濟學家的不同來闡明宏觀和微觀差異，指出前者重史料、目標夠大，但較不重方法論，有時邏輯不通，導致因果誤判，是「思而不學則殆」。後者著重方法，善用科學，但有時明察秋豪卻不見輿薪，是「學而不思則罔」。如此說明及比喻，讓人對兩種學問的不同理解豁然開朗；他也思考台灣的永續民主，提出吉德羅伊奇的「向前看」史觀，不緬懷歷史偉大的過去，清算以往彼此的傾軋，計較糾結複雜的紛爭，並學習前波蘭外長斯庫比謝夫斯基的做法，皆是令人耳目一新的解方。

（3）經濟思潮：經濟學是敬一兄本行，對於芝加哥學派的右派自由市場理論，與貼近社會民主主義的左派大政府理論比較，信手捻來，如數家珍；對於避免資本議弊病及反對共產主義極權式有經濟而無自由，菁英主義與貴族世襲的差別，特別是宏觀的洞見與微觀方法的辨證論述，讓人佩服的五體投地。他更提出以「平等自由主義」及「社群主義」來改善績效主義所造成的民粹主義弊病。他個人偏好北歐的社會民主制度，因為在教育機會、社會保險、及勞資政策均較理想，但也指出全球化對修正式左派資本主義的衝擊。「學問為濟世之本」，但此章節也可見到敬一兄的人文素養、重視平等／公平、民主／自由、社群／團結等心價值。

（4）企業管理：大學念工商管理系的敬一兄對數量技術財務、不完整市場、零規則管理、消費者權力、消費者導向、數位

時代的經營均有完整而深入的分析。提出共生、雙贏，維持生態系等前瞻看法，以免企業贏得戰役卻輸掉戰爭，也提醒企業「計利當計天下利」，管理者「求名當求萬世名」。並戲言他的直觀思考靠膝蓋，若是重技術分析則會缺乏洞見，膝蓋也會退化。

（5）知識邊界：談到能源及氣候危機，也描述因俄羅斯及中國崛起及美中競爭造成的國際貿易及分工失序，而終結全球化，並導致供應鏈戰爭。對網路時代、太空商業，甚至東西方宗教的比較，均有精彩的評論，尤其是他提出如何辨識網路時代數據假象及鬼扯的判斷標準，及一針見血指出東方宗教相對中性的「天道無親」與猶太教及其衍生的回教、基督教的「道德標竿」差異，是造成後者容易發宗教戰爭的原因，均令人拍案叫絕。

（6）腦與科技：有關腦的可塑性（plasticity）、老化理論及情緒管理等，我並不陌生。但是此章中的如何化流體智力（fluid intelligence）為結晶智力（crystallized intellignece）以重啟人生，及對人工智慧的論述，卻讓我眼界大開。所謂流體智力是與創新有關的閱讀及數學能力，通常在30至40歲後急速下降；而結晶智力指的是運用以往知識庫的能力，因此腦子裡充滿的知識越多，就越容易發揮結晶能力。當然「無住相讀書」及人文領域的能力更與結晶智力有關。一般人的職業生涯並不是一直往上，常見的是在高峰後遭遇低谷，此時多數人以否認和加倍努力來應對，然而卻事與願違。這些人不知道的是因為流體智力已經減退，所以必須用結晶智力以期再創另一波高峰。因此如何由流體到結晶，攸關第二人生的重啟。對 AI 的看法他十分中肯，AI 既非萬能，也非萬萬不能，它在資訊梳理的強項可以降低一些知識

入門的「門檻」，省下很多「苦工」，但降低門檻未必有助知識提升，特別是人文領域；另外 AI 對 literature-based discovery 及 robot scientists 的知識創新有幫助，但是於應用科學的理論則不一定奏效。而且他也提醒AI時代的資訊安全不能只光對民主體制的國家做規範，卻未要求極權主義國家，如中國，因它同時掌握大數據與AI，會利用個人特徵做側寫（profiling），來達到監視控管人民的目的。因為民主世界的無能為力制約，因此形成兩大陣營實體世界可交流，但虛擬資訊空間卻無法交流的資訊牆。

（7）人物傳記：敬一兄反對「從名人句子中尋找智慧」，而是從生命軌跡及人生目標來臧否人物。此章節出現的人物有賈伯斯／陳定信、胡雪巖／季辛吉、拜登、祖克伯／馬斯克／李飛飛，涵蓋當代及過去政商學界的大人物，十分精彩好看。他推崇的不是「一將功成萬骨枯」型的賈伯斯及馬斯克，而是堅持原則使世界更美好的陳定信。也提醒人文社會的怪咖頂多是「鐘樓怪人」，但是現代欠缺人文素養的「科學怪人」為害可能更大。更用李飛飛的例子，敘明成功除天分、努力、運氣外，也要有敬一兄一以貫之所重視的人性的呼喚。

（8）生活影藝：談胡適的白話文、也論章回小說，此章節隱約透露出敬一兄的嗜好——葡萄酒、旅行、做菜。他對台灣健保危機的看法，也極具參考價值，認為政治人物一定會想出一套「暫時續命」的葉克膜辦法，因此頂多像比薩斜塔慢慢傾斜，故他認為健保不會倒。而健保收支失衡的根本問題是整體社福收支失衡，提出不動產交易社福捐及附加健保來解決危機。

我要感謝敬一兄讓我有機會先睹為快，但是我整整花了兩

個星期才看完並消化完畢，實在人比人氣死人。為了投桃報李，我也東施效顰指出我 5% 的保留或不同看法。對於謊言之瓶中描寫製藥產業有關學名藥的醜陋，我同意即使在專利過程後，學名藥的製作仍有技術及製程品管的門檻，但是也並不一定都是像中國或印度謀窮困人的財、害苦命人的命。只要政府做好事前的製程品管與事後的監管檢測，民眾仍能以合理價格服用到治病救命的藥。可惜台灣的健保有一套因應總額限制逐年降藥價的特有機制，一直降到無利可圖時自然會有品質不佳的劣藥，甚至偽藥，不能全部歸諸於學名藥，一竿子打倒那些奉公守法，兢兢業業的藥廠。

有關AI在理論創造及因過度重視效率和 human centered 可能造成生物多樣性減少，我同意也相當佩服。然而 AI 在醫療的運用，一定要 human centered，提供以病人為中心的跨領域及有溫度的醫療照顧，是我們行業的金科玉律。而且利用 AI 先做發散式思考，之後再做專注式思考，把artificial intelligent（AI）變成 intelligent assistant（IA），讓 AI 做 Copilot，也有助於醫療的創新。健保會不會倒，醫界有很多爭論，在第一線醫療場域也做醫院管理的我也認為政治人物不會讓健保倒，但是若不改革，則正派經營的醫院會倒、醫護人員也會倒。看看英國及韓國目前的慘況，我們急重難罕科別的醫生也在減少，再不想想辦法，年輕醫生會用腳投票、往輕鬆科別及基層執業移動，屆時救命的醫生沒有、救醜的醫生一堆，才是令人擔憂。

總而言之，這是我近二十年來看過最精彩的書（應該是複數要加 s），不止文字引人入勝，內容更是獲益無窮。不管是文

如其人或人如其文，敬一兄的思想、主張、世界觀及真性情均反映其中。書評中論及的學問，除經濟學、管理學是他本科外，社會學、人文學、腦科學、AI、政治哲學、宗教，他均能想清楚，想透澈，做到貫會圓融，既有宏觀的圖像，又有微觀的清晰。這麼多的學問，他都能通而專，是「君子不器」的範例。而且他文以載道，論公共事務的公平公正、關心弱勢，兼具有書中三位大咖——余英時、胡適及陳定信的優點。他擁有真學問、真性情，雖然自謙不是完美的人，但卻是已經做到完整的人。斯人斯言斯行，誠「國士無雙」。

打通任督二脈之後

中央廣播電台總台長　張瑞昌

　　我始終覺得閱讀是一輩子的事，但人生苦短，書海茫茫，如何尋覓喜歡的，心裡想看的，或是適合自己需要，也能推薦他人的好書，享受開卷有益之樂，誠非易事。拜網路社群之賜，朱敬一不定期的讀書心得，有如仙人指路似地，讓愛書人在浩瀚書市裡懷著羅盤，找到航向，然後按圖索驥、順藤摸瓜，發現顏如玉、看見黃金屋。

　　朱敬一是我認識朋友中少見的天才型人物，他聰明絕頂，好學不倦，最厲害的是一心多用，像周伯通的「雙手互搏」，簡直是不世出的奇才。以前在報館開主筆會議，他老兄坐我對面，隨便一張餐巾紙，一個牛皮紙袋背面，他邊開會邊動筆，偶爾還參與討論。會開完，1500字的社論也寫好了。如果沒有海量的閱讀，不可能有勤於書寫，甚至寫出精闢書評的功夫。其實，假使讀書像練功，那麼朱敬一天生就是個練家子，如同武當派的祖師爺張三丰，自創武功，招數奇妙，把書評寫得跟他打的太極拳一樣，陰陽相濟，剛柔並存。若是常年拜讀，有益身心。

朱敬一總是將「不住相讀書」掛嘴邊，這是他告誡徒子徒孫的話語，也是他自己奉行不逾的圭臬。那是早在《給青年知識追求者的十封信》這本書裡已經揭示的讀書準繩，所有「有目的」的讀書，多少都是扭曲的；唯有「不住相」讀書，不要計較目的，廣泛閱讀，才能紮穩馬步，有朝一日就會形成連點串面的功夫底子。

　　我們因而在《千卷耕讀一卷評》，看見朱敬一展現他不住相讀書而匯聚的「雜學」功力。他寫《低端中國》的作者做過商業週刊、彭博記者，因此路數與學者截然不同，然後還以作家野島剛為例，稱記者筆法都像是在寫科普，試圖把脈絡複雜社會現象，用一般人能理解的方式呈現出來。這是朱敬一解剖書籍的標準手法，從作者背景切入庖丁解牛，一如他在寫《平等的暴政》，談到歷史學家與經濟學者的差異，發出「歷史分析科學化」這樣的嘲諷，即是朱敬一評論的金句。

　　事實上，朱敬一擅長說故事，本身就是一個不輸給記者的科普高手。從某個角度來看，悠遊於人文社會和社會科學之間的他，也是一個具有歷史觀的經濟學者。本書目次編排分八個輯，他在收錄「歷史切片」一輯中，完全展露他旁徵博引、舉一反三的治學特性，到了「經濟思潮」更是火力全開，直言無諱，連「花錢去買？我是不建議啦」都出爐，如此評價看得我汗流浹背，讚嘆朱師勇氣可嘉，敢言人所不敢言。

　　然而，朱式風格不只是絕不照單全收，除了不願和稀泥、人云亦云之外，他的筆調幽默風趣，戲而不謔，也是一絕。最常出

現的是「膝蓋論」，他說：「直觀思考靠膝蓋，著重技術分析的人，膝蓋會退化。」能將「膝蓋想也知道」的口頭禪寫入文章，也是典型的朱式語言。不過，我最喜歡是他評《隨機試驗：改變世界的大膽研究》的心得，「方法可以學習，但是『洞見』很難」，不僅一語道出閱讀培養見識的核心，也告訴讀者閱讀是鍛鍊內家功夫的不二法門。

曾經入閣又外派 WTO，讓朱敬一的「洞見」更往上提升到 2.0，尤其是豐富的「對匪作戰」經驗，讓他的閱讀心得總能即刻抓住重點，甚至可以說「萬變不離宗」直指問題關鍵。以《新社會契約》來說，他評論此書是「忙人膚淺的思想深度」之餘，在結語寫道：「一個人對民主自由的理解如此淺薄、對於專制體制的認識如此浮面、對中國共產黨所造成的危害如此一無所知，真的是令人驚訝。」在我看來，即使作者經歷顯赫，如果獲悉這般嚴厲評價，恐怕也會覺得無地自容了。

不斷閱讀的朱敬一是出了名的快筆，本書的書名頗有那麼些許諸葛亮躬耕南陽之意，然而，我猜想他寫書評的心情，應該與他當年寫《給青年知識追求者的十封信》並無二致。朱敬一是博學多聞的大院士，也是不忘初心的老頑童，在《千卷耕讀一卷評》這本書裡，我們真實地看見他的治學態度與家國情懷，還有那捍衛自由民主價值的堅定信念，以及一個知識分子對社會的終極關懷。

讀過本書，不僅任督二脈被大師打通，從此遇見大部頭的書，將可心生見大人則藐之的氣魄，你我的閱讀人生有了定錨，黑白也會變彩色。

膝蓋幫助閱讀，閱讀訓練膝蓋

　　我在擔任台灣駐 WTO 大使三年期間，由於瑞士「好山好水好無聊」，也不是一天到晚有那麼多公務，閒暇時就只能瘋狂讀書。人同此心 心同此理，大使館館員也常有假日無聊之歎，於是我將自購之書約百餘冊彙集捐出，供同仁免費借閱。每本書還附上一頁簡短提點，有點像是書評。提點慣了，寫下書的評論也就漸成習慣了。

　　2019 年回台灣歸建中央研究院，雖然瑞士的「好山好水」美景不再，但瘋狂讀書、勤寫書評似乎已成常態。以每十天一冊來算，回台迄今最少也累積了近兩百篇書評。我的書評大都貼在臉書，久而久之也累積了不少粉絲。其中《晶片戰爭》一書居然有一千八百多次分享，連我自己都嚇一跳。其餘書評通常也是數百次分享起跳，看起來小有知識推廣之效。有朋友說：出版《晶片戰爭》的天下雜誌應該要付我推書佣金，事實上未必如此。我相信，有不少比例的人是「讀完書評就不買書」的。天下雜誌沒有控訴我「實質阻礙書籍銷售」，就已經不錯了！

　　一兩百本書，從哪裡來的呢？絕大多數都是出版商送的，

我自己花錢買的不到十本。出版商為什麼要送書呢？八成是希望我寫個好評，有助行銷推廣。難道出版商寄來的書都是我想要讀的書嗎？幸好我不挑三揀四；大概除了六法全書，我什麼書都喜歡讀。幾十年來，我都在鼓吹「不住相讀書」、也就是讀書不計目的。讀非專業書籍，本來就應該內容不設限，反正知識囫圇吞棗之後，再由腦神經網絡去篩選吸收。因為不住相，所以腦袋的吸收全無系統，凌亂雜沓。但若哪一天心有靈犀，銜接那些雜沓之點，就能自然成章。這種自然串接知識的本事，我把它描述為「膝蓋透視力」。膝蓋透視力又從何而來呢？它從閱讀而來。這有點像是正向循環：讀書訓練膝蓋，膝蓋有助讀書。

萬一書籍閱後觀感不佳，書評怎麼寫呢？書評就像是教授寫介紹信，碰到「朽木不可雕」的學生，教授通常有兩種處理方式：其一，用詞隱晦，例如說此生「非常用功」，隱喻其亟需勤以補其拙；說學生的論文「有趣」，隱喻其文章除了主題，餘皆乏善可陳。其二，則是用「最近實在太忙」的理由拒絕寫推薦信。本書收錄的書評十之九五是正面書評。偶爾有兩三本實在爛得不像話的書，我刻意留下「不同意見書」的書評，以減少爛書對社會的誤導。這些都是對事不對人，對號入座的千萬不要放在心上。

要寫一百篇書評，背後必然有十倍以上的知識奠基，否則內容必然乾澀。我所寫的評論，經常有超越書本範圍的拓展延伸、另類思考、反例析辨、旁涉其他。這些旁門左道的內容，通常遠多於書籍原本內容的介紹。書名取作「千卷耕讀一卷評」，就是刻畫這背後的準備工夫。

寫書評辛苦嗎？一點也不會。自己擔任公職的時候，經常要出席雜七雜八的會議。這些會議不能缺席，但是內容非常不營養。於是開會時就是寫評論的好機會。開會時耳朵還是要聆聽會議的風吹草動，但一心可以二用：給我一口公文信封廢紙袋、一隻原子筆，一場無聊會議開完就有 1,000 字初稿，事後小做刪修，庶幾完工矣。反正「好山好水好無聊」與「好多會議好無聊」，都一樣是無聊。

　　膝蓋為思辨學習之父，無聊為閱讀寫作之母。膝蓋在無聊時最好用，遂有《千卷耕讀一卷評》之成書耳。

二〇二四年八月七日　於台北南港

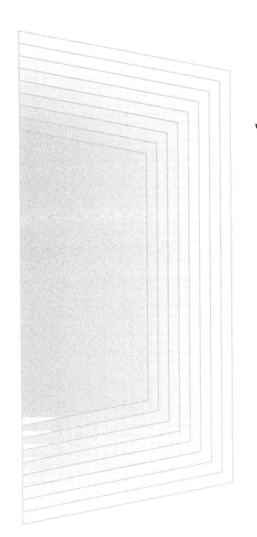

台灣中國

《低端中國》幫助我們了解中國

　　這本書的英文名稱是 "The Myth of Chinese Capitalism"，它還有一個副標："The Worker, the factory, and the future of the world."。老實說，不論是英文主標或副標，讀者都不會猜到作者想要描述的主軸。反倒是中文書名取得比較好：「低端」，英文大概是 low-end，是指社會低層的那一群人。2017 年北京清理「低端人口」，大概是外界第一次看到這個名詞。在民主國家、尊重人權的社會，我們都不可能把任何「人」描述為「低端」。但是在中國共產黨統治的地方，不尊重人權其實是常態。

　　這本書所描述的，是中國數以億計的「農民工」。所謂農民工，是指他們原本是農村家庭的年輕或是壯年成員，在中國九〇年代鄧小平改革開放風潮下，因為東南沿海城鎮先行「試點」，使得深圳、上海、浙江、天津等地成為率先移入輕重工業的地區，遂吸引了幾千萬、幾億的農村人口移入，成為「農民轉工人」的農民工。農民工原本生活苦，所以到新的工廠工作要求低、吃苦耐勞，是絕大多數東南沿海工廠的廉價勞工，其實也是血汗勞工。從 1990 到 2005 左右的 15 年間，中國的經濟成長都是由這些血汗勞工撐起來的。

全世界幾乎所有國家的經濟成長，都會經歷前述「農民往城市、工業區移動」的過程。在經濟發展初期，農民人口比例動輒超過六成、七成，到了經濟發展成熟期，則農業人口往往只剩下不到 3%，其他大約 60% 的農民都轉軌到工業部門或是服務業。這個過程台灣、韓國、新加坡和所有走過經濟發展過程的國家，都經歷過。但是中國的經驗，卻與別的國家不同。哪裡不同？且讓我慢慢解說。

　　第一，中國農民沒有居住遷徙的自由。台灣若干南部人民「北漂」，到了北部就是一個權利完整的「北部人」。但是中國實施嚴格的「戶口制度」，所以鄉村農民漂到東南沿海城市，理論上仍然是非法的，沒有城市戶口。因為是非法，農民工永遠無法取得城市的居留權，所以他們的子女也永遠不可能移居城市。

　　第二，許多在中國的外資、台資的工廠老闆，都是豬狗不如之輩，他們竭盡所能壓榨這些血汗勞工。因為怕勞工逃跑，所以老闆扣押他們的身分證，外加在薪水中先扣下一個月的伙食費。工資低廉不說，住宿環境也差。由於農民工理論上是非法，他們也不敢向外界申冤。即使申冤，地方官府也是偏袒業主（因為那是地方官員索賄與油水的衣食父母）。農民工身分證被工廠扣押，在街上經常被警察欺負，動不動押回警局，又要工廠付賄才能保出。所以農民工的生活狀況極慘。看看全球各國的經濟發展歷程，中國的廣大農民工大概是人權待遇最差的一群。

　　第三，農民工由於在城市是「非法低端人口」，所以極少有「在城市待下去」的打算。每年十一長假或是農曆春節，這些農民工才能休假返鄉，形成極大的人口流動，動輒以億計。他們平

均一年回鄉兩次，其他時間子女都交給祖父祖母照顧，形成全世界唯一、極大比例的「跨代教養」。也有許多外移農民工父母沒有辦法照顧，就把子女安置在鄉下的寄宿學校。這些完全沒有家庭生活的十幾歲孩子，人格成長與心理發展，都更容易出問題。

第四，有些農民工選擇把家人子女接到城市與自己一起住。即使這些農民工收入能夠養活一家人，但是這一家人就是沒有戶口，就是非法。於是，農民工的子女沒有辦法上水準比較好的公立學校，只能上「專門吸收農民工子女」的私立學校。這些學校十之八九是「辦學以賺錢為目的」，因此農民工的下一代，也因為教育機會差而難有出路，往往還是下一個世代的「低端人口」。簡言之，農民工跨代往上階級移動的機率，非常非常低。

第五，中國的經濟發展是從東南沿海開始的，所有的彈性制度與試點辦法，包括土地買賣，都只適用於東南沿海，不適用廣大農村。所以，農民不可能在自己的家園發展出什麼有積極機會的經濟翻身模式。於是，幾億農民工是被卡在中間的：往城市移動則自己加子女就是次等公民；如果留在鄉下則勞苦農耕一生，完全沒有翻身機會。

第六，唯一的可能，就是北京忽然「垂憐」某個偏遠鄉鎮，要由上而下地發展那個鄉鎮。例如，北京說要在貴州發展「雲端」產業、要建造一座大型太空雷達，則貴州就中選，大力發展這些產業。但是地方即使被相中，只是平白冒出一些政府機關或是財團，打著中央政策的名號來徵收土地。土地徵收價格未必合理，農民沒有拒絕的權利，徵收之後農民除了一筆錢，頓失生活依靠。所以說穿了，「垂憐」之後的徵收，未必是農民的福利。

第七，在中國最近發展的大數據「社會計點」制度下，農民工益發難以翻身。「社會計點」該怎麼計，其實是「非農民工」設計出來的。種種「加點」的行為（例如捐款行善），大概絕對不是農民工做得到的。於是大數據與人工智慧，將使農民工的弱勢「制度化、數量化」，更不利於農民工。

綜合以上，讀者大概就能體會在中國扭曲的共產黨統治下，幾億農民工的苦難。這些苦難有改變的機會嗎？很難，背後有兩個原因。其一，若要改善農民工在都市地區的權益，例如讓他們擁有戶口，享受一般都市居民的權益，則都市居民會群起反對，因為這是零和遊戲，例如增加農民工子女的就讀公立學校機會，就會減少都市人子女的就學機會。都市人直達天聽，絕對會擋下來。其二，農民工生活雖苦，但是與十幾年前比，生活還是有改善。在媒體、網路一言堂洗腦之下，這些「都是共產黨的德政」。農民燃不起不滿意識，就很難形成改變的壓力。

作者 Dexter Roberts 做過 Business Week 與 Bloomberg 的記者，記者的調查與寫作，其路數與學者截然不同。他們的田野探索，不走「問卷」、「實驗」、「推理」、「論證」這樣的路線，但是有時候卻是極為敏銳。例如，作者有一回訪問移民工在家鄉獨居子女就讀的寄宿學校，校長安排了幾個學生受訪，想必是排練過問題／答案模擬的。但是 Roberts 一開口就問「想不想爸爸媽媽？」女學生沒有心理準備，不安地扯扯衣袖，就哭了起來。我讀起來非常真實，也非常難過。我們學術研究者，絕對沒有這樣的功力。

天安門頭有毛澤東所寫「為人民服務」幾個大字，是「毛

體書法」，大概也是集權中國最諷刺的幾個字。作者最後引述費孝通的幾句話做結論：「一個人民所不能控制的權力能為人民服務，是一個奇跡。奇跡可以有，但不能視作當然。所以為了要保證權力不能不向人民服務，還是得先由人民控制住這權力，這才是政治上的常軌」。

對於費孝通的說法，我必須要加幾句：「人民控制權力，才能促成權力為人民服務」，這並不是「奇跡」與「常軌」的高深辯證，而是誠實與謊言的普通常識。不受人民控制的政治權力，就只是政治人物的私欲私利，了無其他。硬要合理化不受人民控制的權力，必然是謊言。

台灣政治學界有少數垃圾，連區辨謊言的能力都沒有。這是台灣學術界的恥辱！

野島剛所看見的《台灣十年大變局》

　　這本書完成於 2017 年 2 月，迄今已近五年。我已經不記得是誰送我的，一週前偶然發現，看到出版年分，還擔心書的內容會不會過時了。畢竟，在過去五年，有四年是美國川普執政，美／中衝突日益升高，中國的戰狼外交也日益引發全球反感，而這些都是影響台灣處境的重要變數。野島剛的書大概完稿於 2016 年底蔡英文勝選之後，但是對於其後的發展，作者還沒有機會觀察。

　　雖然錯過了這五年的觀察，我認為此書還是非常值得一讀，原因概述如下。

　　野島是日本媒體《朝日新聞》的記者。記者寫作的方式與學者不同；如果用比喻來說，記者的筆法都像是在寫「科普」，試圖把脈絡複雜的社會現象，用一般讀者能夠理解的方式呈現出來。學術界人士寫科普的頂尖高手，大概許多人都會想到 Jared Diamond，他能把演化、地理、歷史用簡單的白話文寫出來，幫助完全沒有專業知識的人理解複雜的科學知識。記者到了爐火純青的境界，也可以對複雜的政治、社會、經濟問題清爽解析。野島剛的功力，庶幾近矣。

舉個例子：此書一章提到了南海爭議，扯出「九段線」、「十二段線」等名稱的源起。在另一本普立茲獎得主 Daniel Yergin 的近著 "The New Map" 中，這位美國記者也有一章類似的敘述。兩相比較，野島的描繪較之 Yergin 毫不遜色，甚至對於來龍去脈描述的更清楚。記者功力堪與普立茲獎得主平起平坐，當然不容易。

　　野島觀察台灣的視角與一般學者不同，一個很關鍵的因素，就是「日本因素」。畢竟，台灣曾經被日本統治五十年，老一輩的台灣人有相當的日本文化記憶，這些文化因子當然會影響今天的民間情緒。此外，中國對於台灣的民族主義情緒，又與鴉片戰爭、甲午戰爭、清朝割讓台灣密切相關，而甲午戰爭、割讓台灣的主角又是日本。再者，釣魚台、琉球、南海諸島也曾經被日本占領數十年，相關的地緣政治恩怨情仇，背後又有日本的因素。國際關係的教授經常分析「美／中／台」的三角關係，而野島剛強調的「日／中／台」切入，對於理解台灣現況，絕對有互補作用。

　　除了國際政治，野島也花了不少力氣了解台灣政治的脈絡。他分析李登輝、馬英九、台灣認同的轉變，都相當精準。對於諸如一中各表、九二共識、憲法一中、一國兩制、一國兩府、一邊一國、維持現狀、終極統一、終極獨立、特殊國與國、兩岸一家親等複雜的中文文字遊戲，野島承認他理解起來頗為困難。這種文字遊戲對任何「正常人」來說也許都是困難，野島並沒有什麼劣勢。

　　我也想從不同的角度，對於野島的論述做一些補充。社會

科學學術研究者也要觀察、分析錯綜複雜的社會現象。我認為學術研究者要在「一中各表、九二共識、憲法一中、一國兩制、一國兩府、一邊一國、維持現狀、終極統一、終極獨立、特殊國與國、兩岸一家親」等複雜的毛線球中找到某個線頭，另外創造一個名詞加入戰局，一點都不難。例如，最近美國某個智庫學者就針對「維持現狀」一詞中何謂「現狀」，提出了不同詮釋，拉雜引證，也就寫成一篇論文。但是國際政治這樣分析，實在沒有什麼意思，而學者如果只是這種水準，其實也沒有什麼了不起的功力。捲入名詞，其實是人云亦云的研究，論文滿坑滿谷，缺乏透視。

　　我曾經向一位對前述文字遊戲頗有鑽研的媒體總主筆說：「一中各表、九二共識、憲法一中、一國兩制、一國兩府、一邊一國、維持現狀、終極統一、終極獨立、特殊國與國、兩岸一家親」等這些論述，統統沒有「民主」因素。中華民國在台灣是個民主體制；任何涉及台灣走向的憲政論述，怎麼可能不經過民主程序？又怎麼可能靠文字鑽研，就迴避人民的角色？民主社會絕不能「不問蒼生問外人」。更嚴重的是：在民主社會，所有憲政論述都可以隨民意而改變。今天的蒼生不能代表明天的蒼生發言，我們這一代去吵什麼「終極」如何，意義在哪裡？野島剛的觀察如果能加上一些民主的價值，我認為就更完整了。

　　最後一點補充，則是關於「主觀與客觀」因素的切割。學者與記者的訓練，往往都要求報導與研究要客觀，至少要「先客觀了解事實，再主觀提出見解」。但是對岸中國在鴉片戰爭的陰影之下，對於與「民族主義」有關的議題，幾乎永遠是直接跳到主

觀結論。主觀搶占結論，就再也沒有客觀討論的空間；這是兩岸問題難解的重要關鍵。

不只對岸，我們台灣人當然也有情緒、也會反彈。我在 WTO 做大使的時候，對岸經常對 WTO 祕書處施壓，所有「信紙、名片、會議、文件，統統不准台灣字樣」，這真的會惹毛所有台灣人民。有一年，我突發奇想，用交際費預算去買了一些酒，由酒廠印製酒標，上面印上 Mission of Taiwan to WTO，當成外交禮物，送給各國大使。對岸自以為戰狼無所不在，但是管不到酒莊酒標。雖然這種遊戲很無聊，但是用無聊遊戲對付老共，還是頗有樂趣的。

《余英時評政治現實》讀後

　　余英時先生是當代漢學泰斗，也是自由世界人文社會學門的精神領袖。我曾經為文寫過（見拙著《牧羊人讀書筆記》中「經典是恆久的當代」一章）余先生在中央研究院院士選舉會議中驚人但謙遜的表現，你只要讀過此文，就能想像學術界對這位「精神領袖」的崇敬。

　　由於余公是泰斗級的人物，學問極淵極博，幾乎是武俠小說中「張三丰」這一級的內功，身上勳章滿滿，所以就像當年江湖上三教九流都想去武當山拜訪「張真人」一樣，全球各地也有不少人想要去向余公「請教」。我的了解是：他晚年絕大多數的拜訪都推辭了，只有推不掉的、非常熟的、議題他極度關心的，他才會接受訪談。這本書收錄的文章早自 1982 年，最後一篇是 2020 年。余公的政治評論自香港問題始，也是以香港問題終，這反映余先生對於香港的關懷。他自己曾經描述，因為曾經住過香港許多年，寫文章有如小鳥銜水救山林之火，也許效果有限，然而「嘗喬居是山，不忍見耳」。越到晚年，此書收錄的文章頻率越低，當然也反映余公的身體狀況。

　　學界泰斗通常都不太好相處；也許是他們太聰明銳利，對話

三兩句你我就被看破手腳，然後泰斗臉上就有不耐之色，於是訪賓就匆匆告退。余英時先生在人文社會的地位差不多是楊振寧在物理學界的地位，但是我們與他接觸從來不會感受到壓力。這也是大家都喜歡與他談話的原因之一。

這本書收錄余公「政治現實」的相關評論，主要焦點就是香港、台灣、中國、中共。依我自己的不成熟的觀察，余先生的功力呈現在兩方面：其一，是他對中國歷史甚至世界政治史的通透了解。因為這樣的通透，所以對於某個與歷史脈絡相關的議題，例如中國的大一統思想、中國人是不是自古以來愛好和平、中國共產黨如何看待台灣、中國人「帝國」思想的源頭、西方民族國家發展背後的愛恨交織、馬克思主義階級鬥爭概念的歷史淵源等議題，他都能信手捻來，講出一套極具說服力的論述。這些論述由於引經據典、無從駁斥，所以對於那些扭曲事實搞「大外宣」的豬頭，直如當頭棒喝，讀之過癮。我想，這也是大家喜歡向他挖寶討教的原因。我也要提醒大家：余公是不用電腦的，所以他的引經據典，都是「存在大腦皮質」的記憶；那是不得了的功力。

余公慧眼獨具的第二個面向，就是他對於中國共產黨的深刻了解。老實說，在我 2016 年擔任駐 WTO 大使以前，我對於中國共產黨還沒有那麼了解。派任大使之前，偶爾會聽到幾位余公學生開余老師的玩笑，說「余公是文史學界的谷正綱」。幾十年前，谷氏在台灣號稱「反共鐵人」，一手創辦了「世界反共聯盟」等組織，「反共必勝」、「打倒萬惡共匪」等言論成為當年名句。學生們不了解余公反共如此堅定的理路，所以拿余公比對

谷正綱以為玩笑話，當然沒有惡意。

但是在做了三年大使、有深入第一手觀察資料之後，我對於中國共產黨的評價、思考、判斷，與余先生幾乎分毫不差。但是他的觀察思考比我早四十年，這是我絕對不及的。我相信，當年開玩笑的學生，在看到中國共產黨對待香港的嘴臉之後，也不得不欽佩余先生早別人幾十年的真知卓見。

恰好，我與幾位朋友合著的新書 "Ultimate Economic Conflict Between China and Democratic Countries"（中譯本名《價值戰爭》，衛城）有若干章節與余先生的若干政治評論有關。我想在此把余公的觀點做一些社會科學面的補充。

余公在書中提到，歐美有人認為，1979 年中國改革開放、逐漸容許市場經濟之後，中國就會走上民主化的道路。持這種論調的人指出，「經濟發展往往是與政治民主並行的」，遂以此推論中國之民主走向，甚至還弄出一個「民主化」的所謂理論，代表人物包括史丹福大學的 Larry Diamond，台灣也有幾位二流學者大力鼓吹。對此，余公指出兩點：第一，中國共產黨抓住「經濟放鬆、政治抓緊」的大原則，絕對不容許民主化；第二，亞洲與歐洲都有國家在經濟發展之後走向軍國極權，所以經濟發展到政治民主之間，根本就沒有因果必然性。余先生的論點都對，我以下只做兩點補充。

民主化過程有一個關鍵環節，就是公民力、社會力的崛起。例如知識分子、學術社群、企業組織、公益維權運動、民間社團等，這些統稱為公民社會力。但是在列寧主義的共產制度中，共產黨不只是政治面的；它滲入所有的機關、學校、企業、社

團，掌握了一切社會力的命根子。以上所有的團體，依據中國法律全部都要設「黨組織」、稍具規模的企業都有黨委書記。換言之，在列寧主義體制下，根本就不可能產生「社會力」，於是從經濟發展走向可能民主的路徑，根本是「此路不通」。所以政治學界「民主化」的理論主張者，其實完全不了解共產黨列寧體制，一廂情願幾近愚痴，其推論當然錯得離譜。各位看看阿里巴巴馬雲的下場，就知道「企業社會力」試圖發聲的下場。超大咖馬雲尚且如此，遑論其他小蝦米政治制衡力量！

　　第二點補充，則是「國際面」的。聯合國約200個成員國，各有不同的體制，有的是上下議院、有的是君主立憲、有的是準獨裁、有的是大獨裁、有的是雙首長。這是標準的「政治體制多元並存」，彼此互相尊重。所以聯合國是一個「政治體制的多元架構」。但是在1995年之後，WTO成立了，它訂下了一系列所有會員必須遵守的「經貿規則」，例如關稅、補貼、配額、傾銷、貿易障礙等。作為「經貿聯合國」的WTO不但有規則，還有貫徹規則的司法體制，於是形成了「經貿體制的一元架構」。

　　政治多元與經貿一元，會不會有衝突呢？我告訴你，只要有WTO成員（例如中國）是在列寧主義體制下，一定會有衝突。誠如余英時先生所指出，由於中國永遠把黨的利益放在一切之前，因此如果為了黨的政權穩定而要封鎖網路，那就一定造成「中國人（除非翻牆）沒有辦法上網去其他國家的電商平台買東西」。這樣的不公平競爭，就與WTO的一元經貿秩序有衝突。又如，共產黨為了與「美帝」鬥爭，一定要爭取未來若干科技產業的主導權，乃用各種手段補貼產業發展。於是，這個黨利益主

導的政策，又與國際間企業公平競爭的 WTO 運作原則有衝突。

在若干訪談中，有些提問人都會希望詢問余先生「預測」一下中共政權的未來、其與西方民主國家之間的衝突關係等。余先生客氣，總是點到為止。也許我前述多元政治與一元經貿體制之間的扞格，能夠提供一些社會科學面向的補充：中國必然會與世界民主國家產生經濟衝突。

前文已經提到，由於余公名滿天下，前去拜山的人眾多，難免參差。我比較不喜歡「不用功」就透過關係去拜山的。有些人問問題之前也不做功課，甚至有點拉雜，余先生勉力把焦點拉回來，真的是做到循循善「誘」了。也有一些議題具有時效衝擊，訪問者好像只希望余公講出「谷止綱」級的回答，殊欠深思，也是浪費了好一個與大師激盪的機會。

當然，這些都展現出余公的寬厚。他始終是個溫厚的教育者，我們這樣叩，他就那樣鳴，從不計較。余先生的政治評論有許多振聾發聵的經典論述。即使有時候提問者叩鏈沒有拿穩，余公也能坦然誨人不倦。這樣的胸襟氣度，我欽慕景仰。優秀的教育工作者很少計較培養出幾個天才，卻像是〈西風的話〉曲中西風的角色……「花少不愁沒顏色，我把樹葉都染紅」。

《台灣的勝算》是一本台灣人「必讀」之書

　　這本書是李喜明將軍所寫，是一冊討論台灣軍事戰略布局的書。「勝算」二字的假想背景，是指中共武力犯台所掀起的兩岸戰爭。此書討論的面向非常廣，涵蓋武器選擇、戰略思考、美中軍力、中國情勢、後備體系、資訊網路、國軍現況等。李將軍曾任參謀總長、國防部次長、海軍艦長，軍事學經歷完整，就知識體系而言，絕對有資格寫這本書。

　　但是，過去幾十年做過軍種司令、參謀總長的人不少，這些人閱歷不見得比李將軍少，然而卻沒有人出版過類似專書，我認這多少與軍方文化有關。軍隊比其他行業要求更嚴格的服從；幾十年軍旅生涯，有嚴謹紀律的加分，也有「因為習慣服從而難以跳脫框架」的減分。學術研究最重視創新，幾乎是鼓勵「不要受傳統拘束」，在這樣的環境下研究創新非常自然，與服從命令的軍隊文化恰成對比。一般而言，在「服從命令」的傳統下要提出突破框架的戰略思考，當然更不容易。這是李總長專書難能可貴的貢獻。國外能夠有這種功力的人也不多，德國隆美爾、英國蒙哥馬利，都曾有專書著述，但都是例外。

　　李總長在書中強力推銷的概念，是「不對稱作戰」。他的

推理，我逐點剖析如下。（1）中國相對於台灣，軍力有絕對優勢，對岸的國防預算是我們的二十幾倍，台灣是弱的一方。（2）以弱對強，絕對不能硬碰硬，也不應受坦克、大砲、飛機、巨艦等傳統大武器作戰概念的拘束。（3）中國若對台灣動武，第一時間一定是大規模飛彈攻擊，摧毀我們的機場、通信、雷達、道路等。一旦這些設施被毀，則需要使用這些設施的大武器（例如戰鬥機需要平整跑道起飛），就有如殘廢，難以施展。（4）準此，不對稱作戰的邏輯是：台灣傳統的作戰戰略與布建，不足以因應具備優勢軍力的共軍；台灣應該建構數量龐大（因為價格便宜，所以可以大量）、機動靈活（得以避免共軍初始的大規模空對地攻擊）、有攻擊精準度（例如可攜式或移動式飛彈）的武器；大戰車、貴戰機、巨戰艦等傳統武器以及搭配這些武器的作戰演訓，優先順序應該挪後。

不對稱作戰思維不只改變武器選擇，也會影響後勤支援、兵役訓練、國土防衛等其他布建。例如，可攜式飛彈等武器一定是分散機動的，因此它的操作系統也一定是分散的，如此才能讓敵人處處提心吊膽。但若要做到這樣，則整個指揮系統、飛彈操作、敵我標的辨識、通訊聯絡等，都要全面調整、扁平化，且平時就要熟悉演練。這背後所涉及的，幾乎是所有備戰環節的重大扭轉。此外，萬一共軍已經成功登陸，不對稱的國土防衛就要執行令共軍防不勝防的騷擾性攻擊。這樣的縱深防禦，才能讓正規軍有如芒刺在背，難以執行有效占領。

不對稱作戰的構想有一部分源自「敵我強弱懸殊」的自然推理，但也有些取自烏克蘭—俄羅斯戰爭的實際觀察。烏克蘭以小

飛彈重創大坦克、以移動式武器擊沉軍艦、以低軌衛星支撐網路通訊、以街頭頑抗拖垮俄羅斯軍隊，正是不對稱作戰的典範，台灣應該學習。

總之，這是一本內容完整的好書，我學到非常多知識。以下的評論不是批評，而是屬於補充性的，逐點分述之。

首先，我不建議用「解放軍」描述中國共產黨的軍隊。「解放軍」是老共自己取的美化名詞，好像是要「解放」受壓迫的人民，其實是放狗屁。共產黨軍隊打中國內戰，是為了建立獨裁政權，然後是大躍進、大饑荒、文革、天安門，軍隊的配糧絕對優先於人民，饑荒時期平民百姓死亡幾千萬；這掛軍隊「解放」過誰？中國軍隊入侵越南、介入韓戰、鎮壓天安門學運大屠殺，都與人民福祉非常遙遠，他們數十年以來究竟「解放」過誰？我認為中華民國政府應該正名，稱呼他們「天安門屠民軍」也許太刺激挑釁，但是叫他們「共軍」，總可以吧？解放二字根本是狗不通屁，我們沒有必要配合對岸的統戰詞彙。

其次，不對稱作戰涉及的層面既廣，那麼在推動執行上，就一定有輕重緩急的次序。李總長陳述了好幾十個改革面向，但是如果我們估算 2027 年中共可能犯台，要把這幾十個面向分一年、兩年、三年、四年逐步布建，那麼次序是什麼？為什麼是這個次序？又如果加入國防預算的考量，這個次序該怎麼調整？如果幾十個改革面向不列優先次序，整個問題就容易變一團漿糊。好主意不知道該怎麼做，就可惜了。

另外，李總長的不對稱作戰構想，是完全基於「防衛固守」出發點而思考的。這個「防衛固守」原則我基本同意，但是也許

有一點修正。李將軍論述的出發點是：共軍一開始一定先對台灣執行大規模、破壞基礎設施的飛彈攻擊。共軍犯台的「勝利」，就只有一種情況：有效占領。但是要有效占領，基於大規模空降作戰失敗機率太高（因為空降之前易受飛彈攻擊、空降之後易受地面圍剿），最有可能的就是海岸登陸：先在福建、廣東沿海，集結幾百艘運載船，準備運送大量兵員、武器、補給登陸。這樣的大規模集結，我們的衛星情報絕對知道。這個時候，既知登陸在即，我軍可否在周知盟友後，在對岸發射飛彈摧毀我方基礎設施前，先用大量無人機載彈，對這些運載船艇做先發攻擊？我當然了解，這樣做可能會招致對岸報復，但摧毀運載船是阻絕登陸最有效的「防衛」。

只要幾個月內因為運載船艇被毀而沒有登陸可能，台灣的戰略形勢就大不相同，台灣本土得以維續生機。我國空軍巡弋的作戰準則是：不主動開火，這我可以了解。但是「敵方明顯準備登陸台灣」與「空中面對敵機」是不同的情況；與其眼睜睜看著對方拿刀準備動手，我們還要等到「刀砍下來」再執行不對稱防禦，似乎僵硬了些。《孫子兵法》應該不會僵硬的。我沒有把握自己一定對，但是這絕對值得評估。

既然不對稱作戰是一個株連廣大的戰略改變計畫，溝通與說服就是少不了的。李總長書中似乎寄望用軍中由上而下的命令系統推動，我認為可能太樂觀了。以大家耳熟能詳的「教育改革」為例，那份「教育改革諮議報告書」的內容如何、背書委員有哪些、行政院長有沒有核定，都沒有那麼重要。若是在執行階段沒有想清楚步驟、沒有盯緊流程，則教改方案都只是紙上談兵。李

將軍對於「不對稱作戰」執行不力頗多感慨，但是我倒不感到意外。以前一位教授朋友 2000 年任經建會主委，太太原是經建會文官，先生建議太太調到別的機關，避免同一機關內命令執行瓜葛。主委太太的回答更有智慧：你以為你主委會做很久嗎？

我想國軍的情況也是一樣：常任文官的韌性比政務官強。如果沒有「說服」的過程，常任文官虛與委蛇，任何重大改革注定會陣亡；因為政務官短命，人去政息。

李總長對於不對稱作戰的構思完整，愛深責切，這我可以理解。但是改革過程中有兩個「既有」，一定需要先處理。一個是既有狀態，另一個是既有思考。假如我是 F-16 飛行員，一輩子的訓練都是操練戰技、24 小時待命準備迎敵，一心一意要保國衛民。今天突然有人告訴我：真正對戰，一開始跑道就被炸毀了，你那架 F-16 大飛機沒什麼路用啦！這不是完全否定我革命軍人的價值嗎？那我要移轉到什麼地方才有用呢？同理，裝甲部隊被告知「戰車沒有反戰車飛彈重要」，幾乎也是對「既有」戰鬥訓練的重大衝擊。對於「既有」，我認為最理想的方法是疏解，而非取代。如果一定要執行取代，恐怕得迂迴而行。總體經濟學鼻祖凱因斯在歐美經濟大恐慌期間要推動嶄新的經濟政策，其做法值得參考。

在概念上，李總長認為避戰是上策，我完全同意。在操作面，他認為要區隔十四億中國人民與數千萬中國共產黨員，這我也同意。但是要怎麼區隔？他甚少演申。我認為，十四億中國人的共同凝聚，是民族主義。要疏解十四億人民族主義的糾結，才能有效區隔中國人民與中國共產黨。這個部分攸關避戰之成敗，

值得進一步論述。

　　台灣在歷史上吸收了許多不同文化的元素：原住民、漢人移民、葡萄牙人、荷蘭人、日本人、新住民等，都扮演一些角色。但整體而言，台灣在血緣、文化上，與中國的淵源連結確實比較大。然而這血緣、文化的連結，與政治隸屬完全無關。更何況，台灣的民主實踐已經頗為成熟，絕對不會接受中共的極權統治。在民主成熟的台灣，我們不需要外力「解放」，更不需要被「再教育」。因此，台灣拒絕對岸的武力入侵，這是政治體制上的尊嚴自主、這是民主體制的斷然抉擇，但不表示這是血緣文化上的一刀兩斷。也許從這裡切入，可以將共產黨的武力企圖與十四億中國人民族情感之間的區別，說得更清楚，庶幾對於「避戰」有些幫助。

　　因為我們的國家處境特殊，國軍經常期待被告知「為誰而戰、為何而戰」。李總長書中強調台灣「團結」的重要性，我認為這個部分若能講得更清楚，也有助於提升軍事戰力。中華民國國軍效忠的是我們的憲法，以及我國憲法所刻畫的民主制度。一旦中國武力入侵占領，我們的民主制度、種種自由（言論、思想、集會、講學、遷徙、選舉、契約、宗教等）、生活方式，全都灰飛煙滅。台灣任何人都可以有不同的「統／獨」論述，但是任何人的論述卻都不重要；唯有透過憲政機制決定的國家走向，才是民主的共同抉擇。中華民國國軍以生命捍衛台灣，為的就是捍衛我們的自由、民主、憲政、法治。為誰為何而戰？像 Joan Baez 的歌曲，The answer is blowing in the wind.

　　最後也要說一下「不對稱作戰」觀念的侷限。像中國最近

對台灣執行的戰機騷擾、封鎖、演習等，都不能算是戰爭，只是「灰色」入侵。對於灰色入侵，我們很難執行「用飛彈將對方過中線戰機擊落」的戰術回應。這個時候，「機動、靈活、準確的小傢伙」難以派上用場。台灣唯一能做的，反而要靠戰鬥機這種「大傢伙」，與來犯敵機糾纏。由此我們發現，「不對稱作戰」所假想的情況不是唯一的情況。於是，「大傢伙無用論」也就不完全正確。這個時候要如何調整戰略布局，又是另一個課題了。

《艱難的抉擇》與《經濟學人》專題，值得一讀，但也都缺了一角

　　《艱難的抉擇》一書是卜睿哲（Richard C. Bush）所寫，分析台灣的處境與面對的挑戰。卜氏做過美國在台協會理事主席多年，也是美國知名智庫 Brookings 東亞政策研究中心的主任，絕對稱得上是台灣通、兩岸通、中國通。這本書是 2021 年中所出版，迄今兩年，但是一點也不過時。雖然這一兩年美／中／台的環境有些變化，歐洲又有烏克蘭戰爭，但是拿卜氏的書與同樣是分析台灣困境、2023/03/11 出版的《經濟學人》專題相比較，前者的內容一點也不遜色。

　　2023/03/11 的《經濟學人》雜誌做了台灣專題，共有八篇文章，大致著重在「兩岸」，包括兩岸經貿、軍事、共機騷擾、台灣人民身分認同、台灣試圖加入 CPTPP、不對稱作戰、早年的高壓統治、美國的對台政策等。這些內容，卜氏的書差不多都有涵蓋，但除此之外，卜氏還討論分析了台灣的財政、能源、預算，甚至還包括少子化等人口結構的改變。老實說，卜睿哲對於台灣的了解，可能更勝於許多或大多數台灣政治人物。本地政治人物常是地方選舉出身，對於國際與兩岸局勢，恐怕都需要「惡補」

至少一百個小時。

以下，我不想花太多篇幅去重複書或雜誌的內容（預算、財政、能源、人口等都是一堆冷數字，不好玩），而要從這兩份文檔比較缺少討論的面向，對台灣的前景提出若干思考。

卜氏的書與經濟學人雜誌，都提到台灣人民「身分認同」的改變。在剛解嚴之時，認為自己「既是台灣人也是中國人」的占多數。但是到了近幾年，絕大多數台灣人民都認為自己是台灣人；說自己「既是台灣人也是中國人」的比例也大幅下降。這表示：越來越多的人覺得自己「是台灣人但不是中國人」。這類問題基本上是詢問「身分認同」，定義比較模糊，但證諸「天然獨」年輕世代人口比例增加，上述的改變趨勢並不令人意外。

問卷調查的題目當然要簡單，否則無法操作問答，因此，「中國人或台灣人」這樣的簡單問題並沒有什麼不對。然而若要在台灣當前的困局下擬定戰略方向或具有凝聚力的論述，則「中國人或台灣人」這個簡單問答就失之粗疏，從裡面擠不出多少政策分析的材料。

當台灣人民說「我是台灣人但不是中國人」的時候，他們口中「不是」所想要否定、拒絕的，大概是些什麼呢？我猜想許多人大致會做以下的列舉：拒絕台灣香港化、拒絕台灣西藏化、拒絕（類似新疆）政府對人民的「再教育」、拒絕網路封鎖、拒絕網路內容（關鍵字）審查、拒絕失去言論自由、拒絕看不到可愛的維尼、拒絕莫名其妙地封城、拒絕公司學校工廠等無所不在的黨委書記、拒絕一再連任的終身領導、拒絕人民無法更換的高官、拒絕大街小巷的監視器、拒絕社會計點制度、拒絕過濾外國

資訊、拒絕看不到未經剪輯的電影、拒絕揭露疫情要寫悔過書⋯⋯。

總之，我相信台灣人民所否定的「中國」，是要在生活方式、自由思想等「民主」面向，做清楚的抉擇。台灣人民拒絕「不民主」。

綜上，我認為對台灣人民而言，兩岸之間的關鍵差異，是「民主」而不是「民族」。「身分認同」的簡單答題，沒有辦法反映這個差別。台灣如果要建構一個有力的、具有凝聚人心作用的論述，必須要從「民主」出發，而不必要在「民族」中糾纏。台灣人民在血緣上確實有漢人、南島、平埔、日本、荷蘭、葡萄牙等移民社會的組成，但是強調這些血緣差異顯然沒有凝聚效果，反而給人見縫插針的分化機會。

台灣的族群組成多元，用「民族」來論述容易顧此失彼，將一群人排除在論述之外，這樣的「減法」論述，未知其可也。但是「民主」論述則不然；基本上它是個「憲法」的最大公約數論述。台灣民主化已經走了三十餘年，大家的民主素養都經過多年的漸摩濡染，絕大多數人都有民主的「詩書寬大之器」。因此民主論述，應該是凝聚台灣人民的核心論述。

準此，我認為主政者應該要研擬一套基於民主的「保台」完整論述：（a）我們為什麼要保台？是因為我們珍惜台灣的民主制度與生活方式，不希望被極權統治。（b）我們為什麼要備戰？因為任何人若想要用武力強加於我們，扭曲我們自主的民主認知，我們當然得拒絕。備戰，就是要嚇阻打算強加於我的外力。（c）我們的軍隊在捍衛什麼？他們要捍衛中華民國的憲

法、民主、自由。以上的憲政民主論述，哪裡有什麼可資分化的縫隙？換個角度看：如果有中華民國人民不尊重、珍惜中華民國的憲法，那麼他們必將難以自圓其說啊！

台灣最近幾年面臨日益上升的戰爭危機。台灣人民反戰嗎？當然；正常人都不會喜歡打打殺殺，王八蛋才會喜歡戰爭！但是，當一個外面的政權口口聲聲說要以「武力」改變我們所珍惜的民主制度時，我們當然有權利抵抗侵略、勇敢捍衛自己的民主。任何一個國家的憲法都是需要捍衛的。瑞士的永久中立國際皆承認，但是瑞士還是要有精良訓練的國軍、隨時準備的後勤動員系統、必要的武器儲備等。台灣要捍衛民主，就必須要做好準備。正因為我們反戰，所以必須備戰，讓外來的、潛在的啟戰企圖因為難以成功，而產生嚇阻。

卜睿哲與《經濟學人》雜誌，都指出台灣民主的可貴。但是這兩則文件都沒有將民主自由鏈接到價值捍衛。香港人民也曾企圖捍衛他們的自由民主，但是宥於「一國兩制」的空泛保證以及近在咫尺的武力威脅，他們功敗垂成。台灣人民眼見鄰近朋友的遭遇，加之以過去一年烏克蘭遭到侵略的教訓，當然格外感受到民主受到極權威脅之危機。但是到目前為止，好像還沒有人說清楚「保台」與「民主體制捍衛」之間的關係。希望前述觀點對於政治論述有一些幫助。

卜睿哲在書中第十五章大略提到了台灣談判的應有準備，大致是希望台灣盤點兩岸各自「要求些什麼」？又各有些什麼「紅線」？卜氏想像的台灣人民期待，是「有錢」＋「安全」（459頁）。我不確定這樣的描述完整刻畫台灣人民的期待。「有錢」

＋「安全」，絕對是全球所有國家人民的期待，但是除此之外，台灣人民還有一種期待，可能是美國人、歐洲人比較難以想像的，就是「尊嚴」。歐美人士不太能察覺這種期待，因為他們對於「尊嚴」早就習以為常。我做過三年的外交官，深刻體會那種「尊嚴被人踐踏」的感覺。只要我們的名片、信紙、學歷、職稱上出現「台灣」、「中央」（例如我是國立台灣大學的校友、中央研究院研究員），都會遭到無情的嘲笑打壓：嘿嘿，台灣大學憑什麼是「國立」？你服務的單位，憑什麼叫「中央」研究院。你要改稱謂！

　　如果「有錢＋安全」的前提是要持續這種屈辱，那就是一種遺憾。再回到卜氏的問題：如果換得有錢與安全，有沒有什麼台灣可以放棄的東西呢？我覺得這個問題不太符合 Amartya Sen 的政治哲學。Sen 說：經濟發展的目的，是為了自由。用白話文翻譯：賺錢的目的是為了完成實踐自我的自由。「有錢」＋「安全」，若是缺少了自由，難道不是個遺憾？如果要美國人英國人法國人接受「沒有自由」的「有錢＋安全」，那麼他們要如何詮釋英國的《權利法案》、法國大革命的「自由平等博愛」、美國的《獨立宣言》呢？

　　最後，談一談兩岸與美／中／台關係的改變。在 1992 年（也就是「九二共識」那一年），如果把美、中、台的 GDP 的合計為一百，美／中／台的比值為 91：5.9：3.1。斯時也，中國的 GDP 還不到台灣的兩倍，只是美國的 1/15。到了 2000 年，該比值改成 87：10：3。到了 2021 年，該比值是 55：43：2，中國已經逼近美國，且是台灣的 21 倍多。我想將來的均衡值，也許

是逼近 50：48：2 之類。這裡的訊息是：如果 Thucydides Trap 的論述是正確的，則美中之間的衝突是免不了的。而如果讀者接受我前述「民主保台」的論點，則台灣永續民主的關鍵，就繫之於「在可以預見的未來美中衝突中，做適當的預為因應」，我稱之為「關鍵扭轉（pivoting）」。

我想表達的觀點是：用最簡單的 GDP 數字來看，在美／中對峙日趨激烈的同時，必然也對應著中／台實力的日趨懸殊。在實力懸殊的前提之下，依中國共產黨的列寧體制與民族主義的現實狀況判斷，恐怕「九二共識」的論述環境已經與三十年前大不相同。此外，在資訊科技突破的環境下，美／中對峙的面向已經不限於傳統的「地緣」考量；晶片、通訊、人工智慧、量子電腦等每一個科技面向都有翻轉戰局的可能。這是一個前所未有的局面，值得所有關心台灣前途的朋友，共同思考我們的走向。但是要記住：50/48/2 基本上沒有什麼槓桿（leveraging）的空間；重點是關鍵扭轉（pivoting）！

關心兩岸關係，就該讀《民主與兩岸動向》

　　這本書收錄了余英時先生在一九九〇年前後四、五年間的政治評論文章，大都發表於報章雜誌。文章當然都是余公所寫或口述，這個版本由顏擇雅女士做了編註，印刻出版。

　　余先生的文字親和力非常強，讀者與作者通常距離極短。但是我相信這冊書對絕大多數五十歲以下的台灣讀者而言，都頗有「距離感」。有距離的原因有二：其一，畢竟寫作時間是大約 35 年前了；這些文章不是什麼純文學，而是對當年台灣解嚴、中國天安門屠殺、歐洲柏林圍牆倒塌等事件做評論性的回應。事過境遷，35 年前的評論文字，現代台灣人讀起來當然有距離。其二，畢竟余先生這一輩的人「中國情懷」頗為強烈，所以他在許多文章中的用字遣詞，都與台灣「天然獨世代」有距離。

　　之所以 35 年前的兩岸評論文字如今讀起來有距離，主要是因為台灣的民主轉型走得很快很順。台灣經過解嚴、國會全面改選、2000、2008、2016 三次政黨輪替，民主深化越來越徹底。誠如我聽別人轉述李登輝先生的描述：「民主走到極限，就是獨立」。當台灣的立法、地方官、總統、憲法增修等國家框架全是由 2300 萬人民決定的時候，台灣當然就是獨立的。而今天習慣

於這些「當家作主」框架的台灣人民，自然會對 35 年前有關兩岸的評論，感到陌生。

這本書與天然獨世代有距離，但正因為如此，我會建議他們買來讀。過去 35 年，雖然台灣的民主進展很快，但是對岸中國卻不僅沒有進步，甚至是倒退甚多。台灣的危險之一，就是許多人民（甚至包括從事國安、外交工作的人員）對於中國了解太少、太不足。《孫子兵法》所說的「知己知彼、百戰不殆」，或許是指比較狹窄的軍事面，但即便是《教父》電影所描述的幫派鬥爭，都有 "close to your friends, and closer to your enemy" 這樣的描述。依照《教父》的幫派思考，台灣人民不論把十四億中國人民當朋友或當威脅，都要了解中國。余英時先生的文字評論則是一個「了解中國」的橋樑：一則余公不斷提醒我們「千萬不要信任共產黨」、「共產黨政權是一個邪惡的流氓政權」，二則我們也可以透過余先生的文章，了解中國人的情懷與關注，完備「知己知彼」的心理充實。

我想對余公的兩岸評論文章做幾點補充。

余先生生於中國長於中國，至弱冠才到香港，他在文章中流露他在文化歷史上的中國傳承，是非常自然的。但是余先生與我所認識的許多有中國情懷的學者不同：他的「民主」觀點極為精確，而且他絕不會因為中國情懷，而對民主的價值與理念有絲毫妥協。他在書中的句子「世界上誠然有許多獨立而不民主的國家，但是卻沒有民主而不獨立的國家」，講得非常好。這句話與前文「民主走到極限，就是獨立」，確實是異曲同工。我敢這樣說：在余先生心裡，「民主價值」與「民族情懷」二者，絕對是

有先後順序的。有許多台灣學術界與非學界的人分不清楚「民主」與「民族」的差別，而產生思考與判斷的迷惘；余先生的文章，應該有極佳的啟發。民主是價值體系的一環，但是民族、血緣、歷史、文化卻是感情面的牽繫。余先生在感情面與價值面有其依屬，也因此極受中國流亡海外民主人士的欽重。

余公對中國共產黨的深惡痛絕，緣自四方面的觀察與思索。其一是他閱讀歐洲共產主義的文獻與觀察共產政權的統治，其二是他深刻掌握歷史上中國流氓皇帝（如劉邦、朱元璋）的崛起與掌權模式，其三是他十幾歲時親身經歷中國共產黨在他家附近的敗行，其四是毛澤東掌權後的一連串倒行逆施，以及 1989 年的天安門屠殺。余公以「狠」、「痞」二字形容中國歷代流氓皇帝，堪稱精準。但是我以下還要做一點延伸。

「痞」就是無賴無恥、到處鑽營循私，萬一事發則兩手一攤裝無辜。「痞」這個字很難分級。劉邦「分我一杯羹」是痞，競選校長不揭露自己與遴選委員的親密關係也是痞。兩種行為都是無賴、不要臉，但我們很難說哪一種行為「更不要臉」。然而「狠」這個字確實可以分級。毛澤東土法煉鋼、大躍進，搞死數千萬人，眉頭都不皺一下，其狠的級數絕對比史達林、希特勒有過之。毛澤東搞文化大革命，把全中國搞到天翻地覆，他照樣在長江游泳，這種內心的絕對無情與全然麻木，那也是超級的狠。

前述這種「狠的極限」，我認為給中國共產黨統治者形成「標竿」作用，遺害無窮。有了毛氏的極狠標竿，那麼處理西藏、天安門、維吾爾、香港，就「沒有什麼下不了手」的。我認為，這是鄧小平（或王震）「殺二十萬人，保二十年安定」如此

喪心病狂言論的背景。「狠」字也代表中共政權「為達成某個集體目標，完全不在乎其他的利益」。在 WTO，韓國大使也曾經親口告訴我：他們完全不知道如何與中國談判；中國似乎隨時願意放棄超級大的利益，只求達成某種看起來非常不理性的目標。我認為台灣處理兩岸問題，要格外留意毛澤東留下的「狠的極限」標竿，不能以常理度之。

余公的文字反映出他道德思路的圓融一貫（coherence）。他的知識體系與民主價值做為他撰寫兩岸與華人世界評論的基礎，筆鋒充滿感情、內容盈實關懷。老實說，像余公這樣的典範人物，學術界並不多見。因為他思維圓融，所以我們不會發現他文章中甲篇與乙篇有任何的矛盾。因為他以道德哲學（moral philosophy）修養自持，數十年以來我們也不曾看到他評論公共事務的偏私。余先生在書中或有過於樂觀的預期（例如中國巨變指日可待），但是那些都是小節出入，無傷大雅。

余先生書中引顧炎武句：「某雖學問淺陋，而胸中磊磊，無閹然媚世之習」。余公的學問絕對一流，但是「胸中磊磊，無閹然媚世之習」才是我崇敬的。讀余公書，所學何事？這是不少台灣學者可以問自己的問題。

《中國的執念》從外媒記者的角度，了解兩岸三地

　　《中國的執念》是日文書，由《今周刊》翻譯為中文。作者野島剛原本是日本朝日新聞的資深記者，2016 年離開報社，開啟他自由工作者與大學任教的生涯。野島先生在國際間採訪過不少地方，但是他真正熟悉的還是兩岸三地，在中國、香港、台灣都待過很長的時間。此書的「主角」有四：台灣、香港、中國、日本。主題的布置，大約就是由一個地方的視角去觀察其他三個地方。例如，中國人怎麼看港、台，台灣人怎麼看香港，日本人怎麼看台灣等等。

　　要做前述這種分析，前提是要了解各地；而要了解各地，前提則是對台、日、港、中各地的語言、文化、社會、歷史有相當的掌握。尤其是，中國人沉浸在「文字推敲」的傳統頗為長久，經常在「一國兩制」、「一國兩府」、「憲法一中」、「一中一台」、「維持現狀」、「一國兩區」、「台獨」、「華獨」、「不統不獨」、「固有疆域」、「自古以來」、「九二共識」、「九二文件」、「九二會談」、「回歸」、「收復」、「解放」等看起來差別不大的字句中繞來繞去，搞得外國人昏頭脹腦。野

島先生能夠把這些煩人的文句釐清，而且皆是正解，非常不容易。他的字句詮釋，有些連我自己都沒有想過，讀起來頗有釐清之效。

野島先生此書名為《中國的執念》，其「執念」二字當然有負面的意涵。進一步言，因為中國領導人習近平最近的執念，在兩岸三地及東南亞掀起了許多的不安。香港的自由民主環境，已經被習近平一手掐死；南海的航行自由，正在被中國逐步破壞；台灣的安全與民主，面臨中共軍隊的壓迫威脅；日本韓國越南等周邊國家，也逐漸感受到「會不會下一個威脅對象會是我」的不安。這種種中國的對外威脅，誠如野島先生所述，都多多少少與中國自鴉片戰爭以來的「百年屈辱」有關。因為屈辱而激發的民族主義，往往更具報復性、攻擊性、非理性。

野島先生的分析是對的，但是我還希望做一些補充。

中國屈辱式、報復式的民族主義，引發了周邊國家的防禦性對抗。對抗當然是必要的，但是前述「報復式民族主義」的不理性，未必是全然不可能扭轉、改變、鬆動、軟化的。例如中國人把台灣問題或香港問題簡化為「民族問題」，但是絕大多數台灣人、香港人最重視的，應該是「民主問題」。這裡的觀點落差，未必是不能溝通的。媒體輿論網路社群等，或許都應該再深入思考，努力做觀點的穿透性溝通。這些方面，也值得野島先生思考。總之，如果有避免軍事對抗的努力方向，我們都應該嘗試。

關於防禦性對抗，野島先生提到了日本與美國、澳洲、英國等國家的共同行動。我想大部分人所想到的共同行動，都是指軍艦巡弋、海外演習之類。但是如果從「民主」的角度出發，除

了軍事之外，還有民主國家之間的科技共享、網路資安、供應鏈互補、資訊零件、隱私保護等許多面向。這些面向看似對抗性不強，但在「民主」的串連之下卻是重要的聯盟力量。最近大家想到的「民主晶片聯盟」，就是一個例子，但絕對不是唯一之例。媒體或許該多多鼓吹這一方面的共同行動。

野島先生書中唯一我認為可以斟酌的字句，就是關於十九世紀末、二十世紀初日本對於周邊國家（例如中國、菲律賓、韓國等）的侵犯。很顯然的，那是當時日本對外的帝國主義。在帝國主義強者的眼中，《南京條約》割讓香港、《馬關條約》割讓台灣，都是國際法上「合法」的條約。但是帝國主義者經常忘記了自己「強淩弱眾暴寡」的過錯，而去強調「條約一切合法」。如果是這樣的出發點，恐怕中國人、菲律賓人、韓國人都會憤而離席，根本不願意溝通。類似的情況不只出現在此書，也出現在不少其他的西方寫作。船堅砲利壓迫之下，再去扯什麼「一切合法」，顯然非常勉強。我認為，所有的溝通都要基於「同理心」，而不只是「法理心」。我們需要了解報復性民族主義的源頭，才能思考化解之道。這一方面的態度調整，也許是值得我們一起努力的。

野島先生熟悉中國人的語言、歷史、文化，但是對於中國共產黨的獨特「列寧體制」，恐怕還了解不深。列寧體制下的以黨領政，是中國在許多面向封閉僵硬的重要原因。要突破中國的報復性民族主義，瞭解中國共產黨，恐怕是絕對必要的。

《我們如何守住台灣》一語道盡全書要旨

　　這本書是一本「公民參與」的寫作示範。作者針對近年來日漸真實的「中國武力犯台」危機，提出了一整套的情境想像、思考推理、結論試擬、策略鋪陳、戰備調整、公民角色、問責監督等。這裡的功課並不簡單，尤其是涉及國防軍事的部分，更需要許多的資訊收集與研判。所幸，作者能夠找到一群國防軍事專家，經由他們的訪談回饋，逐漸彙整出「守住台灣」的完整想法。尤其是，此書的內容鋪陳都是以「家人對話」為背景，也毫不避諱家人人身避險、甚至移民逃難的可能選擇。這樣真誠的議題討論方式，讓讀者容易產生認同。

　　全書的架構，大略分為幾塊。第一，是列出台灣的選項，看看我們究竟有沒有「不備戰而苟全」的可能性。作者用香港、新疆、西藏、甚至早年國共內戰的例子，解說陳述一個事實：除了備戰，台灣難有其他選項。用我的文字來表達，作者苦口婆心所希望讀者了解的只有一點：不要對中國共產黨存有任何幻想。台灣人民普遍對中國共產黨體制與歷史缺乏了解，對於這個政權的列寧式控制、以黨領政、階級鬥爭、殘暴鎮壓、泯滅人性、文化大革命、西藏大屠殺、新疆集中營等，都印象稀疏。如果台灣人

不了解中國共產黨，則就容易產生「苟全」的錯覺，因心防鬆懈而成為中共的魚肉。

全書的第二部分，就是要陳述「中共犯台」的基本模式。這一部分的敘述，差不多是所有軍事專家的共識。由於台灣海峽的屏障，中共犯台大概包括海空封鎖、摧毀通訊、取得空優、轟炸關鍵點、海上兵船登陸、陸戰掃蕩等幾個階段。而台灣要在這些戰場取得勝利，就要做到「聯盟友、守空域、擊渡海、抗登陸」幾件事。而本書的第三部分，就是要告訴讀者如何善盡公民責任，督促我們各層級政府官員，去預做準備，做好這些事。

作者的種種論點我都同意。以下，則是幾點補充看法。

作者在書中描述了許多「臉貼在中共屁股上」的台灣官員、民代、軍官，幾乎是扮演扯台灣後腿的角色。我認為這個部分若能更加釐清，將有助於提升軍事戰力。因為我們的國家處境特殊，國軍經常期待被告知「為誰而戰、為何而戰」，而政府官員與民意代表也偶有認同混淆。中華民國國軍與所有公務人員，效忠的對象都是我們的憲法，以及我國憲法所刻畫的民主制度。一旦中國武力入侵占領，我們的民主制度、種種自由（言論、思想、集會、講學、遷徙、選舉、契約、宗教等）、生活方式，全都灰飛煙滅。台灣任何人都可以有不同的「統／獨」論述，但是任何人的論述卻都不重要；唯有透過憲政機制決定的國家走向，才是民主的共同抉擇。中華民國國軍以生命捍衛台灣，為的就是捍衛我們的自由、民主、憲政、法治。我希望不是批判某些人舔共，而是這樣的憲政見解能夠廣為宣傳，逐漸成為凝聚的力量。

就「聯盟友、守空域、擊渡海、抗登陸」而言，我覺得作

者對於「聯盟友」一項描述得略為狹窄，太著重在「軍事」方面的聯盟。在真正的國際戰略關係上；平時非軍事的結盟，往往是非常時期軍事結盟的基礎。簡言之，盟友多少與關係多好，都不是作戰時的外生變數，而是平時的內生變數，台灣都有努力的空間。

舉幾個例子：法國總統馬克宏主張歐洲主義，不利於台灣的整體防衛，台灣能怎麼突破？中國長期操弄聯合國 2758 號決議，阻礙台灣的國際觸角，台灣除了燒錢買廣告之外，能怎麼做？美／中科技戰方興未艾，台灣做為科技產業的大咖，可以如何利用形勢，做些什麼？面對國際廠商與中國密切的經濟互動，台灣要如何才能「腐蝕」這些利益根基？中國的戰狼外交到處惹人厭，台灣要如何在國際間「定型化」這樣的討厭形象？民主國家的權力分為行政立法司法三塊，而司法那一塊更是完全獨立的。台灣可以如何利用，去擴大我們的盟友與國際支持？

以上這些面向，我都有相當的思考，也有一些戰略方向。但是這些策略當然不適合拿出來公開討論。我想講的是：中國武力犯台的戰爭模式，差不多是定型的。台灣要如何面對這個定型挑戰，是我們共同要「解題目」。但是，台灣要如何在當前詭譎的國際環境下做好「聯盟友」，這不是一個給定的習題。這裡需要更多的創意與突破，是「找題目」而不是「解題目」，是不太一樣的挑戰。在這一方面，我們做的努力不夠。

同理，中國國內的情況，雖然台灣能夠使力的機會不大，但還是有努力的空間。我認為，十四億中國人共同凝聚的民族主義，那也是台灣安全背後的隱性壓力。若能疏解十四億人民族主

義的糾結，對中國人民與中國共產黨加以區隔，對台灣安全絕對是有好處的。這些努力有多少效果不知道，但是成本很低，絕對值得思考。

讀完全書，其實還有些憤怒，需要發洩。我丟（廣東話），台灣人民要花這麼多時間心力，去討論、防備、避免一個可能會讓幾萬人「家破人亡」的場景，為什麼？不是因為我們做了什麼刺激中共的事，而是因為中共的統治基礎不穩，需要到鄰居家殺人放火，以分散國內注意力。不是因為台灣威脅到中國，而是因為中國維尼的愚蠢自大，想要向美國證明自己「大國崛起」。不是因為台灣「神聖不可分割」，而是因為習近平要靠窮兵黷武，來掩飾百年國恥的自卑。就是這樣的心情，令人憤怒，忍不住長呼一聲，丟。

最後，我對於作者書中的描述，有一點不同意見。他用「主管」二字形容老婆，應該要跪算盤。「主管」只是業務上級，但老婆是標竿、是領導、是燈塔方向、是思想／信仰／力量、是道路／真理／生命、是獨一無二的精神指標，豈是「主管」二字所能形容？我認為作者要深切檢討，否則連家庭地位都守不住，又怎麼可能守住台灣呢？

看看他們，想想台灣
——讀《等待在夜裡被捕》

　　這本書是塔伊爾・哈穆特・伊茲格爾所寫。伊氏原本是新疆維吾爾自治區的居民，是維族有名的詩人與導演，2017 年流亡到美國，尋求政治庇護，現在在華府地區開 Uber 維生。書是 2023 年所寫，記述 2009-2017 年之間中共對維吾爾族進行的鎮壓與種族清洗，讀來令人心酸，也必然會激起讀者對中國共產黨政權的厭煩。

　　中共到目前為止，都否認在新疆有「集中營」，當然更否認有任何種族清洗。民主國家對新疆所知，也僅限於少數幾位記者的報導。但是，這些記者只能去中共讓他們去的地方，只能與中共讓他們聊天的對象聊天，再加上當地人噤若寒蟬，即使記者再努力，也難以深入。但伊氏不同；他是道地的維吾爾人，所有的訊息都是絕對一手，而且記述真切，有血有淚，把新疆真相完整呈現。

　　什麼叫「種族清洗」？「清洗」其實不見得要有大規模屠殺。只要把一個民族的語言、詩歌、信仰、詞句、服裝都扭曲改變，這個民族的特徵就洗刷殆盡，那也是不折不扣的清洗。

中共在新疆維吾爾區做什麼呢？他們強制清真寺升國旗，就像強制在西藏喇嘛寺廟升國旗一樣，把宗教放在黨國「之下」。這樣，宗教就洗掉一些了。

中共在維吾爾頒布「禁用名字一覽表」，不准用這些字取名。例如 Muhammad、Turan。前者與伊斯蘭先知之名同音，後者是突厥語「共同的故土」。此外，編劇劇本中不能用 assalamu alaikum（願真主賜予你平安）這句日常問候語，使維族人不知道怎麼做日常對話。維吾爾族也不能說「真主」，只能說「我主」；不能說「天堂」，只能說「美麗之地」。經過這一番語言折磨，維吾爾文化又洗掉了一些。

作者的身分是導演。中共對於所有劇本都要審批。逐字逐句修掉禁用文字當然不在話下；審批還會出現「沒有凸顯黨對維吾爾人的仁慈」、「沒有漢族角色」這樣的意見，編劇必須依照修改。經過這樣的層層審核，任何維吾爾文化劇情，當然又洗掉一些了。

中共不准維吾爾人對伊斯蘭教虔誠，幾年前要求喀什地區所有維吾爾人交出家中一切信仰物品，包括《可蘭經》、禮拜毯、念珠、衣物等。有些人因為沒有乖乖交出《可蘭經》，被判刑七年。維吾爾人必須要在「留經」與「留人」之間做個選擇；經毀人在，經存人亡。在在這樣的高壓氛圍下，維吾爾族的宗教文化特色，又洗掉一些了。

當然，逼迫維吾爾人就範最最關鍵的，還是中共的法治蕩然、官員的恣意妄為、監控的無所不在，以及災難隨時可以降臨的恐懼。維吾爾人只要膽敢對前述管束不服，例如不交出《可蘭

經》，就隨時有可能因為莫名其妙的理由而納諸狴犴。因為這樣的害怕，使得高壓統治無往不利。許多人也還沒到坐牢的地步，但是「沒有時間上限、沒有結束預期」的所謂「再教育營」，其實與坐牢沒有什麼差別。

這樣的情況將來會改善嗎？我很悲觀。有一位美國政治學者指出，人工智慧是集權統治的大幫手。中共透過微信、微博、電商、電子支付、數以萬計的攝影監視器、歷年來親朋「犯罪事件」等，透過 AI 演算法，幾乎可以完全掌握個人隱私，「比你更了解你自己」。書中寫道：中國政府只希望維吾爾人過「監視器看得到」的生活，實情差不多就是如此。

到今天，台灣還是有一些人對中國心存幻想，他們說：「中共占領台灣只是換一面國旗掛」。我不知道怎麼說，只希望這些人都能讀一讀這本書。

一年多以前，中國駐法大使盧沙野說，台灣人民需要「再教育」，我聽了毛骨悚然。台灣人民讀這本書，就知道什麼是「再教育」了。

2024 年 1 月起，我為某個雜誌寫專欄。這個邀約許多年前就提出了，但是我都跟我熟識的記者朋友婉拒，理由是：什麼樣左右藍綠的人我都可以相處，但是要我與「舔共」的人、為中國共產黨擦脂抹粉的人平起平坐，同為專欄作家，我做不到；我覺得羞與為伍。記者朋友突然問：為什麼你那麼厭惡中國共產黨？問得突然，所以我得仔細思考。

我最後的回答是這樣的：中共對台灣說要武統、對外搞戰狼霸凌、對內殘民以逞，這些些都令人厭惡，但這些卻只是表象、

是結果。中共令人厭惡的關鍵核心，是它完全而絕對的泯滅人性，幾乎是把「不人本」做到極致。中共用「黨」這個虛幻的總體，完全凌駕所有個人價值，但是從來不敢誠實面對「黨」的意旨從何而來，也從來不敢面對過去七十餘年這個黨執政下的大躍進、土法煉鋼、三反五反、鬥爭地主、文化大革命、六四屠殺、香港鎮壓等倒行逆施，更不敢解釋溫家寶家族海外二十七億美金、習近平家族海外三億美金、一大群黨二代官二代顯然不義的財富。所有的貪汙舞弊，都靠「黨」的名義掩蓋，而所有的欺壓迫害，也都在「黨」的藉口下進行。這，就是中國共產黨本質上的邪惡！這一群地痞流氓的「不人本」極致，是我鄙視中國共產黨的原因。

　　《安妮的日記》寫道「總有一刻我們將重新為人，而不止是猶太人」，令西方人感傷。作者則記述維吾爾族人願意花無盡代價，把身分證件「民族」欄改為「漢人」，也是同等的悲痛。

　　看看維吾爾，想想台灣！

老杜公的權威著作
——《中國是怎麼形成的》

　　作者杜正勝院士，我們在中央研究院共事二十幾年，但是領域不同。「老杜公」是我與王汎森院士平時對杜院士的稱呼。老杜比較嚴肅，我們兩家可能兒女輩還更熟些。二十年前去加拿大洛磯山旅遊，我們家兩個大人還帶史語所杜家、邢家兩個女兒前往，都是珍貴的回憶。杜院士女兒泛舟時掉入溪流，嚇得我半死，所幸及時「撈回船上」。

　　這本書的脈絡源自杜院士長期的研究，旨在探索「中國」的形成。老杜公認為，中國可以區分為「中國本部」與「勢力範圍」兩塊。中國朝廷對於非中國本部之外的勢力範圍，在服裝、禮儀規格、納稅義務、約束機制等各方面，都與中國本部不同。大體而言，在中國本部之內帝國才有統治的權威、人民才有納稅服役的義務，才算是實質的帝國。其他周邊地區，如戎、狄、遼、羌等，即使漢唐強盛時納為勢力範圍，但區域時大時小，也始終沒有系統性的「編戶齊民」。

　　杜公指出，中國本部或「華夏」的範圍兩千年來與秦朝差不多，直到清朝初年在康熙、雍正、乾隆三代經營之下，才大幅擴

大。清初中國的大擴充，當然包括台灣（西部），也包括西藏、新疆。這些疆域擴張都包括幾個步驟：先是武力攻擊與占領，其次是設官管理，最後則是「教化」。這個「教化」，其實是把漢人儒家思想那一套，強加在周邊民族，就像是新疆的「再教育營」。久而久之，周邊民族文化消失了，反而自認是漢人了。

老杜公「中國本部範圍兩千年來大體與先秦相近」的論述，就史學研究及史料佐證上，有絕對的權威性。其意涵之一，當然就包括台灣。連雍正皇帝自己都說，台灣原本不是清朝領土，到康熙時才納入，這當然可以駁斥「台灣是中國不可分割的一部分」這種鬼話。

中國最近三十年經濟崛起，在民族主義的召喚下，舉國都夢想要洗刷百年國恥，要喊「大國崛起」、要布局「一帶一路」、要四處設「孔子學院」、要念咒「東升西降」、要展現強硬的「戰狼外交」。類似的民族主義也出現在俄羅斯普丁身上；他說俄羅斯要回到「彼得大帝」時代的榮耀，於是併吞克里米亞、入侵烏克蘭。普丁心態上與習近平非常相似，但也同樣沒有搞清楚「俄羅斯是怎麼形成的」。如果西伯利亞是近兩百年才打下來的，如果東歐地區包括烏克蘭、克里米亞等地都是二次大戰之後強占的，那麼這些地區又憑什麼說是「俄羅斯不可分割的一部分」呢？所謂「英雄所見略同」，我認為「民族主義瘋子的行徑也大致相同」。

除了疆域、服裝、禮制、戶籍、稅役等定義「國家」的要素，杜院士也提及許多中國傳統上對異族的歧視。所謂「中」國，本來就有視其他國家為邊陲的意思。而中國古籍上常把周邊

民族附以「犬」字邊、獸字屬，例如狄、羌、犬戎等，當然也有貶抑鄙夷之意。班固說「夷狄之人貪而好利，被髮左衽，人面獸心……是故聖王禽獸畜之」。杜院士將這一類的敘述斥之為「種族歧視」。此外，漢朝官員誘殺西域樓蘭王，老杜公也描述西域像是「直率天真」的少年，鬥不過「老奸巨猾」的漢官。

老杜公的觀察我都同意，此處則要做一些不同學術領域的補充。我粗淺的演化生物學知識告訴我：種植圈養的農業社會，就是會與採集狩獵的游牧民族，產生相當不同的民族性格。農業社會群居聚落比較大，分工比較細密、彼此交易頻繁，這些都是人類學文獻所詳載的。由於聚居人口多、交易頻繁，社會「秩序」就極為重要，於是自然發展出各種規範體系與管制階層，以期秩序之確保。這些體系與階層約束人民的行為，久而久之就形成「禮法」。人民習慣於禮法日久，就把那些疏於禮法約束的人，視為粗鄙。所以簡單說，在農民眼中，游牧民族當然是粗鄙無文；這種鄙視，有其社會結構的背景。羅馬人稱入侵的馬上民族為「蠻族」，不少史家將把入侵之後千年稱為「黑暗時期」，又把黑暗時期結束稱為文藝「復興」，從我的詮釋，也是表現出「農業社會對採集狩獵社會缺乏秩序」的鄙夷。這種鄙夷，似乎與現代社會「種族歧視」這個詞，有語義上的差別。

至於採集狩獵民族「貪而好利」，我認為也有演化的解釋。採集狩獵的食物都是生鮮食品，沒有辦法儲存。而游牧移居者也沒有客觀環境可以儲存食物。在這種環境下，所有人都必須「發現食物儘可能多吃」，等於是「用胃腹當儲存」，以準備在未來狩獵不順時，還有熱量可以維生。因此，凡是狩獵為生的動物，

都一定要「貪吃」，才能在演化下存活。這種「貪戀食物」，似乎與班固所說的「貪而好利」，相去不遠吧？

覓食艱困的環境不僅動物需要「貪」，也要「省」。美國研究顯示，印地安人患糖尿病的比例比較高，這是因為印地安原住民早年生活環境差，慢慢演化出「節約能量」的生活型態俾便存活。但是到了現在，食物豐富了，節約能量反而使身體累積太多能量，以致易生病。

華夏民族與戎、狄、蠻、匈奴等民族之間的互動，差不多從夏商周時代開始。那個時候，人類社會其實還頗受自然環境的約束，與「動物社群」有些共通性，這是我對「人之異於禽獸者幾希」的詮釋。有人類學家指出，印度的種性制度所歧視的北方若干人種，或許與早年北方流入的傳染病有關。當時，因為「與那些人接觸的，多重病身亡，所以那些人都是劣等、受詛咒的」，或許是貶抑鄙視的初始原因。演化數千年之後，即使傳染病消失了，「歧視」卻揮之不去。

講這些「人之異於禽獸者幾希」的演化故事，只是要強調許多用現代觀點審視的差異，其實都有幾千年前的演化背景。從這個角度來看，包容性應該更強一些。

最後，我也想說：「歷史上的中國究竟是什麼」是一個「民族」或「文化」的形成過程。但是民族文化血緣，畢竟與「民主自由的生活方式」是兩回事。中國與台灣之間，不是「民族」的問題，而是「民主」的問題。釐清民族的過去有助於我們的思辨理解，但無論如何，「民主自由」才是台灣人民決定走向的關鍵。要再強調一次：台灣的未來，不是民族問題，是民主問題。

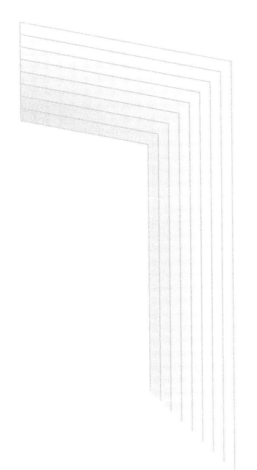

歷史切片

台灣與新疆，是中國「固有疆域」嗎？
——讀《中國西征》

　　《中國西征》正文近 600 頁，加上參考書目則是 700 多頁。這種大部頭書，讀起來格外吃力，所以啟動閱讀前也詢問好友王汎森，他以史界九袋長老的身分批示「值得一讀」四字。於是本人費時十幾個小時的閱讀，傷眼傷肝，背後有王姓「加害人」之註記。

　　《中國西征》是耶魯大學歷史學系教授 Peter Perdue 所寫。此人是中國歷史專家，而且熟悉中文、滿文、蒙文、藏文，當然還有他自己的母語英文，加上日文、德文、俄文等 14 種語言。也是因為這樣少有的語文能力，使他能閱讀許多文獻，得到不少蒙古、哈薩克那裡文獻記載的視角，不侷限於簡單的漢人沙文主義或是西方帝國主義。這樣的研究切入，起手式就已然不同。

　　作者大概是想刻畫十七、十八世紀滿清康雍乾三代西伐蒙古、新疆、青海、西藏的那一百多年歷史。故事的主軸，是康熙的三次用兵，以及乾隆以大屠殺準噶爾族收尾。圍繞著這個主軸，當然記述了清朝與俄國的談判、滿蒙邊界的貿易、諸多史料或信件的參照、乾旱地區運補的困難、歷史事件隨機偶然的長遠

影響等。

　但是有時候，作者在周邊輔助解說稍嫌瑣碎，例如邊境貿易的經濟歷史占據不少篇幅，而那些拉雜的內容又無助於彰顯主軸論述，讀起來就覺得很累。又有些時候，作者也忍不住要把自己的觀察與西方學者對於附近區域歷史的幾個硬邦邦的假說對照比較，這也使得原本流暢的歷史故事拘泥在特定框架之下，讀起來感覺生硬。做研究的人通常「捨不得」拋棄一些辛苦累積、但是內容不太相干的討論，Perdue 的書也呈現了這樣的「捨不得」。然而這些都是小節；整體而言，這本書是好書，作者絕對是大師級的大學者。

　記得有哪位歷史學教授說：歷史就是「說故事」。我只是把這本書當成「故事」，然後記述自己讀故事書之後的感想。

　中國歷史上不時記載北方、西方游牧民族「犯邊」，類似敘事大家都不陌生。這些歷史事件，當然與地理氣候有關：中國東方南方雨量比較多，適合耕種、定居、圈養，而西北地區雨量少，多為沙漠與草原，放牧自然成為主要的經濟活動。游牧生活逐水草而居，機動性大、不爽就離開，比較不會產生僵硬的隸屬關係。因此，除非出現成吉思汗這樣的超級大強人，否則游牧民族比較容易出現挑戰權威的小群反抗者，而不像定居漢民族那樣，容易形成「帝國」。當游牧部落之內的反抗意識逐漸形成彼此不服的鬥爭，就給清帝國可乘之機。

　漢民族對於西北游牧的「擾邊」，一向都是「國力不足時先忍耐，等國力夠強了則採取驅趕」，例如漢朝、唐朝、明朝幾位武功強盛的皇帝，都有派大將軍出塞追擊千里的紀錄。追 追

追，一路追到游牧民族累到、怕到，最好是怕到幾十年不敢再來，這是康熙以前強勢皇帝的一貫模式。但是幾十年之後，游牧民族又會回來，如此循環不已。所以簡言之，漢人對於游牧民族擾邊，一向是「被騷擾之後的驅趕」，完全沒有「占領游牧民族草原」的打算。

但是康熙不同。歷史學家真的應該嘗試了解，為什麼興安嶺發跡的女真族，會發展出這麼不一樣的戰略觀點。不止西北，東南沿海也是如此。明末清初數代，中國東南沿海也有海盜擾邊、有明鄭威脅。當年明朝的戚繼光對付海犯，是組織軍隊把海盜徹底擊潰，但是康熙的策略卻是「拿下台灣」，把海岸犯邊的外在基地「拿下來」。康熙對新疆蒙古西藏也是如此；他想要拿下準噶爾與蒙藏地盤，一舉殲滅、一了百了。

以前的統治者無法執行康熙的戰略，主要是補給問題。如果幾萬人的軍隊要靠內地補給，則補給線太長，支應不了。康熙能夠執行長驅直入、截擊殲滅的戰略，有幾個因素：一是他的堅強個人意志，二是邊境地區貿易漸趨蓬勃，一些物資可以由國家在地向人民購買，三則是「累積效果」。例如第一次發兵一百公里是「臨渴掘井」，部隊勉強存活。但是下次再發兵，只要先前一百公里所掘之井部分還能用，則第二次軍隊所掘之井就是在兩百公里之外。如此距離慢慢延伸，水源逐漸開發，聚落逐漸形成。這是區域發展裡的標準「網絡擴張」理論。康熙的堅強意志，支撐了累積效果的逐漸成型。「新疆」，就是滿人皇帝這樣打下來的。台灣，也是滿人皇帝這樣打下來的。

描述滿清戰略方式不同是要告訴讀者：拿下準噶爾，其原

始目的是戰略性的，是一種對付「擾邊」的戰略選擇。正如乾隆所說：「蕩寇所以息民，攘外所以安內」。看清楚：攘外是為了安內，是為了邊境居民的生活安定。清皇帝是為了一了百了擾邊之患，而去拿下準噶爾人的根據地⋯⋯但是拿下來之後，故事就不同了。尤其在鴉片戰爭後民族主義的催促下，新疆、蒙古、西藏、青海、台灣，全部都變成「自舊石器時代以來中國神聖不可分割的一部分」。這樣的神話謊話肖話，其實是無聊透頂，但是中國共產黨的宣傳機器，卻把它當成天經地義一般。

所謂「新疆」，光看文字就知道，這是指「新」取得的疆域。既然新取得，就表示原本不是你的，是你新搶來的，不是嗎？所謂疆，左邊是弓字，代表丈量土地，右邊是田與田的交界，代表丈量新土新田。這些地方，當然不是中國的「固有」國土，都是搶來的。說起來丟人，有一位中央研究院的人文組院士專門替中國共產黨擦脂抹粉。他說，中國對別的國家沒有領土野心。那就來看看 Peter Perdue 的著作吧。準噶爾人民如今幾乎滅族。兩百多年前有 60 萬人，四成死於天花、三成被清朝屠殺、兩成西移，大概只有一成打散倖存。這，大概也是當年清朝在西域「和平崛起」的過程。拿下新土地，然後把原居民族滅族，這樣算不算是「領土野心」？

2004 年我與友人有一次「絲路」之行，走南疆，沿途看歷朝留下來的「乾屍」（因為空氣太乾，屍體不會腐爛）。乾屍之中有不少士兵、將領，身高動輒一百九十幾公分。我那個時候心裡就有個大問號：乖乖，這種身材，鐵定不是漢人！看了《中國西征》一書，驗證了當年的心中疑惑。

我始終覺得，台灣的危險，不在於對岸布署的戰機、飛彈，而在於有十幾億的人民，都還活在鴉片戰爭後民族主義的亢奮情緒之中。也因為如此，中國人民始終對於人本主義知識空白、對於民主體制不能理解、對其他民族的苦難缺乏同理心、對於一切全球事務，都可以因為官媒或網軍的民族主義召喚而完全不辨是非。對香港、對新疆維吾爾族、對達賴喇嘛、對台灣，都是如此。這種文明的陰影，是一種悲哀，也是台灣的真實危險。

從《末日》談疫苗政策

　　《末日》這本書的原文是 "Doom: The Politics of Catastrophe"，中文版由廣場出版社翻譯。作者Niall Ferguson 原本是哈佛大學歷史學系教授，現任史丹福大學胡佛研究中心資深研究員，應該是歷史學界人尾級的人物。

　　書的重點是談災難，各種各樣的災難。這本書的資料豐富，像是一本收錄完整的「災難史」，但是內容卻普通，前後有不少拼湊。人類歷史上的地震、海嘯、颶風、戰爭、饑荒、乾旱、蝗蟲、核災、股市崩盤、彗星撞地球、疾病瘟疫，甚至是希臘神話或是聖經記載中的災難性神降懲罰，本書都有頗為詳盡的描述。針對每一種災難，作者把大家耳熟能詳的事件做更仔細的介紹，例如核災就包括車諾比、三哩島、日本福島核災等，涵蓋面完整。

　　當然，這本書的源起是 COVID-19，後幾章的重點也是 COVID-19，所以對於疾病瘟疫的災難描述最多。瘧疾、愛滋病、黃熱病、鼠疫、斑疹傷寒、性病、麻瘋病、二十世紀初的流感、天花、水痘、霍亂等，幾乎你能想得到的歷史上重要疾病，作者大部分都整理分析了。從 Jared Diamond 這一派「大歷史」

的角度看，人類過去一萬年的歷史，也可以看作一部「人類與病菌互動史」。人類歷史進程中的主導角色，未必是人，而是細菌、病毒。最近有許多人說，COVID-19 之後，人類經濟活動將會有不可逆轉的改變，其實也是類似「病毒改變人類社會」的描述。

我上段說，作者「幾乎」涵蓋了所有重要的疾病，就表示還有遺漏。這些遺漏，多少也反映西方學者接收資訊的侷限。比如說，肝炎。這個病在東亞幾乎是許多國家的「國病」，國民帶原比例動輒數十趴，成年之後肝硬化比例、致死率都非常高，絕對夠資格稱為「災難級」。但是為什麼歐美學者極少討論呢？那是因為歐美國家肝病的染病率極低。因為病人人數少，他們的生命科學研究團隊就比較不會注意「同胞不會得」的病，而即使想要研究這些疾病，各種臨床實驗也難以執行。這種「因為學者成長環境侷限」而產生的視野壓縮，不能說是缺點，但也不得不承認有思考推理的盲點。我曾經批評過史丹福大學歷史學者 Ian Morris 的大歷史觀，認為他完全沒有考慮到過去四個世紀歐美帝國主義對全球其他國家發展的扭曲，也是類似的道理：帝國主義強國環境下培養的學者，就是不容易看到帝國主義對其他弱國造成的壓迫。

除了前述災難主題的取捨，我認為分析災難最需要涵納的視角，就是「我們人類能怎麼辦？」可惜，作者在這一方面著墨不多。這種「人類防災」與「災難衝擊」之間的互動，卻是社會科學研究者最感興趣的研究課題。例如，央行如果預期外匯市場即將崩盤，據此提出警告，於是造成散戶趕緊想脫手外匯，形成

恐慌性賣壓，於是匯市果然就崩盤了。這種情況，就是「防災警告」反而促成了災難，是一種自我實現（self-fulfilling）的模式。但是，如果我們預期印度變種病毒即將肆虐台灣，疾管署提出警告，結果大家都因為害怕疫情而待在家裡，病毒就沒有形成災害。這是人類反應成功抑制了災難的例子，算是「避免結果」（self-destructing）。在作者所舉的許多例子中，究竟有哪些是前者、哪些是後者？又為什麼如此？我希望看到一些分析，但是卻有些失望，只能希望將來有人補充了。

　　另外一個作者著墨不多的災難，就是全球暖化。這裡又帶出另一個作者可能忽略的視角：防災所需要付出的調整成本。全球暖化是個「很慢」的災難，但是「慢」的災難為數不少：愛滋病發病也很慢，所有慢性疾病都是慢板災難。但是快慢並不是重點，而是人類的調整成本。肝炎侵犯身體很慢，但是肝炎防治只要打一針疫苗就好，人類挨一針控制肝炎，根本沒有成本，所以對付肝炎不難，只有科學面的成本。但是全球暖化的「治療」需要大幅減碳，而排碳幾乎是所有工業、農業活動已經鎖定的模式，現代社會減少排碳的調整成本大得不得了，所以阻力很強，卻不只是科學問題。全球氣候變遷問題之所以是這麼難解決的災難，關鍵在於此。

　　接著，我要補充一些本書沒有討論的防災觀點，就與COVID-19 比較有關了。前兩天與木栓先生聊天，我提醒他一個觀念，他也同意，大意如下：災難來臨之前，許多政府都有「防災」的措施與政策；一旦災難降臨，政府也有「救災」或是減輕災情的措施與政策。我向木栓說：「這兩種政策的時間軸線是不

同的」。

通常，防災的時間軸線很長，五年、十年、十五年，都極為常見。例如員山子分洪道是預防台北新北洪災的規畫建設，從設計到完工，總有十幾年光景。又如巴黎協定減碳，大家訂下來的計畫，常常是以 2050 為目標，時間軸長達三十幾年。但是一旦洪水已然侵襲，唯一重要的就是救災、減少生命財產的損失。那個時候的時間軸線，頂多是三天、五天、一週、兩週，與員山子分洪道的十幾年完全不相干。如果洪水來襲再去扯疏濬渠道，顯然是搞錯方向。

再舉一個例子：大家都熟悉孔明「草船借箭」的故事。曹操大軍已經兵臨城下，赤壁之戰迫在眉睫，東吳軍隊發現水上作戰的箭不夠用，於是要諸葛亮「十天之內製造出十萬支箭」。製箭，這是標準的「國防產業」，它重要、它事涉生存、它是關鍵戰略產業，這些都無庸置疑。但是人家兵臨城下，東吳的軍師如果分不清楚「國防產業」與「作戰退敵」的差別，那就是分不清楚兩種政策的時間軸線的差別。製箭需要時間，如果再加上箭頭鐵尖的冶煉，更需要時間。製箭還只是「國防製造業」，還不牽涉到武器研發，如果從研發開始算，則國防產業的決策時間軸線最少也是十年。無論如何，孔明把「國防產業」與「敵前作戰」這兩個軸線分得很清楚：已經在打仗了，箭不必自己造，用買、用偷、用搶、用騙，怎麼樣都可以。兵臨城下，最重要的就是退敵，不必扯什麼「國箭國造」，於是乃有「孔明借箭」的故事。

簡單說：防災是防「以後」的災，救災是救「現在」的急。

防災因為是長期的準備，它也牽涉到制度。例如兵役制

度，就是一種「防災」設計，預防敵人之進犯。但是要評估制度優劣，有時候不能只看效率、只看成本效益。例如，經濟學家 Milton Friedman 半世紀前大力鼓吹全募兵制，認為徵兵制會把機會成本非常高的人徵去當兵，放棄了他們更有生產力的活動，是不效率的。募兵制下，一定是機會成本低的人才會去應募，因此比較有效率。結果，Friedman 遊說成功，美國由徵兵改為募兵。

三十幾年後，美國總統布希因為不存在的「大規模毀滅性武器」，而發動了一場伊拉克戰爭，造成極大的美軍傷亡，每個月都有陣亡士兵屍袋運回美國。但是因為他們都是「機會成本低」的社會弱勢，所以屍袋運回的社會衝擊不大，戰爭就一直打下去，美國損失慘重。但如果美國是徵兵制，則三不五時就會運回來國會議員的兒子、州長的親戚、巨富的姪子……，社會衝擊大，爛仗就不會再打了。簡言之，看起來有效率的募兵制，反而製造了政治人物把國家帶入不必要戰爭的風險。你說，哪個「防災」制度比較好？

《末日》這本書有相當的篇幅討論 COVID-19，作者在付梓時（2020 年 10 月）也對台灣的防疫表現讚揚有加。但是到了2021 年，我們的防疫卻面臨一些質疑與批評，其中最關鍵的面向，就是「國產疫苗」。因為這個議題政治紛爭的色彩重，我不想跳進去攪和，但我前面兩段「不同時間軸線分析」，或許有些參考價值。疫苗產業當然重要，也有它的戰略關鍵地位，但是產業發展是一個需要十年左右時間的政策。「疫苗產業」與「疫情控制」，前者是「防災」，後者是「救災」。一旦兩個面向攪在一起，時間軸線錯亂，就必然容易犯錯。最近陳培哲院士批評

「台灣不該三家公司都投資蛋白質疫苗」，賴明詔院士卻認為「台灣目前沒有發展 mRNA 疫苗的研發基礎」，我認為兩人之間的差別，就是時間軸線。賴院士用目前的研究能量評論國家疫苗產業與疫苗政策，我認為時間軸太短了，他混淆了疫情的急迫與疫苗產業的長遠。疫苗產業本來就是十年八年的事，研究能量本來就要長時間培養。陳培哲講的，反而比較有道理。

美國國防部 DARPA 在 2013 年就補助 Moderna 公司發展 mRNA 技術，投資 2500 萬美元。這個金額就生命科學而言幾乎是芝麻小錢。美國投資布局了十年，如今才有 Moderna 的戰果。此外，美國 DARPA 當年補助的是「不特定疾病」的疫苗新技術（mRNA 疫苗）的研發，而不是針對特定公司對特定疾病的特定藥物做補助，時間軸線清楚，投資受益對象不明顯，當初更不知道會有 COVID-19。也因為如此，自然就沒有圖利特定廠商、炒作股票的紛爭與抨擊。美國最近線上節目有不少討論，都值得國內的政策研擬者參考。

《末日》是一本關於人類災難的書。疫情災難也許是流行病學、病毒學，但是疫苗產業或是防災投資，卻是標準的經濟學，算是我的專長吧。我在 2012-2014 任國科會主委，督導「防災國家型計畫」，也做過行政院災防會報的（好像是）召集人。非常坦白地說，行政體系的災防政策，十之八九是政治，創意極少。台灣如果體認到疫苗的戰略目標，也許應該開啟一個「疫苗國家型科技計畫」，成立沒有商業利益的研發團隊。這樣，才是真正的「防災」。再說一遍相同的邏輯，作為本書推薦序的結論：

發展疫苗產業是為因應「以後」的疫病，是「防災」的概

念；採購疫苗是為了壓抑「現在」的疫情，是「救災」的概念。
防災與救災之辨，可不慎與？

珍愛生命，遠離帝國
——讀《大逃離》

　　此書原書名是 "Escape from Rome — The Failure of Empire, and the Road to Prosperity"，作者是史丹福大學歷史學系教授 Walter Scheidel. 撰寫「大部頭」歷史書籍似乎是史丹福大學許多教授的嗜好；2010 年該系教授 Ian Morris 也寫過一本 "Why the West Rules — for Now: The Patterns of History and What They Reveal About the Future"，這兩本書的中譯本前者是雅言、後者由衛城出版；翻譯大部頭歷史書，似乎也是衛城的偏好。

　　《大逃離》一書的主旨有二：其一，作者觀察到歐洲自羅馬帝國崩解迄今一千餘年，就再也沒有產生大一統的帝國。過去一千多年歐洲帝國始終不大，英國、法國、西班牙、日耳曼、奧圖曼等，都大致是「區域稱霸」，任何一國都沒有能力統一其他，作者稱之為「多中心」狀態，以與中華帝國等做對比。以中國為例，自秦以降，兩千年以來除了三國、五代十國等短暫分裂，中國一向是「大一統」的帝國形式。

　　其二，作者認為「多中心」模式是有利於激盪新思維的。統一大帝國總是希望「維穩」；因為一切求穩定，所以對於挑戰

性、非傳統、風險性的論述或嘗試，都不鼓勵，遂有「守成不易，莫徒勿近功」的句子。作者的大膽推論是：歐洲的「多中心」架構，是促成其工業革命、科學創新、海外拓展、現代化的主因。簡言之，多中心就是多元文化，而多元文化會促成彼此競爭與進步。

以上的論點，似乎卑之無甚高論；「多元有利創新」大家都耳熟能詳。那麼作者這六百多頁的論點，又有什麼特殊之處呢？或是，有什麼推論的弱點呢？且讓我嘗試析論之。

關於歐洲為什麼難以產生大一統帝國，作者提出許多解釋，包括地理環境、城堡眾多（所以很難攻占）等。但是要靠這些因素做完整的解釋，仍然有些薄弱，於是作者訴諸「反事實分析」（counter-factual analysis）。這種分析的重點是：把當時的情境做一點些微的想像改變（當然歷史不會改變，只是想像），看看會不會產生推論的重大改變。如果會，表示原本「歐洲未形成大一統」的結論非常脆弱，純粹是歷史偶然。但如果環境無論怎麼些微變動都無法擾動原來的結論，則表示「歐洲未形成大一統」的結論非常堅實。

「反事實分析」也許可以用微積分做個類比：我們在均衡附近擾動歷史情境，就像是查看均衡附近順著某個方向的偏微分。如果各個方向偏微分的數值都很接近零，我們大概可以說：原來那個均衡似乎是個局部極大值。但我其實並不同意這樣的歷史方法論。「歷史的發展」與「環境些微變動」，是不太一樣的東西。Robert Fogel 要套用「如果南方沒有蓄養奴隸」的反事實分析到美國南北戰爭之前的棉花生產結構，那是可以的，因為「棉

花生產」是個非常簡單而呆板的分析標的。但是歷史不像棉花產業，它牽涉到超級複雜的人與人、國與國、團體與團體、階級與階級、競爭者之間的互動。假想的偏微分分析固然簡化，但是簡化到可笑！硬要套用反事實分析，恐怕是「歷史分析科學化」的走火入魔。

不只歷史學，我認為任何學術分析都要避免這種走火入魔式的工具理性。當下有些經濟學家，幾乎是迷信科學實驗的方法，為了推論的統計精確，非常希望所有的觀察都有「控制組」與「對照組」。進行任何實證分析，第一件事就是尋找便於切分組別的變數（稱之為「工具變數」）。這樣做在方法論上沒有什麼不對，但也容易產生「專注力的移轉」，忽略了主題觀察的粗疏，這就有點本末倒置了。Scheidel 確實有點這方面的問題。

以下，我想從非歷史學者的角度，舉幾個例子，指出一些我認為重要的歐洲與世界其他地區的差別。或許這些差別也有助於解釋「歐洲為什麼不同」。我不見得對，但是作者對於我以下的觀察與討論明顯不足，也許就是我說的「專注力移轉」吧。

歐洲與東亞的中國有一點很大的不同：歐洲的中間有一個地中海，中國沒有。中國有湖泊、河流，但湖泊與河流所能孕育的水上運輸與海軍，相對於海洋，終究是有限的。中國由於華北陸地阻礙少，當然容易揮兵直幹，執行統一。歐洲幾場重要戰役，陸軍與海軍幾乎同等重要。但是中國幾乎所有的戰爭，都是陸軍；海軍實屬配角。大家耳熟能詳的三國赤壁之戰，那個「水師」其實頂多只是運兵船、陸戰隊。羅馬帝國、希臘與斯巴達，有許多關鍵戰役都是「艦隊戰爭」。從地理上看，羅馬帝國其實

是「環地中海帝國」，不是陸上帝國。簡言之，陸上帝國容易，海上帝國不易。「地中海」這麼重要的歐洲地理特徵，對於形成歐洲的「多中心」，有沒有角色？有什麼角色？作者未置一詞。

地中海因為是在陸地之中，所以風浪遠小於太平洋、大西洋，平常是非常便捷的運輸平台。中國需要建南北向的運河，平常靠牽纜，無所謂航海技術。但是地中海像是一個自然的「航海技術練習場」，應該是有助於歐洲人民海事運作。一旦時機成熟，他們遠比中國人更能跨大海航行。發現「新大陸」的、到世界各地殖民的，都是歐洲的海權強國。歐洲這樣的「重海情懷」，使得不列顛島國成為「隨時可以入侵歐洲大陸」的強國。歐洲大陸會不會也因為「隔海有強鄰」，而不容易有陸上強權的出現呢？

另一個歐洲與東亞截然不同的，則是宗教。作者有做一些分析，但區區十頁左右，顯然不是重點。中國幾乎絕大多數的時間，都沒有「國教」，當然更沒有「教皇」。但是天主教與基督教，在歐洲卻是一支明顯可以與皇權抗衡的勢力。如果歐洲有這樣一支強勢宗教，但是它的重點是強調「天國」，不會與地上的皇帝搶地盤，卻能抑制、抗衡地上皇權的拓展。我猜想，這應該也是抑制歐洲形成統一大帝國的因素之一吧？但是作者著墨不多。

作者認為，多元中心有助於創新、冒險，我猜想是對的。其實不必看歐洲歷史、不必「反事實分析」，我們只要看看習維尼上台之後的中國，大概就一目瞭然。但是，從「多元中心有助創新」跳躍到「所以會有牛頓、哥白尼、科學突破、哥倫布冒險

……」，我只能說，這樣的單一面向思考太薄弱了。當年歐洲壓迫科學創新的，確實不是大一統的皇帝，卻是大一統的宗教。為什麼大一統的宗教壓迫沒有成功呢？為什麼哥白尼祭旗壓抑不了歐洲的科學創新呢？分明宗教是阻力，為什麼一定要扯上皇權呢？

分析最近的 2000 多年的歷史，Scheidel 與他史丹福大學的同事 Ian Morris 一樣，都不對最近幾百年的帝國主義歷史做切分，我是不同意的。工業革命之後的西歐強權侵凌世界各地，這三百年間的中國、非洲、印度、美洲，其實沒有什麼「獨立」發展的歷史，都只是「因應帝國壓制史」。你看印度，最近三百年它哪裡有什麼「形成大一統帝國」的可能？你看中國的清末，即使清帝國是大一統的，但是租界呢？香港呢？東三省呢？這些圖像仔細看，它究竟是統一還是沒有統一呢？西方學者似乎總是有一種逃避心理，自己既是帝國侵略者，又要假裝「被侵略國仍然在自主發展」。這樣的心理，總是會形成分析研究的弱點。

到了最近 50 年，民主、自由、人權、自決等價值，逐漸成為主流。多元中心究竟是不是比大一統更容易創新進步，恐怕已經不是重點了。台灣當然在乎創新，但是逃離威權統治本身就是價值，那個價值遠比創新重要。書評下筆時 Nancy Pelosi 剛走，許多台灣人民都希望如本書書名所描述的，Escaping from China。

了解共產黨與極權體制，才能夠抗中保台
——讀《血色大地》

　　《血色大地》是耶魯大學歷史系講座教授 Timothy Snyder 的力作，正文約 620 頁，附錄與注釋又是 100 多頁，中文版由衛城翻譯出版。

　　此書講述的大約是 1930-1950 之間，發生在中歐與東歐的慘烈屠殺，遇害的至少有人1400 多萬人。殺人如麻的劊子手有兩人，一是蘇聯的史達林，另一則是德國的希特勒。

　　屠殺發生的地點，涵蓋今天的波蘭、烏克蘭、白俄羅斯、捷克、斯洛伐克、波羅的海三國（拉脫維亞、立陶宛、愛沙尼亞）。最慘的國家是波蘭與烏克蘭，各有超過五百萬人死亡，其他幾個中、東歐國家則也有數十萬至近百萬人死亡。我們要注意的是：這些死亡並非「戰爭死亡」，而是設計的饑荒、種族的滅絕、一批批毒氣與槍擊殺害。就種族而言，最慘的當然是猶太民族，死亡近六百萬人。

　　大屠殺是由史達林於 1930 年代在烏克蘭進行「土地改革」而發動，把集體農場的收成強制徵收超過百分之五十的穀物，用來「出口」，活活餓死了約三百萬烏克蘭人。然後，為了掩蓋事

實、轉移焦點，史達林堅稱「其實沒有饑荒，饑荒是富農拒絕土改、勾結外國間諜，而發動的形象障掩」。據此，史氏不但不對饑荒民眾施予援手，反而發動對富農階級與少數民族的大清洗，1937-1938 年間大約槍殺 70 萬人，更把幾百萬人下放「古拉格」勞改。

然後，1939 年德國與蘇聯聯手入侵波蘭，東西夾擊，波蘭知識分子與上層階級被屠殺二十餘萬。1941 年，希特勒撕毀德蘇友好條約，進攻蘇聯，列寧格勒圍城大約奪走四百多萬人命。接著，希特勒東線戰事不順，同樣是為了轉移焦點，把所有的困境全都怪在猶太人身上，開始大規模殺害猶太民族，在波蘭、蘇聯、波羅的海三小國共槍殺、毒殺了 540 萬猶太人。此外，白俄羅斯地區也有五十萬平民遇害。

1944-1945 年二次大戰近結束之時，蘇聯西向反攻，沿途則是對不及撤離的德國平民姦淫擄掠，強姦所有德國婦女、殺死數萬德國男人。

讀者讀這本書，一定要有心理準備：作者的史料功夫詳實，幾乎是走遍中歐東歐，在所有曾經發生災難的地方翻尋資料、拼湊數字，把一件件屠殺的前因後果予以串接。因此，每件屠殺，都像是一則小型的悲慘故事，或是數百人死亡、或是數千、或是數萬。但是你想：就算每則悲慘記事死亡五千人，要累積到一千四百多萬死亡人數，大概要兩千八百多則悲慘故事。這樣的寫作，真的是錐心泣血；即使對讀者，也是非常難以承受的閱讀壓力。有些記事描述倖存者的所見，母親臨死前全裸，還要最後餵奶給即將共赴黃泉的嬰兒，令人傷痛不已。讀這本書，就要有

承受慘痛衝擊的心理準備。

　　作者對於大屠殺，提出一些與以往文獻不同的觀察。其一，是關於「地點」。由於波蘭、烏克蘭等地在1930-1945之間被德國、蘇聯輪流占領，二次大戰戰後這些地區又淪為鐵幕，資訊封閉，以致於二次大戰之後我們以為大屠夫只有希特勒一人，十八層地獄忘了史達林的牌位。作者指出，這兩位屠夫獸性其實在伯仲之間。其二，外界多以為「猶太人集中營」慘無人道、被禁閉者極為淒慘，是納粹殺人模式的代表，其實是錯誤的。德國與蘇聯殺人最多的是「立即格殺」，關到集中營反而是存活機率比較大的。存活者的記述，反而淡化了「沒有人存活的寧靜殘暴」。其三，外界比較知道猶太人死亡數百萬，但作者認為波蘭與烏克蘭人的苦難，恐怕與猶太人只有五十步、百步之差，也應該受到關注。

　　書本最後，作者提到若干漢娜・鄂蘭對極權體制、集權者屠虐的解釋，也提出作者的不同看法。坦白說，我對兩造見解，都不怎麼同意。

　　要「解釋」希特勒為什麼要屠殺猶太人？要「解釋」史達林為什麼要餓死三百萬烏克蘭人？要「解釋」史達林為什麼要把四百多萬自己的國民囚禁在古拉格群島做苦工？要「解釋」毛澤東為什麼要在大躍進餓死兩千萬中國人？要「解釋」毛澤東為什麼要把幾千萬人下放勞改、搞文化大革命？我很難同意這樣的研究方法論。

　　我的看法比較直率，也非學院派。我認為學院派不可能解釋「惡魔」的行徑、「瘋狗」的行徑。沒錯，我認為史達林、希特

勒、毛澤東都是近一百年罕見的惡魔。事前，我們也許可以從病理學、基因體學研究什麼樣的人會突變成「惡魔」、「瘋狗」，但是一旦此人已經變成惡魔，他的行為就沒有什麼好再「解釋」的。我們理性的人，要怎麼去了解「看著幾百萬、上千萬人餓死，卻堅持不發放食物」？要理性解釋惡魔，恐怕我們得「先向他們靠近一點」。做研究的人，怎麼可能做到呢？

惡魔還是可以分析，但不是要分析「為什麼惡魔會如此這般」，而是分析「什麼樣的環境、制度，可以避免惡魔之為惡」。

余英時先生曾經指出，中國歷史上的平民皇帝，概有兩個特色，一曰狠，二曰痞。前者心狠手辣，死個幾萬人眉頭都不皺一下，一切以「自己掌握絕對權力」為依歸。後者死不要臉，要此人下跪磕頭舐瘡，他也是甘之如飴。這種既狠且痞之人，一旦機緣巧合下掌了權力，又遇到阻力，他就會踐踏幾百萬人的屍體在所不惜。余先生茶餘飯後的狠、痞二字，庶幾近矣。但是我覺得，大惡魔除了狠與痞，還要「陰」，否則他沒有辦法把周邊的人嚇得死去活來，一味配合他的殘暴。看看史達林、希特勒、毛澤東，狠、痞、陰三個字，八九不離十矣。剩下的，只是「環境」。在特殊環境下，獨裁者都有殺人如麻的「潛力」。

要怎麼樣才能避免惡魔呢？卑之無甚高論：制衡，讓狠痞陰的人沒有辦法掌握太多的權力，或是掌權沒有辦法掌太久。

最後，就要談到共產政權的罩門了。共產主義是一種「集體主義」。所謂集體主義，就是有一個「全體」的目標凌越個人。民主社會也有集體目標，例如公共秩序、善良風俗，但是這個集

體目標必須要經過民主程序與憲政規範，而此民主程序與憲政規範，就是制衡。少了民主制衡，那麼人民就完全失去「集體目標」的定義權，就必定任人宰割。於是，史達林說蘇聯沒有饑荒就沒有饑荒、希特勒說猶太人是禍害就是禍害、毛澤東說大躍進就大躍進、習近平說病毒清零就得清零。血染大地，就是這樣開始的。

習近平之心，路人皆知。台灣人民要了解惡魔，做好準備。

「大歷史」研究的終極評論
──《平等的暴政》

　　這本書又是一冊六百多頁的巨著，作者是 Walter Scheidel 又是（喜歡寫大部頭歷史書籍）的史丹福大學歷史學系的教授。我沒有多高深的歷史學訓練，不敢說自己對他們作品的評論公允，但是有些時候，局外人反而能夠看到廬山真面目。更何況，這本書的主題是「不平等」，當然是我的專業之一，所以寫書評一點都不難。寫評論之前，也與王汎森院士聊聊晚近的「大歷史」研究趨勢，我們二人「英雄所見略同」，於後文細述之。

　　先講書名吧，我要發發牢騷：原英文書名是 "The Great Leveler ── Violence and the History of Inequality from the Stone Age to the Twenty-first Century"，這書名怎麼可能譯作「平等的暴政」？我真的不懂。我記得，台灣有一陣子動輒把電影的中譯名冠上「終極」二字，於是什麼都是終極：終極警探、終極保鏢、終極戰士、終極三國……。這樣瞎搞的電影命名，現在居然也輪到出版界。我心胸狹窄，為了報復，我這篇書評也就叫做「終極書評」。

　　這本書的內容與「平等的暴政」一點也扯不上關係。作者爬

梳史料的結論是：歷史上能夠大幅度降低不平等（英文是 great leveler，leveler 即為「均平」之義）的因素概有四類：戰爭、革命、體制崩解、傳染性疾病。其他的因素，諸如教育、改革、經濟發展，都沒有什麼重要性。你說，這樣的內容，與「平等的暴政」有什麼關係？

作者宣稱他的分析上起石器時代，下至二十一世紀的今天。哇！跨越好幾千年吔！聽起來很偉大吔！作者使用的不平等指標是什麼呢？大致有兩種指標，一是吉尼係數，二是富有者的財產占全社會總財產的比例。這兩者都是常用的指標。但是，古早時代有資料嗎？確實有一些片段資訊。例如，古時候的稅籍檔案、考古挖出來古城中房屋大小的分布、墓穴中陪葬器物價值的分布、貴族與平民屍體骨骼判斷的營養情況……。這些數據，都可以用來計算吉尼係數等不公平指標。

至於中世紀以後的不均度，作者使用的資料有不少與皮凱提的研究資料重疊，尤其是歐洲、美國、南美洲。作者對於中國歷史頗為熟悉，所以涵納的中國數據比皮凱提多。整體而言，其觀察及結論與皮氏相近。皮凱提指出，歐美的所得不均兩百多年來一直都有持續上升，唯一阻斷其上升趨勢的，就是一次與二次世界大戰，以及 1930 年代長達十年的經濟大恐慌。Scheidel 的結論，顯然與皮氏若合符節。

以下，我就要提出一些與作者不同的看法了。

前文提到，越來越多的歷史學家喜歡研究大歷史，探討很長一段時間、很大圖像的趨勢。與此相反的是，越來越多的經濟學家喜歡研究小題目，幾乎小到雞毛蒜皮。這顯然是兩種截然不

同的方法論。但是歷史學家與經濟學家，卻都有他們的盲點與缺陷。歷史學家的訓練也許著重史料，比較沒有「科學面」，因此他們看大歷史固然是目標宏大，但是有時候推理卻出現頗為嚴重的邏輯不通、因果誤判（後文會就此書內容做些討論）。

經濟學家傾向做小題目，則是受「科學化」方法論毒害的結果。近年的經濟學研究著重數理邏輯之嚴謹、統計分析之乾淨、實驗控制之純然隨機。這樣的科學嚴謹要求，逐漸反客為主，把年輕學生與投稿教授，訓練成「唯科學嚴謹是問」的動物。他們看經濟問題，幾乎是「只」著重「推理精確」，完全不理會問題本身精彩不精彩。他們似乎已經忘記：「推理精確的爛故事終究是爛故事」。相對而言，如果分析大歷史卻推理粗疏，也是有缺點，像是「故事框架精彩，但頗多破綻，沒有說服力」。

前述兩種方法論相比，你喜歡哪一類呢？老實說，我喜歡框架宏大，方法推理粗疏一點還可以忍受。像《水滸傳》、《西遊記》，哪裡有什麼精緻推理可言？但是，那些胡說八道的推理，不影響我們欣賞其故事。人文社會的研究，大致說來都是一個說故事的過程。社會科學比較著重故事背後的 why 以及 how，企圖找到比較確切的線索。人文學比較著重脈絡與環境，有助於我們掌握圖像。我對於若干經濟學家近乎走火入魔的科學方法論頗為厭煩。我開玩笑式的批評是這樣的：如果有人用精確的資料與統計分析，發現「康熙皇帝在位第三十五年時，左手沒有長雞眼」，這種垃圾分析，有什麼意思？煩不煩人？

本書作者「大歷史」分析的企圖，也呈現在他的書名："Violence and the History of Inequality from the Stone Age to the

Twenty-first Century"。乖乖：橫跨七、八千年的研究餒！從石器時代到現在餒！但是，題目這麼大，我認為作者的知識訓練恐怕力有未逮。石器時代「人之異於禽獸者幾希」，幾乎還相當受到演化生物學的影響。如果歷史學家這一方面的訓練不足，則說故事必然凌亂不堪。我只舉一個例子，說明作者論述的凌亂。在譯本 52 頁，作者提到雌性與雄性在繁衍上的不平等：一夫多妻比較多，一妻多夫比較少見。這個「不平等」的推理，與演化理論的脈絡有顯著出入。

演化理論是這樣說的：懷胎生育的那個性別叫做雌性，而生育之後，雌性的基因「鐵定」繁衍成功，但是雄性永遠不知道「那個新生體的基因是不是我的」。由於雌性鐵定繁衍，雄性不確定，所以在天擇的篩選下，雄性「競逐更多交配機會」的基因會勝出。又因為雄性「多交配」才能爭取基因存活，所以雄性競爭交配優勢傾向長肌肉、長強壯，把其他雄性趕走以減少自己戴綠帽的機率。這種演化取向，逐漸形成生物世界絕大多數兩性繁殖物種，其雄性都比雌性壯碩。這些演化取向的不同，在演化生物學上叫做性別殊途（sexual dimorphism），早已是定論。簡言之，雄性競逐性繁衍，是幾百萬年演化的結果，背後的脈絡極為複雜，實在不宜以「不平等」這個單一概念簡略歸納。

把前述評論更往前推，在某些情境，我其實並不同意把「不平等」當成研究的「目的」。最近有一位記者問我「老師你覺得台灣少子化的問題有沒有解」？我是這樣回答的：解決少子化問題本身絕對不是目的；如果要說目的，是少子化之下台灣的經濟發展、社會保險、支援體系等運作難以永續運作，而維繫我們社

「大歷史」研究的終極評論——《平等的暴政》　　105

會經濟體系的永續運作才是目的。在民主社會，生不生孩子的決定權不在政府。社會如果要維繫永續運作，恐怕要思考其他的政策，例如移民。增加國人生育意願，只是手段之一。……簡言之，把「解決少子化」視為目的，在研究方向上就已經扭曲了。

同樣的道理，在工業革命之前的歷史長河中，「不平等」本身幾乎不是主角。不論是貴族／平民的不平等、統治者／被統治者之間的不平等、蓄主／奴隸的不平等、征服者／被征服者的不平等，背後都有一個更有意義的主題，不平等指標其實只是末節。我們該關注的，應該都是奴隸制度、侵略戰爭、帝國壓迫、貴族世襲等關鍵因素。如果不談這些關鍵因素的背景，而逕自跳到在各個環境下計算吉尼係數，似乎就是錯誤設定了研究目的，方法論上大有問題。方向如果有問題，即使計算出各個時期零零碎碎的吉尼係數，又有什麼意義？如果有人研究納粹時期，不分析納粹整體政策的病態與衝擊，卻分析猶太人所得分配指標在納粹占領期間的變化，這是不是很詭異？分析標的一旦設定有誤，就很難湊出有意義的圖像了。

作者指出，歷史上能夠大規模降低不平等的因素，只有四類：戰爭、革命、體制失能、傳染病，作者稱之為「四騎士」。這個觀點，我是同意的。關於四騎士的重要性，作者提出了許多歷史資料的歸納佐證，但是我希望在歷史資料之外，更能有些一般性的推理。以下是我的補充。在穩定的環境之下，例如穩定的階級制度、穩定的市場環境、穩定的政治勢力分布等，哪裡有利益哪裡有機會，都非常清楚。於是強者、適者成功，弱者、孬者失敗，成敗之間容易定格，不平等自然浮現。此外，在穩定的環

境下，這些強者勝者更能透過政治、法規、習慣、網絡，去強化自己與家族親友的裙帶，於是不平等更加定型化。

為什麼戰爭、革命、傳染病等比較能打破不平等呢？其實卑之無甚高論：因為戰爭、革命、傳染病等都是「天道無親」的衝擊，本質上就是不受「定型」拘束的、更隨機的傷害。管你原本的裙帶多穩固，黑死病找上你、戰爭打到你家門口，所有財富都灰飛煙滅。這，就是四騎士的威力。四騎士的關鍵角色，就是「來亂的」。膝蓋告訴我，以上的推理是對的。

作者分析的標的是「不平等的降低或消除」，但是近百年來「不平等的突然飆升」，卻是另一個值得關注的課題。1979 年中國由鐵板共產走向「改革開放」、1990 年代蘇聯解體且俄羅斯及東歐諸國走向市場化、二次大戰後印尼從殖民地轉為獨立等，都是體制的突然改變，逼得許多原本國營或外國經營的事業，在短期內必須要移轉給私人。這樣的轉變，絕對是黨二代、政二次、革命領袖裙帶崛起的大好時機，也會造成「不平等的突破飆升」。我認為這個問題非常值得研究，但是目前為止還沒有什麼像樣的發表。

民主國家的體制比較穩定，科學進步也降低了傳染病的衝擊，因此民主社會「四騎士」的角色變弱了。究竟一個民主經濟會走向不平等或走向平等，經濟制度扮演的角色就變得重要。英、美體制比較右，北歐體制比較左，其最後的結果就截然不同。這一方面，皮凱提的分析比 Scheidel 精彩多了。

做個結論吧：不少經濟學家學習科學分析方法，卻不思考大問題，這是「學而不思則罔」。不少歷史學家思考大問題，卻不

能學習適切的分析方法，這是「思而不學則殆」。在學術競爭壓力大，兩者兼顧何其難也！學術壓力下有若干學界朋友嗜酒，正是「葡萄美酒夜光杯，欲學欲思升等催，醉臥電腦君莫笑，古來文章我配誰」？

攤開歐洲帝國的歷史
——《帝國統治世界的邏輯》與《大逃離》

　　我讀高中時所學的西洋史，只有上下兩個學期，其中當然包括近百餘年的兩次世界大戰、西方文化史等內容。兩學期課扣掉以上內容所剩篇章無幾，根本不足以呈現「西洋」的粗略形象。研究所階段留學美國多年，增加了一些對美國的了解，相對而言「歐洲」的印象更顯粗疏。直到 2016 年出任駐 WTO 大使，在日內瓦待了足足三年，才算是真正開始了解歐洲。我相信絕大多數的台灣人也有類似體會：相對於美國，大家對於歐洲的認識比較少。

　　《大逃離》與《帝國統治世界的邏輯》是兩冊討論歐洲「帝國史」的書。《大逃離》主要是強調：在羅馬帝國之後，歐洲就再也沒有大一統的帝國。法國、俄國、德國、英國雖然都曾經強盛，但是都還不足以完全宰制其他競爭者，所以羅馬帝國結束之後就沒有大一統的歐洲。《帝國統治世界的邏輯》一書則是討論歐洲在過去兩千年出現的幾個帝國，包括羅馬帝國、鄂圖曼帝國、哈布斯堡帝國、俄羅斯帝國、不列顛帝國、法蘭西帝國。這些帝國時間有些錯落，但合起來大致拼湊出兩千年來的歐洲歷

史。

讀這兩冊書幫助我們了解歐洲，但我還是覺得不太夠。歐洲歷史上的各個帝國，其興衰更迭多多少少都受到一些因素的影。

第一是宗教：鄂圖曼帝國是伊斯蘭教，不列顛除了北愛爾蘭是基督教、俄羅斯是東正教、其他幾個帝國是天主教。第二是民族：這幾個帝國都有其「基本盤」的民族，例如斯拉夫民族、突厥民族、盎格魯撒克遜民族、拉丁民族等。第三則是海洋或是陸地取向：不列顛與法蘭西都有強大的艦隊，帝國推進有很多是跨越海洋到其他的大陸設立殖民地。俄羅斯、鄂圖曼都是大陸強權，海權威力有限。

以上所列宗教、種族、地緣面向，作者都有述及，但是至少有以下幾個角度值得補充：

例如突厥民族是奧圖曼帝國的「基本盤」，但是突厥是怎樣在中亞、東歐崛起的呢？唐朝的大將軍李靖打敗了突厥，那是公元 600 年的事。從公元 600 年到奧圖曼帝國興起的 1400 年，這八百年間，突厥民族發生了什麼事？經歷了些什麼？被李靖擊敗的突厥，那個時候應該還沒有伊斯蘭教信仰。那麼是從什麼時候開始，突厥成為伊斯蘭教的大本營呢？

另一個相關的期待是，我希望能夠看到一張完整的「宗教流動圖」：天主教、伊斯蘭教、東正教、猶太教、基督教各是怎麼擴散的？突厥自身是如何接受伊斯蘭教，進而成為伊斯蘭教的護教國家？作者提到許多歷史帝國都是跨種族、跨宗教的，頗為包容多元。這樣的多元包容氛圍，後來又是怎樣轉變成彼此對立的數百年宗教戰爭呢？有沒有人能夠繪一張「宗教流動圖」呢？

再如，大家都知道，漢朝在公元前 200 年左右由衛青、霍去病討伐匈奴，西遁的匈奴造成中亞許多民族的大遷徙，有一說是這些民族西遷之後，逐漸演變成為公元 19 世紀的奧匈帝國。如果是這樣，同樣的問題是，從中亞民族遷徙到奧匈帝國，這中間的近 2000 年，發生了什麼事情？

　　另外，大家也都知道，蒙古人大約在公元 13 世紀西征，把中亞、中歐、東歐搞得天翻地覆。蒙古的征伐甚為凶殘，所到之處姦淫擄掠。西方學者研究，大概有 8% 的亞洲人是成吉思汗的後裔。就種族而言，我始終弄不清楚匈奴、突厥、鮮卑、瓦剌、準噶爾等民族的差別。

　　簡言之，我們讀到的歷史，常常看到中國與歐洲這兩端，但是對於兩端中間的西亞、東歐，卻是一片空白。因為中間這一段空白，所以兩端的片段分析也就不清不楚。所以我也希望看到一張歐洲大陸的「民族流動圖」。

　　就語言而言，歐洲也是一個有趣的觀察。西班牙文、葡萄牙文、義大利文頗為接近，與法文也有淵源。德語像是差異比較大的系統。土耳其文、希臘文又受到俄羅斯文影響。但是俄羅斯與奧圖曼，不是分屬不同的帝國嗎？不同帝國之間的語文，是怎樣互相影響的呢？所以，要是有一張歐洲大陸的「語言流動圖」，該有多好？

　　如果我們能夠把前述語言、宗教、種族三張流動圖疊和在一起，再看看過去幾千年的帝國位置，會不會更為有趣？

　　《帝國統治世界的邏輯》書中，特別陳述不列顛與法蘭西兩個民族的特殊：這兩個帝國是唯二真正跨海洋的世界性帝國。奧

圖曼、哈布斯堡是內陸帝國，其性質又與俄羅斯不同。海洋帝國是跨海艦隊遠征的結果，一次航行幾個月，人數不可能多、後勤支援不可能源源不竭，必須要靠戰鬥力的絕對優勢，才能登陸成功。一旦登陸則沒有退路，或則殖民或則移入定居。大陸帝國的拓展則一定是往周邊蠶食鯨吞，雖然後勤支援容易，但是因為離家不遠，沒有那種破釜沉舟的絕決。大致說來，海權擴張是高報酬高風險，陸權擴張是低報酬低風險。這背後有反映多少民族性嗎？我不知道。

最後，我也想了解歐洲的「民族仇恨地圖」。中國古代好像只有「敵對」民族（例如匈奴、契丹、突厥、蒙古、女真）之間互相攻伐，但是好像沒有彼此「仇恨」的民族。我搞不懂為什麼歐洲會出現對於猶太人的仇視、對於吉甫賽人的輕蔑、巴爾幹半島的種族屠殺等等。有哪些事情造成了人們根深柢固的民族仇恨？

23 年前我與一些朋友在台灣各地開辦了高中生人文社會營、人文社會班，這些班隊、營隊希望能夠引領高中學生及早進入人文知識殿堂，二十幾年來著有成績，只是被 COVID-19 打亂了步調。2023 年九月起，我們希望能重新整隊，也特別加進「歐洲史」的經典閱讀課程。比起美洲，歐洲更多元、更豐富、更多激盪、更多衝突，有更充實的人文社會知識內涵。

讀《槍炮、船艦與筆墨》，既是知識洗禮，也是享受

此書英文書名是 "Gun, Ship and the Pen — Warfare, Constitutions, and the Making of the Modern World"，作者 Linda Colley 是普林斯頓大學的歷史系教授。這又是一本「大歷史」的書，但是不是傳統的跨區域或是跨年代的「大」，而是以各國「憲法」做為主軸，貫穿歐洲、亞洲、美洲、澳洲、非洲。作者綜觀這麼大範圍近兩百年的歷史，但是著重在「憲法」的角色，其切入角度精緻，不疏不緊，所以可以游刃有餘。

近年不少學者都喜歡做大歷史研究，但有些人野心太大，結果拉出一大掛各自獨立的線頭。因為線頭太多，知識範圍太廣，往往超出研究者的能力，結果則是：理論架構大則大矣，但推理漏洞多、因果串連鬆散、論述盲點明顯，終究還是「一團毛線球」。但是這本書不同。由於作者的分析角度恰到好處，所以通篇論析完整，讀起來視野宏大，卻也舒坦愉快。此外，作者文筆洗練，也穿插了不少繪畫或攝影作品，有助於讀者進入狀況。

這本書可以視為一冊「全球憲法發展史」，從英國的《權利法案》、美國的《獨立宣言》、美國憲法文本、日本明治維新憲

法、法蘭西憲法、挪威憲法、德國威瑪憲法、賴比瑞亞憲法、中華人民共和國憲法等，盡皆涵蓋。作者的重點，不在於分析比較這些不同版本憲法的內容，而在於分析各部憲法的書寫背景、外在環境、存續情況、產生之影響等歷史脈絡。有時候作者確實會帶到一兩條憲法文字，通常這些也與歷史脈絡有關，幫助我們理解那部憲法的情境背景。

關於「為什麼過去兩百年全球會掀起一股立憲制憲的風潮」這個問題，Colley 教授提出一個具有說服力的觀點：戰爭。Colley 指出，過去兩百年因為運輸船艦與槍砲武器等技術進步，戰爭的規模越來越大、死傷人數越來越多、涉入戰爭的地理區域也越來越廣。當戰爭的規模變大變廣，涉入戰爭的國家就必須要做更多更廣的動員，包括資源使用、兵員徵召、財政調度等。這些資源與兵員的調度，當然都是「擾民」的，嚴重的時候甚至會影響人民生存。擾民擾過分了，統治者政權就一定不穩。

Colley 認為，這些外在壓力迫使統治者更願意與人民形成一份社會新契約。統治者期待的社會新契約大體內容是：「各位同胞，我保證尊重你們的若干自由與權利，另一方面，我也要擁有徵兵、調度經濟資源等權力，這樣我才能夠在大規模戰爭的環境中取得勝利」。反過來說，如果外在環境沒有這些大規模戰爭的威脅，統治者就沒有大規模調度民間資源的需要，前述社會契約也就不必承諾太多對人民權利的保障。由於統治者通常說話不算話，所以約束統治者權力的新契約，通常會形諸文字，以「成文憲法」的形式出現。

Colley 的論點，約略像是一個內部─外部互動的理論：外在

環境會影響內部結構。拋開憲法不談，類似的例子其實不少。例如，台灣有不少餐廳都不開發票，企圖逃避營業稅與營利事業所得稅。但是，餐廳若要達成這種「規避稅務稽查」的外在企圖，就必須要聘請「完全可以信任的人」（例如女兒）做內部出納。女兒也許並不適合做出納，也沒有帳務經驗，但是為了「對外」逃稅，就必須「對內」採取不一樣的管理。這就是「外在影響內在」的情況。當餐廳大到一定程度，例如麥當勞那樣有幾萬家連鎖店，由於老闆找不到「幾萬個可以信任的女兒」，於是只好把出納、會計體制化。一旦出納、會計體制化了，餐廳的內部控制固然沒有問題了，但是體制化的帳本對國稅局也是一目瞭然，內部管理體制化的餐廳也就很難逃稅了。外在環境影響內部制度，概念大略如此。這樣的分析適用逃漏稅，也適用憲法制度。

在我看來，Colley 的分析似乎還是少了一塊：她分析了外在戰爭環境如何催生各國憲法，但卻沒有分析成功的憲法是否也多多少少限制了統治者對外發動戰爭的能力。例如，許多國家的憲法都對於統治者的宣戰媾和權力給予限制。統治者即使啟動戰爭，也要在一定時間之內尋得民意機關的決議支持。我相信，憲法固然受外部戰爭規模所催生，也必然限制了若干戰爭的規模。以美國為例，小布希可以用不存在的「大規模毀滅性武器」為由，發動一場戰爭，但是當成千上萬屍袋運回國的時候，憲法就會給總統極大的停止戰爭的壓力。伊拉克戰爭的開始與結束，美國憲法絕對扮演了角色。

但是即使形諸文字，憲法終究只是一份文件。誠如歐巴馬總統所說的，平等人權也許如美國先賢所述是其理自明（self-evident），但他們從來就不是其理「自行」（but they have never been self-executing）。Colley 所記述的各國憲法，十之八九都被某個極權統治者廢黜、凍結、踐踏、擱置。史達林、毛澤東等鎮壓異己、殺人如麻的大劊子手，也都人模人樣地簽署頒布了憲法，純粹是「擺飾」。尤有甚者，有些惡劣的統治者甚至利用憲法的至高性、僵硬性，刻意把一些強凌弱眾暴寡的事寫進憲法，以掩蓋自己帝國主義的醜陋，也期待強凌弱眾暴寡變成難以改變的既成事實。憲法是用「筆桿子」寫的，但是在獨夫眼中，政治權力卻是「槍桿子」打下來的。人類社會不知道要到什麼時候，筆桿才能免於槍桿的蹂躪。

讀《民族重建》，思考台灣的永續民主

　　《民族重建》英文版是 2003 年刊出，原書名 "The Reconstruction of Nations：Poland, Ukraine, Lithuania, Belarus"，中文版拖了 20 年，到 2023 年才由「衛城」完譯。作者是《血色大地》一書的作者，耶魯大學歷史學系講座教授 Timothy Snyder. Snyder 精研中東歐歷史，其《血色大地》一書深刻描述東歐諸國在二十世紀遭受德國人、俄羅斯人來回幾次的屠殺，慘絕人寰。由於 Snyder 精熟中東歐各國語言，所以能夠爬梳德國、奧地利、烏克蘭、立陶宛、波蘭、白羅斯、俄羅斯等國文獻。又因為他廣泛閱讀文獻，所以作者能完全融入東歐諸國的歷史脈絡。復因為融入歷史、完整掌握當地諸國人民之間的恩怨情仇，所以才能精彩分析 1990 年後蘇聯解體、東歐諸國逐步重建的過程。

　　這本書給我非常非常多的啟發，不但幫助我更了解歐洲，也讓我更深一層思考台灣的民主未來。且讓我逐點解說，也順著介紹的脈絡逐點思索。與台灣有關的部分是在 1990 年之後的「民族重建」，其過程波蘭扮演的角色極為重要，也最值得台灣人民思考。

　　在《血色大地》一書中，Snyder 呈現了德國希特勒與俄羅

斯史達林在二次大戰前後對中東歐諸國的欺凌與屠殺。讀《血色大地》已經夠難過了，沒想到東歐國家除了受日爾曼、俄羅斯侵凌，自己相近民族之間的傾軋與種族清洗，更是悲慘異常。

故事要從十三世紀說起。東歐中世紀時期，有「立陶宛大公國」，領土範圍涵蓋現在的波羅地海三小國（立陶宛、愛沙尼亞、拉托維亞）、白羅斯、烏克蘭、俄羅斯西部一部分。到了1569年，立陶宛大公國與波蘭王國靠聯姻而合併，成立「波立聯邦」。1795年，因為波俄戰爭波蘭戰敗，波立聯邦解體。整個19與20世紀，原本波立聯邦諸國都被德國、法國、俄羅斯等強權侵凌，西邊打贏則被西邊碾壓、東邊勝利則被東邊屠戮，非常淒慘。這些地區的人民飽受摧殘，自然對於早年的「立陶宛大公國」或「波立聯邦」有所緬懷。

但是這樣的緬懷，比較多「當年強大而不受欺負」的感慨，卻不足以在內部形成凝聚，其主要的原因，就是「波立聯邦」之內也有許多不同的「民族」，例如波蘭人、猶太人、斯拉夫人等。某些地方安定久了，慢慢發展出自己的民族文化、語言，久而久之又視其他人為「異族」。有時候我們真的很難定義「民族」。如果達爾文演化理論是對的，則所有人類都是十億年前某個單細胞生物的後代；我們要從哪個點切開，才能區分某甲是「立陶宛人」某乙是「烏克蘭人」？中國的隴西李氏據載有胡人血統，幾千年後卻是明顯的漢人；漢胡之間，誰是「異族」？無論如何，二十世紀中葉「波立聯邦」範圍之內，確實有族群分殊。

希特勒與史達林，絕對是東歐近百年屠殺慘劇的劊子手。他

們兩人在占領東歐諸國期間，如《血色大地》所記載，大約殺害了兩千萬東歐平民，其中大部分是猶太人。在殘害猶太人的過程中，波蘭、烏克蘭等地的部分人民擔任「地方警察」，往往扮演幫凶的角色。他們協助掌權者尋找、集結、運送、槍殺猶太人。久而久之，這些波蘭人、烏克蘭人慢慢開始「學習」納粹大規模屠殺平民的作法：既然可以用屠殺幾百萬人的方式清洗猶太人，應該也可以用同樣手法清洗其他民族。

於是，在二次大戰中後期，烏克蘭游擊隊對於在統治區內「非我族類」的波蘭人村莊展開「清洗」，手段殘忍、婦孺不留，數百人、上千人的村莊可以誅殺近百分之百。消息傳出之後，波蘭人於是以牙還牙，也在波蘭游擊隊有優勢的地方屠殺烏克蘭居民。其他立陶宛、白羅斯地區也不能倖免，時有屠戮。屠殺清洗一村接一村，你來我往，久而久之，這就形成了東歐若干民族之間的深仇大恨。

過去百年，東歐諸國分明是受到德國與俄羅斯的欺凌，但是為什麼其人民殺戮不是對德國、俄國，而是對波蘭呢？據作者分析，這可能與當地的優勢「波蘭文化」有關。當民族主義者越想建立所謂的「民族國家」，就越想凸顯自己的民族文化特色，於是越想與優勢波蘭文化做區隔。他們在波立聯邦之內民族主義的「區隔」之心太過強烈，甚至盲目到忽視了東邊的俄羅斯與西邊的希特勒。簡言之，對「家奴」的反感遠大於對「外人」的防範，大概是當時許多人的心態。當時的「民族主義」思考非常狹窄；所謂「一個民族一個國家」，竟然變成「為了要建立民族國家，就把其他民族殺戮、清洗、驅趕出境」。

無論如何，東歐地區諸國，在 1990 年蘇聯解體之前，已經累積了太多太多的怨恨。這本書最精彩的部分，在於記述 1990 年東歐民族國家的重建，所以書名叫做《民族重建》。其中，波蘭扮演極為關鍵的角色。要化解近百年的歷史恩怨談何容易？這麼大的工程，必須有論述、有思辨平台、有對話、有智者的領導。

　　前述大和解論述的倡議者與平台發起人，就是吉德羅伊奇。吉氏創辦了《文化》雜誌，形成一個溝通對話的平台，慢慢形塑「蘇聯解體後重建民族國家的想像」。吉氏的觀點非常簡單：要建立民族國家，必須要「向前看」，而不是緬懷歷史偉大的過去、清算以往彼此的傾軋、計較糾結複雜的邊界紛爭。如果大家都「向後看」，那麼恐怕再打幾百年也打不出什麼結果，一切力量都仍然用於鬥爭，國家的未來不穩定，人民的福祉也就沒有保障。唯有往前看，才能彼此攜手邁進。這些論點，對外人說起來卑之無高，但是對那些一腦袋歷史仇恨的人民，卻是截然不同的思考。更難得的是，《文化》雜誌是在蘇聯解體之前就創辦的，其提前討論規畫蘇聯解體之後的民族建國之路。這種遠見這種視野，真的是了不起，也值得我們台灣人民省思。

　　東歐民族重建的第二位重要人物，就是在蘇聯解體、波蘭獨立後的外交部長斯庫比謝夫斯基。這位外長基於前述吉德羅伊奇的論述，定調波蘭的外交政策。首先，波蘭尊重各國「現在的國界」，保證不會向西鄰德國、東鄰烏克蘭、白羅斯、立陶宛爭吵（吵也吵不完的）邊境界線。這樣，大致穩住了烏克蘭、白羅斯、立陶宛。第二，波蘭主張，民族國家並不排斥「一國之內有

多個民族的文化權利」，但是這些權利應該由各國基於文化尊重而由「內政」解決（烏克蘭保障境內波蘭民族、波蘭保障境內烏克蘭民族）。這樣，應該是大多數國家可以接受的。第三，波蘭透過天主教神父多次宣稱：我們願意對過去數十年犯下的族群清洗罪行向鄰國道歉，我們也歡迎鄰國做同樣的反省。重點是：自己先承認錯誤。第四，波蘭領頭擺脫共產集團，率先加入歐盟、NATO。其他立陶宛、匈牙利、羅馬尼亞等相繼、逐漸都成為正常的民主國家。

波蘭的這些外交政策令我感動，當時也確實令歐洲國家耳目一新。漸漸地，死對頭立陶宛變溫和了，冤家烏克蘭也投桃報李了。當然，白羅斯與俄羅斯還是張牙舞爪，但是波蘭加入 NATO 之後，安全無虞、經濟健康發展，其他的問題，可以慢慢解決。這，就是一個民族重建的精彩故事！說簡單不簡單，但是說難也不那麼難。

最後，我也想「看看東歐、想想台灣」。我的感觸也很多。

其一，我始終認為，台灣最大的敵人不是整天把「武統」掛在嘴邊的中國共產黨，而是 14 億中國人心裡那個僵化、扭曲、病態的民族主義思維。在幾十年黨國傳聲筒洗腦之下，許多中國人民的民族主義幾近野蠻，不但以牙還牙以眼還眼，甚至加上毀滅性的報復（我在網路上看過中國網紅建議對日本大量投擲核子彈的瘋狂呼籲）。民族主義與帝國主義其實只有一線之隔；弱的時候用民族主義抵抗，強的時候民族主義就變成帝國主義，碾壓其他國家。中國鴉片戰爭後百餘年確實有許多屈辱，但是時間拉長，成吉思汗西征不也造成西亞、東歐屍橫遍野的數百年屈辱？

年羹堯、左宗棠不也在青海、新疆慘烈殺戮？即使算民族的犧牲，幾千年平均，中國也不見得比東歐國家慘。如果要算歷史總帳，要算到什麼時候？有沒有辦法讓中國從波蘭那邊學到一些智慧呢？

其二，波蘭人的智慧之一，是看到了「執著於過去歷史，將不利於未來發展」。我認為同樣的推理也適用於中國。在百年國恥的陰影下，中國始終把經濟建設當成「復國」、把南海公域當成「老祖宗留下來的領海」、把科技產業當成「2025 國家目標」、把文化交流當成「孔子學院輸出」、把國際外交當成戰狼舞台、把外國捐贈的疫苗當成帝國主義的恩賜、把沒有統治過一天的台灣當成「中華民族偉大復興的終極戰役」。這樣的心態，當然會激起歐美的對抗，遂有今日的美／中貿易戰與科技戰。貿易戰、科技戰打下去對中國的未來不利。這個道理，不正是波蘭的論述嗎？波蘭人的智慧，為什麼中國想不清楚呢？

其三，面對中國扭曲野蠻的狹隘民族主義，台灣有什麼戰略嗎？有什麼論述嗎？有什麼類似吉德羅伊奇的文化框架嗎？如果波蘭的斯庫比謝夫斯基來做台灣的外交部長，他會如何試圖突破困境？

其四，對波蘭而言，歐盟與 NATO 太重要了，而 NATO 背後就是美國。對台灣而言，美國也同樣重要，但是美國背後恐怕未必有歐盟支持台灣。缺了歐盟的美國，要單獨挺台灣非常不容易。也因為如此，法國總統馬克宏所提出的歐洲主義，對台灣就很傷。波蘭在 1990 年之後花了不少心力做好德國的關係，目的就是要保證歐盟歡迎波蘭加入。德國是歐盟大國，一定要做好關

係。歐洲之於台灣，就像德國之於波蘭。台灣對於馬克宏的歐洲主義發言，有什麼戰略思考嗎？能有什麼角度思考突破嗎？太平洋這邊，有沒有什麼類似 NATO 的戰略想像呢？

這是一本超級好書，值得關心台灣前途的人閱讀、思考。

迷人的未履之徑
——讀《歷史的草稿》

　　這本書記述 16 篇「已經寫好，但是無緣講述」的講稿；單是這個題材，就令人覺得好玩極了。這些稿子之所以「無緣」講述，作者臚列了六種情況，但我覺得分類太雜。依我自己的歸納，應該只有三種情形：

　　一、演講者猝然辭世：例如甘廼迪遇刺、教宗庇護十一世死亡、愛因斯坦過世等。甘廼迪固然是意外英年早逝，但教宗與愛因斯坦都是在垂暮之年積極準備一篇重要的演說，幾乎是為講稿投注人生最後的精力。稿子不可能殺人，但若說「為寫稿太過投入」而心力交瘁，恐怕亦非過論。

　　二、客觀環境發生改變：例如為勝選準備的稿子，卻意外落選；為下午準備的演說卻在上午發生九一一恐攻；為諾曼第登陸可能失敗而準備的稿子，但登陸卻成功了。這些稿子因為「時地不宜」而無法宣講，當事人心中未必遺憾，因為他們的情緒或許已經被新的客觀環境占據。

　　三、演講人的主觀判斷發生改變：例如尼克森決定辭職，於是捨棄了拒辭的講稿；民權運動領袖決定溫和發言，於是捨棄了

原本激烈的講稿。大致而言，重要的演講通常是打算對緊繃的環境有所扭轉，其實演講者自己也是心情忐忑，在幾種可能心境下拉扯掙扎。在這種壓力下改變主意，應該不令人意外。

除了記述 16 篇捨棄的講稿，作者也簡略介紹了寫稿當時的環境背景、演講前幾天的關鍵改變等，幫助讀者了解脈絡情境。此外，作者自己也曾任諸多政治人物的寫手，也分享了不少「寫手」的體驗及觀察。對於成功演講稿該有的「金句」、修辭、幽默、主詞拿捏、動情呼喚，作者也有不錯的解析，可讀性很高。

作者 Jeff Nussbaum 是拜登總統的資深撰稿人，以前也幫副總統高爾寫稿。他幾乎是大學畢業就走進這一行，經驗豐富，體會深刻。以下，我要補充一點我這個「非專業寫手」的心得。

我是下筆奇快的人，不曾計算寫過多少文章，回憶一下沒有兩千也有一千。所謂下筆快，我大概一個小時半可以完成 1500字左右的文章。老朋友張瑞昌曾經公開這樣介紹：朱老師下筆神速一心二用，在參與無聊會議時經常向左右討借一張破紙，開會完畢他已經完稿九成，會後修飾若干，稿費即已落袋。這些描述當然有些渲染，但是那大概就是我的寫作經驗。剛才理髮，剪髮師完工時，我大概也寫好了一則雜誌稿約。

好友王汎森院士以前寫社論，自述「排班交稿日總是壓力奇大，老婆看不下去不准他再寫」。我完全沒有這種困擾。政治人物的撰稿者通常有時間壓力，或是環境瞬息萬變，或是政治人物行程滿檔，撰稿人根本沒有磨耗的機會，必須是快手快腳。

但是寫文章最難的，絕對不是時間壓力，而是內涵。最近一位高中老師非常認同韓愈「文以載道」的邏輯，主張某些文章

絕對不能刪。姑且不論「文以載道」這個命題對不對，究竟什麼是「道」，才是最困難的環節。假如你要幫中華民國總統撰寫一篇就職演說，聽眾有三組人：維尼、跳虎與台灣人民。你要怎麼寫，才能夠精確傳達訊息，讓台灣人民感覺安全、讓跳虎安心、也讓維尼安靜？我認為這種訊息傳遞，就是「道」。

政治人物不必口頭上掛著禮義廉恥，但是起心動念都要為人民著想。撰稿者如果沒有一定的修養，大概不容易做到「文情並茂」。本書作者闡述發揮了許多「寫文章」的技巧，但是比較少提及寫者自己的知識孕育。我覺得技巧與內涵是同等重要的。

我曾經客串幫不少重要人物寫過稿，總統、副總統、中央研究院院長、黨主席等，算也算不清楚。我記得最痛苦的經驗，就是委託人「把文稿當成文告」，初稿寫成之後「交給十幾位其他幕僚表示意見」，力求方方面面四平八穩。幾天之後，回來分屬十幾個人的不同修改意見，有方向性的、有文句斟酌的、有標點符號的、有試圖添加幾句的、有建議刪除的。這些拉雜意見如果用文書程式「追蹤修改」一一記下，程式大概會當機。而如果真的要海納百川地修改，則文章必然七零八落面目全非。寫稿人若是碰到這種「文稿當文告」的雇主，大概寫一篇就「疽發背而死」。聽說古時候的文句工作者，經常是這樣死的。文告是公文書，絕對沒有感情；文稿才可能「筆鋒常帶感情」。

年輕就入行的撰稿者比較會把「寫稿」當工作，基本上是奉命行事。但是我寫稿子大多是別人「束脩以上」，比較多呈現自己想法的空間。甘迺迪處理古巴飛彈危機，絕對是參考千百人次幕僚意見後的決定。因此，為他撰寫因應講稿的寫手，絕對不是

「寫下老闆的觀點」，因為碰上這麼大的事老闆即使權大勢大如甘迺迪，也必須聽從幕僚的分析與建議。這個時候，寫稿者就沒有「老闆」，幾乎是所有幕僚共同撰稿。同樣的，老闆演說也沒有自由發揮的空間，必須要精準傳達訊息。

「動筆」應該是我基因的一部分。幾代之前的祖輩，有狀元、有探花、有進士、有詩人、有思想家、有文淵閣大學士；他們都是科舉時代「作文優勝」，文章都是具名的。民主時代政治人物的撰稿人永遠隱居幕後，但如果真的能夠透過一篇重要的講稿而喚起人心、做出改變，那不也是一種「但開風氣不為師」的喜悅嗎？

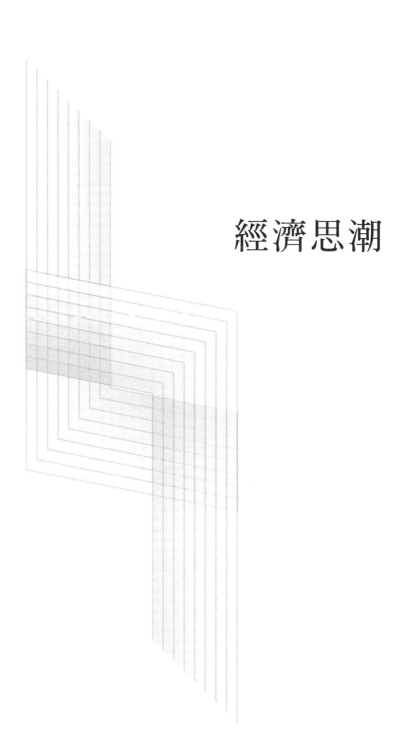

經濟思潮

如何在二十一世紀反對資本主義？

中文書名是英文書名的直譯："How to be an Anticapitalist in the Twenty-First Century"，作者 Eric Olin Wright 任教於威斯康辛大學，2019 年去世。

這是一本非常非常好的書，值得大力推薦；我會鼓勵所有做社會科學研究的大專教師去買一本，仔細閱讀。經濟學教授尤其需要看，因為許多經濟學者的腦袋已經被美國研究所裡填鴨式的自由市場理論，摧殘扭曲蹂躪到不行。那些自認為是「芝加哥學派」的教授最最需要這本書的平衡觀點；依我過去數十年之經驗，迷戀芝加哥 Milton Friedman 所寫 "Free to Choose" 與 "Capitalism and Freedom" 的教授，中毒最深。這本書，對於「市場自由萬歲論」的迷信，有解毒排毒的功能。

先讓我講個故事，讓大家知道前述毒害長什麼樣子。若干年前在台大教大一經濟學原理，配有助教一名，是經濟系碩士生。助教的任務是出討論題，在實習課程中供學生討論，但是實習題目與可能的答案，教授要予以提點。

這位助教頗受經濟系某教授之影響，出了該教授教科書的一題，大意是（細節可能有出入，但是不重要）：某山岳被劃為國

家管制區，山區由政府管理，登山入山需要登記。教授登記入山之後，發現道路維修、廁所清掃、路障排除等都非常粗疏。教授心想，他願意多付若干入山費用，而依入山人數估計，用這些多收的費用僱人做這些廁所清掃、路障排除等工作，應該是夠的。但是因為山區是政府在管理，所以公務員根本沒有動機與誘因做維護。如果把山林管理交給市場，則登山者願意多付些費用，廁所也更清潔，供需雙方皆更滿意，豈不是更有效率、更方便登山者？助教出了這個題目，他的「標準答案」當然就是「市場比政府有效率」之類。

出這個題目的時候，學生才是大一新生經濟學原理第二星期的課，我覺得灌輸這樣的觀念大有問題，就與助教溝通。我問他：山區之所以要入山管制，目的是為了什麼？如果是運動公園、游泳池等設施，其目的是為了鼓勵大家運動，那麼運用市場機制維運公園清潔，也許是有道理的。但是山區管制，其目的很可能是為了水土保持、環境永續、水庫安全、林相保存等，管制的出發點就未必是要追求維運效率、方便登山者啊？到保護區登山的人，與一般的「商品消費者」是不是有什麼不同呢？山林保護適合用「營運效率」的角度切入嗎？

以上這個故事，大概描述了現代經濟學教育的普遍偏差。這些經濟研究所的碩士生、博士生，他們的老師很可能就已經受到「市場效率萬歲」之毒，以為市場好棒、政府好爛、企業家好敏銳、公務員好蠢蛋。於是，他們又將這些有毒的想法灌輸給學生，結果就是一整掛徒子徒孫，形成了「鸚鵡學派」。受智識之限，鸚鵡們畢業後就學會了三句台詞：一曰「尊重市場機能」、

二曰「尊重市場機能」、三曰「尊重市場機能」。不論你問他們什麼經濟問題，答案皆如此。

我從來不認為市場是必然邪惡的、競爭必然會造成惡果；我也了解收歸國有、政府管制的許多官僚與不效率。但是我完全同意本書作者 Eric Olin Wright 所描述的，社會是一個許多面向組成的有機體，必須要從多個角度切入、觀察、推理、分析，而不是只有一招「尊重市場機能」，尤其不能只看「效率」。

我認為市場機能有它的「邊界」，在邊界之內，分析市場運作的真善美、改善市場效率，是有意義的；但是在邊界之外，例如分析「奴隸交易市場」的效率，那就幾近荒誕，甚至帶有道德上的邪惡。純粹自由市場與原始版的馬克思主義我都有不少保留意見，但是那些理論也都能幫助我們逐漸形成圓融一貫的（coherent）想法，如是漸漸精進，久而久之才能形塑一套庶幾近乎「無惑」的社會問題思考。

Wright 這本書，就呈現出作者做為一個「左派社會學家」，其圓融一貫的思考。作者原先著有《真實烏托邦》一書，書中描繪了一個他想像的「替代資本主義」的社會圖像。這本書則像是《真實烏托邦》的簡明版或是白話文版，用極為簡單的論述平鋪直敘，去掉不必要的、專門給學術研究工作者看的內容，完全清晰易懂。再加上本書譯者功力極高，讀起來毫不吃力。全書正文有一百九十餘頁，如果讀者有一咪咪對資本主義的了解，那麼此書幾乎可以視為「反對資本主義」的「懶人包」。

所謂「懶人包」，一定是涵納了知識、推理、辨證、行動方案等，是一組全包式、大補帖式的內容組合。但是說此書是懶

人包，其實是貶抑了這本書的內容與作者的功力。作者從他主張的核心價值出發，講述平等／公平、民主／自由、社群／團結三組核心價值，聽起來合情合理。唯一要補充的，就是「社群」這個概念。我的詮釋與理解是：社群其實源自一種對他人的人文關懷，像是平等自由主義裡所說的「對他人的尊重」。因為有這樣的彼此尊重，所以大家都會關懷弱勢者，會產生「改變資本主義弊病」的共同期待，進而團結一致形成運動。

　　有了前述核心價值，Wright 開始描述資本主義內蘊的弊病。這些弊病，有些是效率面的（例如市場機能對於永續發展欠缺警覺），也有許多是公平面的（例如資本家跨國移動完全不顧背後失業者的痛苦）。傳統的經濟學不會討論企業破產或關廠之後的「爛攤子」，認為那不是資本家要面對的問題。但是如果我們從勞工階級的角度來看，這些爛攤子當然終究是要解決的問題。所謂「反對資本主義」，並不是說「不准企業破產關廠」，而是要正視「爛攤子問題需要內化解決」；也許是設計一套改良方案（例如多少員工人數以上的公司要有員工選任的董事若干席），也許是遊說立法做出一些規範，總之是要面對、解決。

　　從這裡，就可以看出前述「平等／公平、民主／自由、社群／團結」三組價值之為用。我們願意去想像一些解決方案，當然是因為有「如果放任不處理，對於勞工太不公平」這樣的同理心；也是因為我們關懷社會上其他人，所以願意團結起來，共同努力往更好的方向挪動。這些「避免爛攤子發生」的規則研議，當然背後有自由的討論、公民的參與、民主的運作。所以由這個例子，我們就能了解前述「平等、自由、社群」三組價值扮演的

角色。

Wright 將對抗資本主義的做法分為幾種，有的希望用國家權力消除資本主義的傷害，謂之「馴服」資本主義；有的想像把國家權力掉過頭來對付資本主義，謂之「拆解」資本主義；有的試圖減輕資本主義帶來的傷害，謂之「抵抗」資本主義；有的像是 Amish 族人一樣，「逃離」資本主義。這些不同的做法，或是弱化了原本的資本主義、或是改變了資本主義的部分規則，但是無論如何，都是往作者理想中的社會主義去邁進。

Wright 的論述給我們很多啟發，不僅在知識上幫助我們更清楚了解「左派社會學家」的主張，而且提出了「對資本主義批判」的理性、具有說服力的觀點。由於他是從平等／公平、民主／自由、社群／團結三組核心價值出發，推理細膩，除非你不接受這樣的價值，否則你很難不同意其後續理性推演。照這位左派社會學家修正、馴服的資本主義，老實說與我的理想經濟社會差距甚小，所以讀完之後，我也弄不清楚什麼是左派什麼是右派、誰是經濟學家誰又是社會學家。

的確，如果我們拿掉馬克思主義中的「無產階級革命」，加上「平等／公平、民主／自由、社群／團結」的核心價值，這樣的修正，幾乎不是「美容」，而是「整形」，整形之後恐怕已經不能再叫「馬克思主義」了。在經濟學界，我們也有類似的爭辯。凱因斯的經濟學原本是為經濟大恐慌時期下診斷，但是到大恐慌結束之後，許多號稱「凱因斯學派」的學者還在對凱氏理論加減添修。後來終於有人寫了一篇文章，名為 'Is Keynes a Keynsian?' 感慨後世修正路線之百花齊放，甚至偏離宗師。我們

也可以問同樣的問題：is Marx a Marxian?

這本書英文書名是 "How to be an Anticapitalist in the Twenty-First Century"，我心裡卻在思考另一個相反的問題：How to be an Anticommunist in the Twenty-First Century?（如何在 21 世紀反對共產主義？）Wright 心裡想的，是如何在民主國家避免資本主義的危害。正因為大背景是社會民主自由，所以言論主張可以鼓吹、反對思想可以激盪、弱勢群體可以遊行示威、人民甚至可以包圍議會，給予立法者壓力。

但是全世界號稱在實施馬克思主義的國家，全都是集權獨裁；是動輒打壓人權，甚至屠殺人民的血腥狠戾國家。這些集權國家不但打壓人民，而且控制輿論、封鎖網路、粉碎集會遊行、綁架平民、鼓動民族主義，壞事做盡。Wright 在書中多處指出，網路使得經營小企業變得更容易，有助於尋得「非資本主義」的空間。但是在中國這樣的集權體制，網路卻成為集權者收集大數據、進行人臉辨識、計算社會評分、全面監控人民、壓抑人權的工具。在集權國家，大數據與 AI 使得反對共產主義者更難存活。這個對比，似乎是 Wright 沒有想過的課題。

Wright 在書中所描述的種種「反資本主義」的做法，都可以在資本主義社會內一一推動。但是，任何「反共產主義」的做法，都極難在共產集權的恐怖國家裡進行。所以，我不得不走向一個結論：要馴服或拆解或抵抗（皆為 Wright 的用字）共產主義，恐怕必須要靠外力。我的想像是：中國共產黨的集權體制，必須要靠國家之外的力量才能改變。美國許多評論者都已經體認：美國總統 Bill Clinton 政府讓中國加入 WTO，誤以為中國在

經濟發展之後就會產生政治民主的質變，是個非常重大的錯誤。反對共產主義者絕對不像反對資本主義者那樣在內部出現；反對共產主義者策略只可能像蘇聯那樣，由外在形塑的各種經濟壓力，讓中國掛羊頭賣狗肉的假共產主義，從內部開始潰縮崩壞。

最後，說幾句讀後的心理衝擊。這本書有點像 John Rawls 的 "A Theory of Justice"，讀起來有一種感動。我認為作者不只是在學理推論上試圖說服讀者，還有一種道德面、政治哲學面的召喚。這種召喚，當然是源自作者平等自由價值觀的圓融，也是一種共同關懷的牽引。本書林宗弘的前言寫到 Wright 值太陽花學運期間恰在台北，他不但到現場，也很希望能「夜宿立法院」，親自體驗。後記中黃崇憲教授記述其求學期間與 Wright 的互動種種，包括他自己租用授課場地、免費加時授課、婉拒哈佛等菁英名校的挖角，在在都呈現出 Wright 教授的真學問與真性情。

我相信，真正的馬克思主義者，是有人文關懷的，是秉持「平等、自由、社群」的價值的，對他人是身體力行尊重與關注的，是像 Wright 教授這樣，把他的智識無私傳承給他人的。列寧、史達林、毛澤東、習近平，沒有一個夠資格稱為馬克思主義者，差得遠咧！

方法可以學習，但是「洞見」很難
——論《隨機試驗：改變世界的大膽研究》

　　先說個故事吧。我有個二十幾年前的學生，現在已經是台灣大學的正教授。今年初，她約我吃飯聊天；我們瞎談了一個多小時。飯局中，她想要知道：朱老師的知識學習路徑、研究題材形成等等，大概是希望能找到一些值得參照的經驗。但是最後她說：「老師你說的事例都沒有辦法複製啊！」意思是：參照效果不彰。「沒有辦法複製」這句話，一直在我心裡徘徊，直到看完這本書，才有比較清楚的想法。

　　春山出版的《隨機試驗：改變世界的大膽研究》一書，介紹了過去兩百年科學家所做過的著名試驗。這些試驗都有不同的科學目的，例如要判斷壞血病的起因、要了解非洲居民是不是會更頻繁使用「買來的」蚊帳（相對於免費贈送的蚊帳）、要探究為什麼醫師接生的嬰兒死亡率高於接生婆接生的、要知道哪一種廣告畫面更能提高閱聽人的點擊附著、要確認某一種新的教學方法有沒有效果、要有效分配有限警力到不同的治安需求等。

　　作者 Andrew Leigh 所呈現的實驗類型很多、領域涵蓋廣泛，當然也盡量挑選有趣的、結果出人意料的事例。基本上，實

驗是一種科學方法，它的關鍵，是要創造真正「隨機」的兩組或是多組對照。真正隨機的分組，背後就沒有任何結構性或行為性的扭曲，因此控制組與對照組所呈現的差異，就確實反映了「控制變數有沒有效果」。這，就是隨機實驗方法的精神。

例如，水手容易得壞血病，背後可能有種種猜測的原因。唯有依照隨機的方法將水手分組，每組施以不同的對待，才能真正確認壞血病的發病原因。這樣的邏輯完全正確，也主宰了近百年全球先進國家新藥研發的審議流程。基本上，美國、歐盟、日本、台灣的新藥研發，都要走一套制式隨機實驗流程，用統計方法確認有效與否、有副作用否，然後判定准否上市。

我雖然完全同意實驗的方法與邏輯，但是也必須強調：隨機實驗只是「方法」；做學問或是做研究，有比「方法」更關鍵的因素，我稱之為 insight，硬要翻譯成中文，大概是「洞見」吧。方法可以傳承、標準化，但是洞見沒有辦法做成標準化的模組，然後教授、傳承。讓我舉個例子吧。

Kahneman & Tversky 是 2002 年諾貝爾經濟學獎得主，他們的貢獻在《快思慢想》一書中介紹了許多（雖然此書中文翻譯得超爛）。K&T 二人當然是實驗心理學與實驗經濟學的鼻祖，讓我們看看他們最著名實驗的一個版本。（A）你花三千元買了國家音樂廳的票，到了入口處突然發現票弄丟了，請問你還願不願意再花三千元買票？（B）你到國家音樂廳要買票入場，突然發現口袋裡三千元弄丟了，請問你要不要另外掏三千元買票？ 實驗結果顯示，大部分的人在 A 情況不想再買票了，但是在 B 情況

願意再買票。

　　以上這個實驗，方法上沒有什麼特殊，但是背後的洞見卻是了不起。經濟學上的預期效用理論（expected utility theory），背後有三個公設，一般人看起來合情合理。K&T 在書中描述，他們看出來其中有一個公設不太對勁，因此依此公設而推演出來的預期效用理論，一定就會產生一些不太對勁的預測行為。例如前述 A 與 B，依據預期效用理論，其結果是一樣的，因此不應該產生「A 情況決定不買票、B 情況決定買票」的情形。實驗出來的結果，驗證了「預期效用理論的預測與人們實際行為不符」，所以也間接驗證了 K&T 心裡的猜測：某個公設真的有問題。因為 K&T 的實驗，逼得經濟學家不得不修正公設，希望能得到史具說服力的理論。這個修正太重要了，因為如果預期效用理論有偏差，一整掛經濟論文、財務學理論全都有問題。

　　我在台大研究所上課的時候，不斷地問學生：（1）為什麼 K&T 能夠看到那個有問題的公設，但是其他經濟學家二十年看不出來？（2）為什麼他們會想到前述 A 與 B 的問題組，正好可以呈現那個問題公設的弱點？（3）為什麼他們能夠在實驗前就已經猜想到實驗的可能結果，用之以佐證其對公設的質疑？前述（1）至（3），與隨機實驗的方法相關極小，卻是我所說的洞見。我認為，K&T 之所以貢獻卓著，不是因為他們的實驗方法有什麼翻新，而是在於他們的洞見。實驗方法不難學，學別人的 insight 卻是超級困難！

　　2015 年的諾貝爾經濟獎得主 Angus Deaton 於 2016 年來台灣訪問，我跟他小有交情，在他的旅館吧檯聊了許久。當時，他

也不過 70 歲，卻已經從 Princeton 經濟系退休。我問他為什麼早早收山？他說他不喜歡學術界「隨機試驗為王道」的計量方法。在 2019 年諾貝爾經濟獎頒給 Kremer、Banerjee、與 Duflo 三位隨機實驗派之後，Deaton 也對媒體予以批評，其態度與五年前跟我聊天時頗為一致。在《隨機試驗》一書中，作者也約略提到了 Deaton 的保留看法，但是並未細論。

隨機試驗是一種科學方法，只要設計得當，絕對有釐清困惑、獲得正確答案的功能，這一點無庸置疑。但是 Deaton 認為，在諸如經濟發展這樣的宏觀領域中，有許多政策問題根本不適合用這麼微觀、這麼強調實驗設計的問卷或是對照方法，去尋得答案。用我的話語來形容，在經濟發展領域，insight 的重要性更是大幅提升，往往與實驗設計的細節完全無涉。Deaton 當然了解，諸如「微量貸款有沒有用」、「蚊帳該不該贈送」，確實可以靠實驗方法得到更正確的答案。但是，其他許多經濟發展問題，實驗能幫的忙非常有限。

舉例來說吧。發展經濟學裡有很多辯論：外匯市場自由化與貨幣市場自由化，孰先孰後？這要怎麼實驗？哪有國家會給你實驗？休克療法與「摸著石頭過河」，孰優孰劣？這要怎麼實驗？中國面對美國科技戰步步進逼，該不該退讓，這要怎麼實驗？南美洲國家在共產主義游擊隊與軍閥貪汙強人間游移，IMF 該不該切斷援助，這當然會嚴重影響經濟發展，這要怎麼實驗？再扯遠一點，1950 年蘇聯步步進逼，美國只憑 George Kennan 一紙電報，就批准了馬歇爾計畫的幾千億美元援助，當然也是影響經濟發展的超級因素，這要怎麼實驗？

再說一遍：我完全同意隨機試驗的方法論，也了解這種方法的科學嚴謹性。但是方法就只是方法，方法永遠取代不了洞見。所有重要的問題、重要的研究，都是洞見占八、九成，方法只有一、二成。

　　洞見與方法當然是互補的，但是為什麼我以上的描述，好像把他們描述成像是「互斥」的呢？我想這是一個感覺。最近與許多年輕人聊聊他們的研究，發現許多年輕學者好像不是在探鑽研究議題，而是一開始就在尋找「媒介變數」（instrumental variables）。媒介變數的概念與隨機試驗是類似的，都是希望掌握到真正「隨機」的對照，以便於最後的統計分析，得到「乾淨」的結果，俾便文章發表。我聽到這樣「一切為隨機」的研究方法，完全不理會背後經濟故事之貧乏蒼白，也實在很想撞牆。Angus Deaton 早早想退休的心情，我似乎也有一些體會。

　　本書作者 Andrew Leigh 在最後一章，提出了「自行做隨機試驗的十條戒律」，也反映了我前述憂慮。十條中第一條是「決定你想要測試的對象」，第二條是「運用創意去思考要如何在計畫中創造出隨機的差異」……。這就是我不喜歡的「方法凌越視野」。管他是不是實驗方法、管他隨機不隨機，最重要的是「研究的問題重不重要」啊！如果是個狗屁倒灶的問題（例如給非洲窮困人民鐵質與安慰劑，看看對於身體健康有沒有改善），即使用超級隨機的實驗方法，做出個超級乾淨的統計顯著結論，它還是個狗屁啊！

　　說個故事解釋我的觀點。幾個月前為美國國家科學院會刊（Proceedings of the National Academy of Sciences, PNAS）主審一

篇投稿，該文要研究「抗生素汙染對嬰兒死亡率的影響」。作者將印度鄉村分為兩群，其中一些地區附近有抗生素生產工廠，是為實驗組（其抗生素生產排放有可能汙染附近水源），另一些地區附近沒有抗生素工廠，是為對照組。作者用這樣的實驗組／對照組，去研究兩組地方區嬰兒死亡率的差別。我將這篇文章送給兩個評審，其中一位經濟學訓練的評審精通實驗設計方法，認為文章非常好，建議接受刊登；另一位評審是小兒科教授，建議退稿，因為「作者根本沒有說他分析的是哪何種抗生素，許多抗生素根本不會致死」。我當然同意退稿，因為「搞不清楚是什麼抗生素而胡亂做的隨機實驗」，就是個沒有靈魂的研究。

再回到本文一開始我與學生的對話。我所描述的自己的研究思考形成，她認為難以複製，我想確實是如此。讓我來說說為什麼。Steve Job 有很多個人特質我不欣賞，但是他有一句話，我倒是心有戚戚焉。他說：「創意是把一些零散的點連結起來」。洞見也是一樣。

年輕人要怎麼做才能形成自己的創意呢？首先，就是要大量而廣泛地吸收知識。吸收知識每個人的方向、方法不同，所以不能複製，也沒有必要複製。第二個階段，就是莫名其妙地把一些知識點連結起來。知識吸收的越多越廣越雜，那麼能夠串連其中若干的機率就越大，此人就越有可能形成一個有意義的創意。第三，有些人信手亂串，串起來都漂漂亮亮，就像余英時說他撰寫紅樓夢，就只是消遣，但是你我沒這個功力，怎麼辦？沒辦法！我們必須要承認，「連結諸點」有些天分、有些個性、有些運氣，沒有辦法複製，也學不來。

逐漸掌握洞見，就像是「入道開悟」一樣，沒有固定模式、沒有制式法門，根本沒有「路數」。金剛經上說，「實無有法如來得阿耨多羅三藐三菩提」；每個人悟道的法門不一，難以複製。但是，二十年前我寫《給青年知識追求者的信》，就已經大概說了方向：年輕人要「不住相讀書」，不計較目的的廣泛閱讀，久而久之就會形成連點串面的功夫。

NASA 有一位科學家從小喜歡「摺紙」，把一張紙不准剪破，折成青蛙、飛鳥等各種樣式。你說這與太空科技有什麼關係？有的！太空衛星都得展開成一片傘，但是傘沒有辦法打上太空。能夠上太空，一定是先把傘「摺成很小很容易攜帶」，用火箭發射到太空，到了太空再把摺疊的頁片展開來。於是，最會摺紙的頑童，居然成了最重要的低軌衛星發射專家；摺紙，居然成了拓撲幾何的應用工程學。這些連結諸點的狂野想法，怎麼可能複製、怎麼學得來呢？

最後，對此書書名做一點評論。如前所述，我認為隨機試驗是個統計方法，這個方法本身恐怕不是「改變世界」的主角，重要試驗背後的洞見才是改變世界的推力。統計方法本身也稱不上「大膽研究」，本書中的例子有趣歸有趣，但也不到「大膽」的地步。英文副書名 "How Radical Researchers Changed Our World" 恐怕也過度論述了。激越的研究者之所以激越，不是因為隨機試驗，而是因為他們連結諸點的狂野思路。

為「民粹主義」溯源
──讀《成功的反思》

　　哈佛大學哲學教授 Michael Sandel 的新書 "The Tyranny of Merit – What's Become of the Common Good?" 是一本超級精彩的書。你如果想精確（也許也是正確）了解最近五、六年歐美興起的民粹主義，這本書絕對是最值得推薦的一本。此書台灣有翻譯本，譯為《成功的反思》。

　　美國有不少政治系的教授（例如 Stanford 的 Larry Diamond、北卡教堂山分校的 Marc Hetherington 及 Jonathan Weiler 等）也都討論民粹主義對民主政治的威脅，但是相對於此書，都失之膚淺。Hetherington、Weiler 與 Diamond 等人對於川普所代表的民粹主義，都深惡痛絕，其用字遣詞更是「力透紙背」，幾近咬牙切齒。這些政治學者對於民粹政客的矯治建議也很 low，例如「改變投票方法」等。基本上，就是修改遊戲規則，「不要讓那些討厭的傢伙選上」。

　　我不喜歡這種所謂的分析。「看到候選人之後再去改選舉辦法」，根本就是針對性立法，悖離了法制的基本精神。提這樣的建議，其實是「因為人設計制度」，殊不足取。此外，川普既然

有近 50% 的投票人支持，表示廣大人民就是有那樣的偏好。如果民主的真諦是「選民最大」，那就不能不去探究川普支持者的心理，不能只是「不要讓他們選贏」。政治分析不能這麼表面、這麼膚淺。

Sandel 是哲學界的明星人物。他的《正義》一書譯成全球數十種語言，大賣數百萬冊，是把政治哲學「科普化」的重要推手。如果純粹論學術貢獻，依我對政治哲學的粗淺了解，Sandel 應該還不及 John Rawls、Ronald Dworkin、Jurgen Habermas 等 20 世紀巨擘。但是 Sandel 的長處是把理論平實呈現；尤其在討論民粹主義這種大家親身體驗的現象時，Sandel 的舉例、援引、文獻參照等，都是精彩且具說服力。在本書中，Sandel 引述 Bill Clinton、Barack Obama、Hillary Clinton、Donald Trump 等人的公開演講，再輔之以 Google 搜尋的「關鍵字出現頻率統計」，呈現出這些政治人物的思考與盲點，以及其心底隱孕的偏見，使人讀起來非常容易產生共鳴。

什麼是績效主義（meritocracy）呢？Merit 是指人的成績、績效、功勳等表現；一般認為它是個人能力與努力的結果。以學業成績而論，學生的聰明才智是「能力」，學生的用功認真是「努力」，綜合起來就呈現出他們的成績。就薪水而言，個人的專業知識與判斷是能力，其認真工作、投注心力、敬業態度是努力，加起來就反映在他的績效。依績效給成績、付薪酬，這就是「績效主義」或「功績主義」。在政治領域的績效主義，就是「菁英政治」，因為菁英「聰明、能幹」，所以我們把國家治理交給這些菁英。

一般人習慣把績效主義對比於「年資」（seniority）至上、貴族主義（aristocracy）等傳統思維，這也沒錯。在績效主義提出之前，社會上確實是充斥著年資、貴族之類的封建思考。年資至上，是指年資決定一切；貴族主義，是指出身決定一切。先講貴族吧：一個人出生在貴族世家，就是貴族。此人不需要任何努力，即使蠢笨如阿斗、晉惠帝，也還是有賢能如諸葛亮等人的效忠、服務。再看年資決定主義吧：排除少數主管職位，許多公務體系的薪資是年資決定的，委任一級、委任二級⋯⋯等一年爬一階，年資大致決定了公務員的報酬。

　　我記得自己在學術界第一次與人衝突，大約是在 1990 年一次國科會人文處傑出獎審查委員會。當時外文學門的傑出研究獎候選人三人，外審評分最高的人顯著高於排名第二名者，而且是評審的一致意見，但是外文學門的審查委員卻反對評分最高的拿傑出研究獎，他的理由是：「XXX 還只是副教授」。這種以年資、職級凌越學術研究，就是標準的「年資主義」。我與這位外文學門的審查委員年齡大概差 20 歲，算是小伙子，而外文也不是我的學門專業。但是當時我強烈反對這位台大文學院院長的論點，雙方爭執不休。最後表決定勝負，於是外文學門終於出現第一位「副教授」傑出研究獎。

　　上述例子與歷史上絕大多數情況一樣：功績主義所對抗的傳統，都是年資至上、貴族世襲等「落伍」思維。因此幾十年下來，幾乎不太有人仔細思考功績主義的黑暗面。的確，與世襲貴族相比，「比績效」當然更合理；與年資至上相比，比績效當然更有說服力。當年我一個年紀輕輕的小教授槓上同校的文學院院

長還能大獲全勝，就是因為「比年資」太不合理。政治人物如果以「比績效」對抗貴族世襲，我相信結果也是摧枯拉朽，沛然莫之能禦。

要等到貴族主義、年資至上主義消聲匿跡之後，我們才有可能思考功績主義之惡。當然，也不是所有的人都看不到績效主義的壞處。這個字的創始原本有希臘哲學傳統，但是現代則是最早出現在 1958 年一位英國社會學者 Michael Young 的書，"The Rise of the Meritocracy"。其實 Young 在書中就已經描述了功績主義普遍之後的弊病。Sandel 有許多論點，都溯源於 Young。

依 Sandel 的解析，功績主義有以下幾點值得反思之處。

其一，功績主義者認為，他們的功績來自於自己的能力與努力，如果因自己努力而得到較高的報酬，這些都是他們應得的（deserved）。既然是應得的，即使社會所得分配不均，也沒有什麼不對。功績主義著重依績循賞，是一種社會爬升的動態平等概念、社會流動的概念；任何一個時點所得分配的靜態不平等，不是功績主義者關注的。例如，1970 年代美國公司 CEO 的平均薪水是一般員工的 30 倍，但是到 2017 年，比例成為 300 倍，社會所得分配明顯趨向不均，菁英明顯占優勢。即使這個倍數膨脹非常明顯，功績主義者也不認為這是問題，但是整體社會卻有不同的感受。於菁英與社會大眾之間的疏離感，當然日趨嚴重。

其二，功績主義也許趕走了貴族主義。但是後者真的比較差嗎？假設在貴族社會有 1/10 的貴族，9/10 的窮人，假設在功績主義社會比例也一樣，有 1/10 的績優者，9/10 的落後者。在兩個社會，你我都有 1/10 的機率抽到上籤，9/10 的機率抽到下

籤。Sandel 問：你想出生在哪一個社會？

我們也許會理所當然地回答：希望生在功績社會。但是 Sandel 提醒我們：在貴族社會的下籤，完全表示「運氣不好」，「那個傢伙是貴族只是因為他生在貴族世家，好狗命，神氣個屁啊！」但是若在功績社會，我抽到待遇不好的下籤，其實表示「我的能力與努力不夠」、「那個傢伙做 CEO，是因為他國英數理化成績都好，這人是比我強」。於是，在功績主義社會，低薪勞工自然而然被標籤化了。別人認為他們是後段班，他們也自認為是魯蛇。他們的羞辱感邊緣感逐漸累積成柴火，等待川普這樣的人來點燃。

其三，功績主義者認為能力與努力所創造的高報酬，是他們「應得」的。但是仔細想想，也未必那麼理所當然。CEO 的薪水是員工的 30 倍與 300 倍，究竟哪一個是「應該」的？有沒有什麼判準呢？有位市長自豪自己智商高達 157，因此而反應敏捷、辯才無礙，好像這是他的能力；他因此而當上市長，似乎也只是剛好而已。但是，智商高來自父母基因，此人「碰巧」父母智商高，與此人「碰巧」父母是貴族，有什麼差別？一個是好狗命，一個是狗命好，其為狗命者，一也！父母是貴族是我們所批評的貴族主義，父母智商高靠精子卵子傳給子女，不也是世襲？智商高或是 Michael Jordan 彈性佳，在道德上哪有什麼值得誇讚的？

其四，經濟學家 Frank Knight 還有一個說法，駁斥「應得論」。Knight 說，Jordan 之所以薪水高，是因為他碰巧出生在一個「大眾喜歡籃球運動」的社會。社會大眾喜歡什麼運動，與你

Jordan 有什麼關係？社會碰巧「喜歡籃球運動」，不也是一種好狗命嗎？為什麼門票收入你「應得」幾億？又如果某人有「在桌面上比腕力」的天分，殺遍天下沒有敵手，可是偏偏社會上沒有人喜歡這種運動，此人的「應得」所得，大概只有數千元吧？所以「社會」是關鍵，能力未必是決定性的。

其五，功績主義者覺得能力與努力創造的優勢是自己應得的，於是慢慢形塑了自己的傲慢，失去對其他「智商低於 157 者」的同理心、同胞心。他們在言談中不經意表露出自己的優越感，經常說「我不做蠢決策！」、「她懂什麼？」，貶抑之情溢於言表，惡化社會的階級對立。

以上是功績主義的理論缺陷。除此之外，Sandel 也參照許多實例，幫助我們了解功績主義在歐美政治社會圈所形成的衝擊。

例如，原來，英國的工黨與美國的民主黨，都是比較親左、親勞工的。但是在 Tony Blair、Bill Clinton、Barack Obama 幾任總理總統的訴求轉變下，原本親勞工的論述，轉變為功績主義的強調能力，使得勞工階級心灰意冷。他們認為自己努力一生，卻永遠無法出頭。這種悲抑，形成了民粹主義的土壤，也使政黨板塊產生挪移。

之所以這些政治人物訴求改變，多少是受 80 年代雷根與柴契爾夫人新自由主義的影響。這兩位魅力領袖定下了基調，強調政府少干預，盡量給個人發揮空間，讓人人「只要有天分、夠努力，都能出頭」。這個基調沛然莫之能禦，後來的政治人物只好拿香跟拜。此外，Obama 經常以自己的成功故事做例子，也是強化了功績至上的論點。

雷根與柴契爾不只影響英美政治氛圍，也塑造了「純粹自由貿易的全球化」。全球化促使各國廠商努力拚降低成本，將製造業外移到低成本國，更加惡化了本國原來已經弱勢、被標籤化的弱勢勞工地位，使他們更加悲憤。勞工們討厭全球化，認為全球化都是你們這一群菁英獲利。他們反對全球化，與他們民粹性支持 Trump、Le Pin、Brexit，是一體兩面，差不多是心理狀態相似的一群選民。

績效主義在美國，也形塑了學生家長努力投資上明星大學的風潮。惡補 SAT、帶子女上各種才藝班、尋求各種競賽獎牌、甚至造假作弊，都是近年績效主義衍生的弊端。由於弱勢家庭沒有辦法玩這些花樣，於是「富裕家庭的孩子容易上明星大學」，形成另一種「菁英世襲」，幾乎與貴族世襲相近，其流弊甚至更甚於以往的貴族主義。

績效主義有這麼多弊病、造成這麼大的民粹反民主逆流，怎麼辦呢？這個問題很複雜。在升學方面，如何抑制績效主義還算是單純的。以哈佛大學招生為例，Sandel 建議：如果 2 萬人申請入學只錄取 1 千人，則「先刪除絕對不合格的大約兩成，其他八成合在一起抽籤」。這樣做，就阻斷了高中生拚命求高分的誘因。這個建議，與 Alvin Roth 阻斷「光纖鋪設比快」一樣。它的基本邏輯是：成績是入學申請的審查門檻，而不是審查的判準。

但是在政治層面，因為牽涉到經濟、就業、國際貿易、產業生根、所得分配，政府很難有一個阻絕菁英政治的辦法。中國幾千年的科舉選才，當然是菁英政治；台灣政府裡一堆博士閣員，當然也是菁英政治。Sandel 對於績效主義的解方說的比

較少，但基本上有兩個方向：一是平等自由主義（egalitarian liberalism），增加人們的同理心與平等尊重，二是社群主義（communitarianism），改善不同階級、不同身分者之間的黏著與向心力。我都同意。

政治哲學與形式哲學、宇宙哲學、生命哲學、科學哲學都不一樣，它是與現實貼切的、能幫助我們圓融思考的。因為它與現實貼切，所以讀政治哲學不但不枯燥，反而能幫我們把事情「想清楚、想透徹」。如果周邊的問題都能想清楚，我們就是比較「完整」的人，立身處世的思考圓融，謂之「無惑」。做人完整與完美不同；我們永遠不會完美，但是一定要努力使自己完整。了解另外百分之五十的選民，當然是重要的「無惑」功課。

打造創業型國家？

這本書英文書名是 "The entrepreneurial State"，是 Mariana Mazzucato 寫的。她是 University College London 的教授。此書英文版是2015 年出版，當時川普還沒有當選，美中貿易大戰還沒有開打，甚至中國政府所推動的中國製造 2025 都還沒有啟動。所以，這本書的背景環境相對單純，就只是一本討論「政府在產業發展中的角色」的書，你也可以把它當成一本討論「大政府與小政府之辨」的書。作者在此書中為「大政府」大聲疾呼。

但是 2015 年中國開始推動「中國製造 2025」，2016 年川普當選，2017 年美中貿易大戰開打，2018 年老美開始制裁中國的中國製造 2025，這世界劇本就完全改變了。我們可以大致說，「中國製造 2025」也是一種「政府介入新創產業」的模式，中國是大政府的極限，中國模式合乎 Mariana Mazzucato 的論述嗎？作者會反對美國對中國的杯葛嗎？有什麼面向是作者撰寫時沒有想到的呢？這會不會構成她理論的缺陷呢？

Mazzucato 的書有些觀察是正確的：例如許多賺大錢的企業，其產品智慧財產來自於政府研發，但是社會都習焉不察，反而把政府說得一文不值，甚至是「無效率的、官員腐敗的、

缺乏誘因的、只適合制定規則的、伸手進產業通常有反效果的⋯⋯」。作者在書中提出不少例子，說明「政府作為大大有助於整體經濟關鍵技術的提升」。大家都崇敬 Apple、Facebook、Google 等大企業的成功，但同時也都忽略了政府在背後的角色。例如網際網路，其實是美國國防部 DARPA 的計畫發展出來的。如果當初沒有 Internet，那麼這些高科技公司哪裡有今天？又如觸控螢幕，也是政府支持的研究成果，而如果沒有此項技術，Apple 又哪裡有今天？

我對於 M 氏的論述有相當多的不同意見。這些未必都是反對意見，而是認為她的論點有許多知識空窗與推理跳躍；即使方向上有可取之處，現在的論點也難成一家之言。以下分點析論之。

Mazzucato 沒有分辨科學與技術的差別，因此她的國家角色論述究竟是針對科學研究還是技術發展，就不清不楚。大致而言，科學是一般性、背景性、可能有廣泛應用、但是研究當下沒有特定受益對象的。例如當年 DARPA 的研發網際網路，是為了特定的戰略軍事目的，除了軍方，幾乎沒有想像到其他應用。大家熟知的、白宮推動的 Brain Initiative、Human Genome Project，都是科學成分遠大於技術。這些科學研究將來一定會有某些應用，但是在推動的時候沒有人能預見。

科學研究或是沒有立即、直接受益對象的技術研究發展，政府介入都沒有問題。但若研發受益對象越明顯，則政府的介入就越有問題。例如，如果某個技術研發只有甲公司受惠，而政府投入幾億研發，則政府的主管與首長一定會受到「貪汙治罪條例」

伺候。所以簡言之，任何民主政府都應該依法行事、行政中立，不可以把經費注入私人口袋。這與大政府小政府完全無關。政府的經費，原則上就是不能流給私人。

以我所知道的民主國家為例，美國、德國、日本、台灣、歐盟等，國家研發經費都只能撥給大學與研究機構（如中央研究院、國家衛生研究院、工業技術研究院），不能撥給台積電、聯發科等私人公司。私人公司偶爾會與學研機構結合，共同提出一個「有應用可能性」的計畫，但是經費還是只能撥給學研機構，支持教師薪資、購買大學儀器設備、聘請工讀生等，但國家經費就是不准撥給公司。而且，在審查時，我們還是希望這類產學合作計畫的應用性能寬廣一些，不要只是侷限在特定私人公司。

上述唯一的例外，就是對「中小企業」。台灣、美國、德國、日本都一樣，都容許政府補貼中小企業小額研發。其實中小企業也沒有什麼偉大的研發目標，多半是鼓勵他們勇敢地接受新技術、新製程，鼓勵他們轉型，如此而已。

各國政府研發補助對中小企業網開一面，主要是因為中小企業「國際競爭」的面向比較窄，甲國補貼其企業，比較不會引起別的國家反彈。這裡，就牽涉到產業發展的國際面了。現在是全球化時代，每個國家產業發展，還是要顧及別的國家，不能只顧自己成為「創業型國家」，然後成功之後到別人家侵門踏戶。「中國製造 2025」之所以有爭議，就是因為中國是補助大企業而非中小企業，幫助大企業往外擴張，侵入國際市場。Mazzucato 幾乎完全不考慮國際面，這是她理論的重大缺失。

那麼國際上有些什麼政府補貼的規範呢？基本上，是 WTO

的 Agreement of Subsidies and Countervailing Measures（SCM）。這個規範說，任何政府補貼，如果因為進口替代或出口擴張而損及第三國，第三國家就可以報復。M 氏完全不考慮國際環境，宥於一國的狹窄討論，當然問題多多。

如前述，這本書所討論的是國家在產業研究發展中的角色。雖然「研發」補助還沒有出口擴張或是進口替代的問題，但是研發補助所涉及的高科技產業，常有報酬遞增的特色，故補貼研發，就等同於鞏固其競爭地位。如果每個國家都這樣玩，那麼整個國際科技產業競爭就不再是企業之間的競賽，而是國家與國家之間的肉搏。這樣，還有什麼意思？這樣，小國家幾乎注定死路一條。Mazzucato 沒有考慮到國際，所以她的理論不但不完整，而且幾乎是走向國與國競爭的天下大亂。

目前，SCM 規範非常粗糙，沒有考慮到研究發展補貼。所以中國的「Made in China 2025」計畫，其實是在占「WTO 法規缺陷」的便宜。Mazzucato 慮不及此，所以只能提出「大政府／小政府」的傳統思辨角度，視野有限。果然，在 2018 美中對幹之後，這本書的處境，就很難堪了。

即使是只談國內不談國際，M 氏所述都不上不下。她主張扶持、獎勵國內企業，而且要堅定執行。但是當研發燒掉十億，還要繼續嗎？燒掉二十億，還要繼續嗎？燒掉三十億，還要繼續嗎？我們事前不知成敗，只能靠政治判斷設下停損，這風險有多大？政治現實往往逼得政府官員喊停，所以「國家隊」終將面臨政治。政治運作有它的邏輯；我們不可能因為「創業型國家」的理想，而要政治運作改變邏輯。

M 氏也期待政府研發收益能夠嘉惠全民。這個概念很好，但作者沒有說要怎麼做。我認為，最理想的做法，就是政府對於「使用政府資源或公權力創業」者收取「技術股」。例如，Gogoro 如果要靠「中油加油站遍設換電池站」取得電動車的占有率與普及率，這有助於它取得市場規模，則政府就應該收取技術股。又如，某縣政府如果要求全縣用某種資通訊設計規格以測試其穩定性，則也該收技術股。這是政府角色的回饋模式，可惜作者一個字都沒有說。政府的技術股既是全民收益，也沒有前述政治壓力。我在做國科會主委時，幫金門酒廠測地下水質，那個時候就想收技術股，可惜沒做成。

　　最後，談一下 M 的研究水準。我不很了解英國的大學系統。有些英國教授寫書很會寫，但是真正專業的、一流的期刊論文卻是幾乎沒有。M 氏與張夏準皆屬此類。我認為，經濟學的頂尖期刊論文還是有指標作用的。沒有頂尖期刊論文的試煉，推理與論述的功力就是不成氣候，推理或是跳躍或是打結或是文獻缺漏。M 氏的書拿過一些獎，但是這本書不怎麼樣就是不怎麼樣。

寫作不能只靠筆下功夫
——讀《疫後大未來》

　　《疫後大未來》的作者是 Scott Galloway，他是三年前《四騎士主宰的未來》一書的作者。《四騎士主宰的未來》書評極佳，我相信一定在全球書市大賣，這也許給作者不少信心，讓他再接再厲寫了這一本。

　　但是這一本與四騎士相比，精彩度打了不小的折扣。所謂「疫後」，是指 COVID-19 之後。那麼 COVID-19 之前與之後，究竟有什麼關鍵差別呢？大家可以想像：關鍵差別就是「人與人接觸」變得有明顯的風險。如果不是人與人接觸，那是怎麼做生意呢？簡單地說，人與人的實體互動，是發生在 physical space，而所有「非實體互動」的事，都是發生在虛擬世界（cyberspace）。作者認為：與虛擬世界搭上的產業會發、只與實體世界搭上的產業會慘。

　　讀者也許還記得四騎士是哪些：Amazon、Google、Facebook 與 Apple。這四者，只有 Apple 是操作虛擬世界的終端工具，其他三者都是靠虛擬世界的資訊流通在賺錢：Amazon 是電子商務、Google 是搜尋引擎、Facebook 是社群軟體。在

COVID-19 時期，由於實體接觸受限，大家更加倚賴虛擬世界的網路連結，也因此使四騎士的利潤更加豐厚。其實這不難理解：不但四騎士如此，虛擬世界交易所仰賴的物流業、金融支付、食物配送等，都在疫情期間大發利市。看樣子，COVID-19「流行病常態化」之後，好像會與我們「長相左右」，那麼前述四騎士等與虛擬世界緊密結合的科技產業的樂觀前景，就可以預期了。

但是不只如此。COVID-19 也逼著原本亟需「人與人接觸」的古老產業，產生撼動。最明顯的，就是「教育」，尤其是高等教育。美國的高等教育扭曲極為嚴重，明星大學錄取率超低，學費超貴，而錄取的絕大多數都是前百分之一家庭的子女。他們經過明星學校鍍金，出社會後就是高薪一族，繼續他們家族已經有的經濟優勢。如此動態演進，幾乎形成了家族勢力的世襲系統。Galloway 指出，COVID-19 逼得大學傳統的「面對面」經營方式改變，他預測高教產業即將發生重大改變。會怎麼改變呢？不知道，但至少線上教學、開放教學是跑不掉的方向。

這本書的內容，差不多就是這樣，老實說頗為單薄。作者是個下筆幽默的寫手，有一套搞笑的功夫，在四騎士與本書皆如此。

但是寫作不能只靠筆下功夫，而要靠實質內容。四騎士一書之所以佳評如潮，九成是因為內容，只有一成是因為作者的筆下功夫。但是這一本，內容可觀之處不是那麼多，單純靠筆力去撐，就相當勉強了。花錢去買？我是不建議啦。看此書評只花十分鐘，夠了。

書中另外一點與台灣社會有關的內容，就是「紓困」的方

式。如前所述，疫情期間受傷最慘的產業，就是人與人接觸的服務業，例如餐廳、旅遊、實體書店等。這種情況與金融海嘯期間經濟活動普遍性凍結截然不同。經濟凍結也許可以靠消費券之類的發放「點火」刺激，而由於金融海嘯之後的經濟是普遍凍結，故政府點火是不分對象的。但是 COVID-19 的情況不同：受害對象鮮明（人與人密切接觸的服務業），受益對象也清楚，整體經濟的意願並沒有普遍受到凍結（我們還是想去餐廳吃飯，只是不敢去）。因此，如果政府要紓困，我認為應該有比消費券、X倍券之類的通通有獎更好的方式。

從《不對稱陷阱》談學者從政

此書的英文書名是 "Skin in the Game"，副標題是 "Hidden Asymmetries in Daily Life"。"Skin in the Game" 是大有錢人 Warren Buffett 常用的片語，此書譯為「切膚之痛」，我並不很喜歡。Warren Buffett 的原意是：利益或是損害分析，必須要是自己將親身體驗的、利害與共的，才是真切的。如果銀行理專拚命向你推銷一種他自己沒有購買的衍生性金融商品，那麼理專就只是出一張嘴，賺了你的手續費，但是由你自己來承擔下檔風險。「別人賺你的錢，由你單獨面對風險」，這就是本書所說的「風險不對稱」。

作者在書中舉了不少例子說明前述風險不對稱，論述還算精采。但是有些美國人，依我個人的片面經驗，尤其是某些特定族裔的人，往往有一種「拚命想在說話或是寫作的時候，呈現出自己很聰明」的傾向。他們怎麼表現出這種傾向呢？概言之有三個方面：其一，他們喜歡拉雜論述，向讀者炫耀自己的閱讀廣泛、記憶不凡、言語跳躍、思考奔放。這就像是中國古典文學有些人喜歡用「典故」一樣，一篇文章穿插個幾十個典故，希望讓讀者慨然拜服。作者 Taleb 的寫作，就是這個調調。

其二，他們除了言語跳躍的風格之外，也還是會不經意呈現出自己的傲慢，把某些人或是某一類人描述得極為不堪。例如本書作者 Taleb 極為鄙視學院派的教授，把 Paul Krugman、Steven Pinker、Thomas Piketty、Joseph Stiglitz、Cass Sunstein 等人都描述得一文不值。此外，因為企管學院的教授十之八九沒有經營企業的經驗，作者認為他們就是標準的缺少 skin in the game，罵起他們就像是喝斥小狗一樣，毫不留情。

其三，炫耀型的作者總是不忘自誇。作者大概很自豪他的數學推理，三不五時述說自己用清爽的數學工具，分析種種財經問題，都是輕鬆愉快，迎刃而解。

但是我們如果仔細看看 Taleb 的著作，好像又沒有「那麼」了不起。他所謂的數學推理，其實也只是一些應用，沒有那麼偉大，發表的期刊也不是那麼令人肅然起敬。他所描述例如 Thomas Piketty、Joseph Stiglitz 書中的錯誤，實在也只是論述呈現的選擇，不能算是知識上根本的闕漏，但是 Taleb 卻把它描繪成「連這個也不懂」般不堪。

Taleb 創造了 intellectual yet idiot（IYI）一詞，譯成「白痴知識分子」，用來描述他所鄙視的學術界人士，坦白說失之粗鄙，也忽略了學術界人士其他面向的貢獻。最糟的是，作者所嚴厲批評的人，依其自己的描述，其實有若干是與作者有「過節」。因為這些以往積怨，在對方去世之後就指責別人表裡不一、同性同居，這就讓人覺得：這些尖酸的批評，是不是有點「公報私仇」？

Taleb 所述的切膚之痛又與 Warren Buffett 有些不同。Taleb

認為，唯有「親身經驗、在淬鍊中存活」才是王道。也因為這樣的信念，他推崇在商場實際闖蕩的體驗者，也瞧不起學院派的企管系、財務系教授。我同意「親身體驗、淬鍊存活」的價值，但是要把它說成唯一的價值，卻是過於簡化，也忽略了「存活」本身所隱藏的扭曲。

坊間有不少人貶抑「學者從政」，認為那些多是蛋頭、只知理論不食人間煙火、不了解政治運作的複雜、不懂得必要的妥協、進官場如同小白兔入叢林等等。簡單地說，學者就是缺少政治上的生存淬鍊，照 Taleb 的邏輯，這些傢伙都是個屁。台灣坊間對於學者從政的批評，概屬此類。我有兩方面的不同意見。

第一，什麼叫做「學者」？蔡英文、林全、劉兆玄、柯文哲等人當了幾十年的教授，然後踏入政壇，他們算不算是「學者從政」？他們要入政壇幾年之後，才能把「學者」標籤卸下，改歸類為「非學者從政」？這些學者從政人士之中，若干人不但在政壇叢林存活良好，擺脫了小白兔的形象，甚至還是熟練的掠食者。可見，學院派的人未必有什麼「不宜從政」的基因。什麼人適合從政，是一種能力與適應度的綜合體，恐怕不能以「職業出身」做簡化區分。批評學者從政的人，就像 Taleb 一樣，犯了簡化分類的謬誤。

第二，強調「學者入仕政務官不善存活」，往往忽略了「存活」本身的環境缺陷。大致而言，越是腐敗、僵硬、官僚、制式的環境，存活者越容易缺乏創新、突破、跳躍框架的思考能力。中國明朝末年宦官當權、歐洲中世紀教廷腐敗，官員或是主教在那種環境下淬鍊存活得越好，這些傢伙越可能是厚顏無恥的爛

咖。我們該推崇這些人的「存活之道」嗎？相反地，僵化環境的突破性思考，需要一些體制外的叛逆衝撞。「存活至上」的人，絕對沒有衝撞的本事。宗教改革，絕對不可能出自教皇的權力核心。

《不對稱陷阱》中確實有一些值得肯定的論述，我不該略而不提。例如，作者說：如果某個行業的成功者慢慢歸納一些特色（例如理專，如果大都是衣著整齊、輕聲細語、資料準備齊全、在門口恭迎客戶之輩），則若有有點邋遢、身材肥厚多汁、襯衫沒有塞進長褲者能在理專這一行存活，八成表示此人有過人之能，才能「以業績凌越行業衣著禮儀規矩」。Taleb 認為，這是一種淬鍊存活的合理推論。這樣的分析，有它的道理。

總之，這本書「雖非大塊文章，亦小有可觀之處」。如果作者沒有那樣自大自戀的調調，減少一些尖酸刻薄的文字，我就會推薦給讀者。

金融擴張如何推升不平等？
──讀《大逆轉》

　　此書的英文名稱是 "Divested ─ Inequality in the Age of Finance"，作者為林庚厚與 Megan Tobias Neely。前者是台大社會學系的畢業生，目前在 UT Austin 社會學系擔任副教授，後者應該是林先生指導的博士生，而這書似乎是以他的博士論文為基礎。

　　在 2008 金融海嘯之後，社會上應該有不小比例的人很討厭那些在「金融業」興風作浪的人，尤其是「投資銀行」，尤其是金融業高層。這樣的討厭大概不必加條件，而幾乎是一種對金融業整體的嫌惡。有幾位理工背景的中央研究院院士曾經跟我聊天，明白表示：他們不了解為什麼那麼美國多聰明孩子要去念 finance，言下之意就是，聰明人幹嘛去讀這種沒有實質建設性的學科？其瞧不起 finance，不只是溢於言表，根本就是直白咒罵。

　　這本書，對於瞧不起 finance 的理由，做了非常好的整理。

　　作者的核心命題是：金融業的病態發展，是美國甚至全球不平等加劇背後重要的原因。

　　先說說金融業過去 30 年的病態在哪裡。第一，金融業透過

其政商脈絡，成功遊說政府解除了許多原有、應有的管制，例如產金分離、利率限制、容許衍生性金融商品亂賣等，肥了自己的口袋，但是動搖了健全經濟的架構，使得金融危機一觸即發。這裡的證據很多，例如高盛集團頭頭擔任美國財政部長，你用膝蓋想想，他的視野、方向、心態會偏袒哪一邊？第二，金融業透過「股東權益主義」的宣揚，使得絕大多數的美國非金融產業的營運重心，偏離至金融操作，例如股票購回、以股票選擇權獎勵員工，甚至製造業者成立金融部門直接操作金融資產，移轉了本業的專注，也疏離了「勞工」。忽視勞工對公司的重要性，當然不利於公司長期穩定。

第三，金融業創造出複雜的金融產品，把原本社會不平等的實質問題，扭曲為「融資」、「避險」等財務問題。例如，問題本質是「有些人就是買不起房子」，但是銀行或是衍生性金融商品的販售者卻鼓吹大家「只要金融操作得宜，你就可以擁有房子」。某些事情明明有風險，金融業者卻說「只要風險包裹得宜，風險就分散掉了」。如此，不但引誘「大家來買避險工具、大家來參與金融操作」，也淡化了自己推出惡劣金融商品的道德責任。包裹來包裹去，怎麼可能把風險包掉呢？這種道理是膝蓋級的，智商157開根號的人都懂，唯有金融業者不懂。

前面所述都是金融業的制度性問題，但為什麼如書名所示，金融業的問題會與所得或資產的「不公平」有關呢？這裡的剖析涉及社會架構，社會學家有他們特殊的切入點。首先，金融業從二次大戰前的經濟配角角色，變成現在的主角角色，當然使金融界的整體報酬大增，逐漸與非金融業拉開差距。其次，在股票選

擇權、管理階層資訊不對稱等理論盛行之後，不僅金融業，而是所有行業的管理階層薪水都上漲，拉開他們與一般勞工的差距。

再者，即使融資或是避險確實能幫助大家解決問題，但金融界的實際情況卻是「對富人白人友善方便，對窮人少數族裔不友善不方便」。於是金融更擴大了社會原本的不公平。第四，如前所述，金融擴張帶來了體制性風險，而一旦金融海嘯來襲，受到衝擊最大的通常是弱勢者、貧困者。例如，金融海嘯下受傷最重的，就是接受次貸的底層貸款者，最慘的就是失業長達幾十個月的勞工。金融高層永遠最會脫身，維持其肥厚多汁的身材。

這本書證據充足，都是些簡單圖表，老嫗童子皆可理解。但是，我也想提一下此書的缺點。

作者把當下金融亂象追溯至二次大戰後的 Breton Woods 系統，我認為一則證據不夠充分，二則也是不必要的牽拖。Breton Woods 制度確實不理想，但是 75 年前面對全球獨大的美國經濟，我認為即使當年凱因斯建議的制度今天也不可能不出問題。WTO 成立於 27 年前，現在已經一拖拉庫問題。貿易問題絕對不比金融問題複雜，國際貿易出問題，國際金融與財務怎麼可能例外？在概念上，作者的若干推理、邏輯還有疏散之處。

第二個小缺點，是對於金融海嘯等衝擊，太強調制度結構，卻對於衍生性金融商品「錯在哪裡」解釋不夠清楚。這樣的分析，會讓人以為「如果制度面健全了，就不會有金融海嘯之類的問題」。其實，即使是「理想」的制度，也不可能避過災難。即使是不理想的制度，好的監管也可以不斷延後可能的災難。所以，制度大環境固然重要，監管的角色也不遑多讓。2008 金融

海嘯固然有制度背景，但是那一群財務監管專家、大學財經教授對於 CDO 等衍生性金融商品的弊病完全沒有警覺，我認為也是待罪之身。我不贊成用「制度弊病」去掩飾財務學者的視障。

但是，瑕不掩瑜，這是一本好書。

如何走向社會民主制度？
——讀《北歐不是神話》

英文書名是 "The Nordic Model of Social Democracy"，其中 "social democracy" 也翻譯成「社會民主」這個名詞。國人對於北歐社會制度的印象，多半是他們的「福利國家」（welfare state），但是對於社會民主制度的了解，恐怕不多。這本書大概有一半的篇幅介紹北歐社會民主制度的由來、歷史演變、與英國及德國的關係、如何逐漸發展成今天的樣貌。如果不了解這一段歷史演變，恐怕很難掌握福利國家的精髓。

社會民主制度究竟是什麼呢？它應該是比較接近左派理想的資本主義大幅修正。不加修正的資本主義，大概是 19 世紀時資本家恣意剝奪勞工權益的社會狀態。如果我們將馬克思主義視為以革命推翻資本主義的激烈修正，則社會民主主義就是主張「以照顧勞工與各個弱勢階級利益的政策」去修正資本主義。在修正資本主義軸線的另一端，則是古典自由主義或是新古典自由主義，它也主張修正資本主義，但是修正範圍比較窄，僅限於公共財、外部性、自然壟斷等「市場失靈」情形。在其他的經濟面向，古典自由主義都傾向政府少干預，因為古典自由主義認為

「市場比政府有效率」。

就經濟學學術社群而言，基本上歐洲比較有左派的氣息；在 2008 金融海嘯之前，美國學界數十年以來即使不是古典自由主義主導風向，也幾乎都是「盡量尊重市場機能」的擁抱者。我念博士的年代正是雷根、柴契爾如日中天之時，古典自由主義的芝加哥經濟學派也是一枝獨秀，在 Milton Friedman 領軍下征戰辯論無往不利。你如果問我有沒有受到新古典學派的影響？當然有，而且我相信前後加減十年的經濟學博士都受到古典自由主義的影響。

那麼，當初受到影響，現在有沒有改變呢？我自己是有相當的改變，但是其他人我就不敢說了。基本上，越是做數理、計量經濟的，由於他們的研究領域比較技術性，思想改變的機率小。越是不用功的學者，由於不食知識界煙火，改變的機率也比較小。台灣到 2008 年還在推動美國雷根總統時代的「輕稅簡政」，時隔近三十年，可見提出政策的人大概三十年不讀書。

北歐的社會民主制度背後有個特殊的思想框架：透過某種國家機制的整體力量，才可能提升、落實個人自由。以健康為例：健康當然是基本人權，也是落實個人「自我實踐」自由的基礎。但是即使透過保險，市場機制也很難提供、保障弱勢者的健康權，因此北歐國家半世紀前就主張像是台灣全民健保的制度。三十幾年前，我還曾經附和劉遵義院士比較傾向市場機制的健保制度主張，但是大概要到十五年前我才體會到自己錯了，也才知道錯在哪裡。再以教育為例：受教育不但是基本人權，也是個人自我實踐的知識基礎。北歐國家應該是全球最早實踐免費高中義

務教育的國家。健康保險與義務教育，都是北歐國家率先推動的制度，透過國家力量，去提升個人自由。

　　國際間歧異比較大的政策不在於前述「福利政策」，而在勞資政策。北歐與若干歐洲國家，都反對甚至立法限制公司經營階層與勞工之間薪資差距過大；但是像美國，就幾乎沒有任何規範，完全由市場機制主導。也因為如此，過去 20 年 CEO 與勞工薪資之比，美國比歐洲大陸國家高出許多，也是近年來美國所得分配漸趨不均的原因之一。此外，北歐與歐洲大陸國家工會勢力歷久不衰，但是美國的工會卻是逐漸走下坡。這裡也凸顯北歐社會民主制度的另一個特色：工會積極參與政治或是形成政黨。

　　以上我描述了若干社會民主制度的特色，以之與美國的制度做對比。我雖然欣羨北歐的社會民主制度與成就，但是我不很贊成若干學者（包括本書的若干推薦人）用「借鏡」「學習」這樣的字眼，表達台灣的期待政策方向。過去一百多年北歐走到今天，有相當多的歷史偶然，例如德國社民黨的若干挫折、英國工黨的經驗、兩次世界大戰的突發式「時間暫停」，都是歷史機緣。我一向認為，歷史有它的路徑依賴性（path-dependency），眾多偶然形塑了機緣巧合。有很多事情，即使我們想借鏡、學習，恐怕也是一廂情願。欣羨北歐是一回事，但是「如何」走到那個方向，卻是另一個複雜的課題。

　　例如，有些笨蛋政治學者看到拉丁美洲、東南亞的幾個例子，就炮製了一個「民主化」的模型，想要用這種呆瓜模式解釋這裡那裡的民主發展。我認為這是弱智思考。從專制到極權的發展，也是路徑依賴性非常強大的。正如吳乃德先生所述，當年如

果不是李登輝總統的策略因應、或是如果當年沒有一些關鍵事件發生，台灣的民主進程很可能大不相同。

對北歐模式的最大挑戰，是全球化。全球化創造了兩個根本面的扭曲：（1）因為資本比勞工更容易全球移動，因此全球化容易惡化勞工權益，也使強調勞工權益的國家處於競爭劣勢。（2）全球化提供創新勝出者更大的平台，因此北歐模式在創新面也面臨更大的挑戰。在創新經濟時代，北歐與美國比會如何？北歐與中國比會如何？這本書的作者對於前述兩個全球化的挑戰了然於心，他們也提出了回應：至少在全球化啟動的過去十幾年、二十年（本書撰寫於 2014 年），北歐模式沒有敗下陣來。

我同意這個觀察。但是做為理論探索者，我更希望能夠看到比較抽象層次的答案：究竟是社會民主制度的哪些因素，構成了北歐國家的創新優勢或是吸引資本優勢？這些優勢能持續嗎？還有什麼改善的空間？也許，我對此書的要求多了一些。但是，那很可能是因為我對社會民主制度的期待很高。愛深責切，斯人斯言。

檢視「不平等」的大歷史
——讀《資本與意識形態》

　　托瑪・皮凱提（Thomas Piketty）在 2013 年出版了《二十一世紀資本論》一書，英文版全球大賣數十萬冊，其他語言譯本銷售亦佳。當年，我為該書中文版（也是衛城出版）撰寫了萬餘字的導讀，幫助年輕人瞭解其論述。2019 年，皮氏繼續原本的主題，寫下《資本與意識形態》這本巨著，法文原著達 1100 多頁，是一本超大本的力作。即使將注解與參考書目放在雲端，本文應該也是一本非常厚的書。雖然如此，我還是建議讀者買來看，參照我的介紹與解說，應該可以充分理解其精髓。

　　之所以皮氏此書厚重，主要是因為他是用「經濟史」的角度來探索「不公平」的問題。馬克思主義者認為，不公平來自於經濟資源的不平占有與生產技術的既定扭曲，但是皮氏卻主張，不公平的源頭是意識形態與政治；這也是此書書名之源起。皮氏把中世紀之前的歷史，大致以「三元社會」的架構描述：所謂三元，就是指「教士＋智識」、「貴族＋軍隊」、「從事生產的庶民」。「貴族＋軍隊」就是統治階級，其與「從事生產的庶民」這兩塊，東方西方並無不同；但是教士階級則是歐洲天主教、西

亞回教、印度社會的特徵，中國與日本並沒有「國家宗教」，也沒有什麼宗教「階級」，這裡的小差距暫存不論。皮凱提認為，古代的三元社會，就充斥著各種經濟、稅賦不平等，三元之間也是不斷傾軋與鬥爭。這三元之間鮮少先驗的技術扭曲或經濟關係，故背後的意識形態與政治互動才是因，經濟資源的不公平其實是果。

為什麼要分辨前述的因與果呢？這就與不公平問題要如何「解決」有關。如果馬克思主義者認定不公平的源頭是特定（尤其是工業革命之後）生產技術下生產資源分配的不均，那麼解決不公平問題的手段，就必然是「把生產工具與生產資源均等化」，具體而言就是共產主義。但如果我們認為不公平的源頭是意識形態與政治，那麼就不會率爾跳到「生產工具共有」的結論，而會尋找制度面、社會面、租稅面、經濟運作規範面的解決之道。我想先談談不公平問題的解決之道，然後再回來討論皮凱提的經濟歷史方法論。

皮凱提所提倡的解決不公平的方法，大略與北歐國家、德國社民黨、英國工黨、法國社會黨的意識形態相契合，簡單來說就是「社會民主主義」。所有的民主思想、自由主義派系，基於人本理念，都主張促進每個人「自我實踐」的機會。但是對於如何做到這個理想，各門各派有不同的看法。我傾向把問題切兩塊來看：

人要能追求自我實踐，首先要是一個「完整」的人；如果因為種族、膚色、語言、性別、宗教、出身等原因，某甲的權利就是不如某乙，那麼某甲的人格權利就「不完整」。例如奴隸、印

度的賤民、早年的非裔美國人等，他們都不能算是「完整」的人格權利人。在這個層次追求的平等，是「基本人權」面的。以台灣社會為例，我們大致做到了基本權利的保障；但是保障了基本權利與「自我實踐」，還差之甚遠。

在一個大致做到保障人權的社會，要促進個人自我實踐，往往需要許多社會機制的設計。社會民主主義所期待的機制設計，概有以下幾個面向：

（1）教育機會：教育不只是啟蒙，也是個人自我實踐的基本能量。社會民主主義主張，教育資源應盡可能由國家提供，盡量減少教育資源被經濟優勢者掌控（例如極少數平庸但有錢的人，有遠大於一般人的機會上美國長春藤名校）。除了義務教育之外，大學教育與職業教育的門檻，都要盡可能降低。

（2）社會保險：這包括健康保險、失業保險、年金制度、最低收入等。這些保險機制，幫助身體、工作、老年、運氣等各方面不順遂的人，更容易站好站穩。社會民主主義者認為，這些保險機制是自我實踐遭遇挫折時的必要緩衝，幾次經濟大衰退的經驗也證明，放任資本主義市場運作，並沒有辦法提供這類緩衝，而人本的社會也不應該放任市場機制來決定社會保險。此外，此類保險應該要「無條件」，避免弱勢者被「條件」汙名化。

（3）企業參與：在傳統的「所有權」概念下，公司是股東所擁有，公司的決策者是股東大會與董事會。勞工不是股東，依傳統看法不應該參與公司經營決策。但是社會民主主義者認為，「財產所有權」的概念不是絕對的；公司決策往往同時涉及資方

與勞力的利益，勞工理應參與。企業參與的常見實踐方式，就是一定比例的公司董事席位分配給勞工。

（4）累進課稅：社會民主主義國家的諸多社會保險與公費教育，當然需要稅收挹注。對於稅賦，社會民主主義主張至少對所得與遺產，課比較重的累進稅。過去一個世紀的經驗告訴我們，市場運作極有可能造成經濟資源的極端不公平，例如某甲資產是社會平均值的一億倍、某甲的所得是社會平均值的一百萬倍、或是某甲的孩子莫名其妙得到五百億遺產等。這些極端不公平的資源，都會造成每個人自我實踐機會的嚴重不平等，必須要予以約束。

以上四點，基本上也是皮凱提的主張，只是有些小出入。這個出入的關鍵原因，就是最近數十年的「全球化」。在全球化之下，資本家到處尋找低稅賦國家設廠，使得移出國廠商的勞工叫苦連天；這種「全球化＋資本主義」的情況，叫做「超級資本主義」，形成各國之間的降稅競爭，對難以移動的勞工極為不利。不只「資本家」移動，全球化之下「資本」更是移動迅速，富豪把錢全都匯到避稅天堂。於是，資本家肉身棲息之處，只剩下雞毛蒜皮的財產。政府課不到什麼稅，社會民主主義的政策，當然也會因為缺少預算而大打折扣。

除了社會民主主義主張的累進所得稅與累進遺產稅，皮氏還主張課徵累進的「財產稅」。像台灣的地價稅、房屋稅，就是財產稅，但是稅率微乎其微。皮氏主張的所得、遺產、財產稅都有累進特色，例如某甲財產是該國平均每人財產的一千倍，皮氏主張的稅率高達 80%，幾乎是「隔年只剩兩成」。財產稅如此，所

得稅與遺產稅率亦然。前述八成左右的邊際稅率看起來很高，但歷史資料顯示，在 1950 年到 1980 年之間，美、英、法、德的所得稅最高邊際稅率，都在 60% 至 80% 之間，是在 1980 年之後才降下來的。概念上，高稅率的目的不是要事後拿走我們的財產，而是發揮事前阻遏的效果，不鼓勵大家瘋狂累積財富。

但是課稅重，在全球化時代就得克服「全球資本亂竄」與「全球避稅」的問題。最直接的概念，就是「全球所得總歸戶」與「全球資產總歸戶」。但這說來容易做來難。以當前國際形勢來看，俄烏戰爭之後、美中對峙之下，大國之間恐怕連最基本的資料交換都不願意，遑論「總歸戶」。要走到皮凱提的「理想國」，恐怕還需要不少努力。

皮氏的經濟史觀照非常全面，試圖涵蓋中世紀以來的印度、歐洲、中國、西亞、美洲。這麼大的地理範圍，文獻閱讀超級龐雜，已經到了「大歷史」寫作的水準。戴蒙（Jared Diamond）的巨著《槍炮、病菌與鋼鐵》是地理學、演化生物學的大歷史，摩里士（Ian Morris）在《西方憑什麼》研究強權興起的大歷史，皮凱提這本書則是「社會不公平」的大歷史。就社會民主主義的研究而言，以往艾斯平－安德生（Gosta Esping-Andersen）的《福利資本主義的三個世界》（The Three Worlds of Welfare Capitalism）以及布朗道、布拉白與托森（Brandal, Bratberg, Thorsen）的《北歐不是神話》（The Nordic Model of Social Democracy），都非常著重歷史源流的探索。這些著作告訴我們，要瞭解社會民主制度，一定要溯往歷史。

在數理化、計量化的扭曲之下，經濟學家的研究方向經常有

短小精幹、支離破碎、見樹不見林之弊，而且日甚嚴重。例如皮氏先前《二十一世紀資本論》一書，經濟學家的評論十個有九個半都著重在一兩個雞毛蒜皮的小瘡疤叨叨絮絮，非常無聊。又如有些經濟學家做研究，經常首先要思考試圖建立清爽的「計量分析」，卻完全不觀照研究題材的大圖像。小鼻子小眼睛的技術性經濟研究，絕對難登大雅。皮凱提跨區域、跨年代的「不平等大歷史」分析，避開了這樣的餖飣視野，極為不易。

皮氏的不平等大歷史檢視，至少有一個視角我在以往西方學術著作中不曾見過：他坦然面對過去數百年歐美強權在殖民主義、奴隸制度等方面所造的孽。老實說，今天世界各地的不公不義不平等，有許多是歐美強權帝國主義造孽的後果。例如，海地原為法國殖民地，後來法國撤離，海地反而要支付法國「贖回自由」的賠款，大幅拖垮了海地人民的生活水準。這是不是孽障？英國原本有蓄奴，後來立法廢除，政府還要「補償」這些奴隸主人「失去奴隸」的金錢損失，這是不是助長不公平？摩里士的寫作就不肯或是刻意閃躲當年帝國主義的殖民壓迫與衝擊，所以他的歷史論述怎麼看都有缺點。「因為迴避真相，所以只看到偏相。」

皮凱提要分析不平等，也許因為如此，他躲不掉帝國主義、殖民主義、奴隸制度的血淚與殘酷；那些都是不折不扣的不平等。皮氏自己在書中也說，奴隸制度與殖民社會，是人類歷史上「最極端的不平等」。歷史上不時有人豢養奴隸，但極少形成「奴隸制度」。而殖民，更是「畫定地區的蓄奴制度」，其殘暴尤甚。

皮凱提的書史料豐富，尤其對於歐洲大陸的不平等歷史，有極為宏大的觀照。由於歐洲、美國是資本主義運作的核心，他的書對於我們瞭解資本主義環境下不公平的背景、產生、解決方案，都提出了詳實的分析。皮氏唯一的疏漏，是他對於列寧式中國共產黨運作方式的不夠瞭解。例如，皮氏分析中國國家資本占總資本的百分比達 55%，這個數字其實意義不大。皮氏寫書時馬雲還如日中天；但不管阿里巴巴的股權結構為何，只要列寧式中國共產黨的中央政治局今天叫馬雲滾蛋，他明天就立刻滾蛋。這種情況，絕對不是「占股比例」所能解釋的。但是，皮氏刻畫中國與蘇聯在「改革開放」之後，政治人物奪取大量經濟資源的「盜賊政治」，形成一整掛「政二代、黨二代」組成的「富一代」，卻是精準的描述。

皮凱提的社會民主理想有可能實現嗎？沒有人知道。但是歐美各國有一個共通的現象，或許令人鼓舞：過去數十年，越來越多的高教育族群投票支持社會民主左派政黨，可見這個努力的方向，獲得跨國界知識社群的支持。「學問為濟世之本」；也許皮氏的著作有助於形成一套圓融的論述，朝理想前進。凱因斯（John Maynard Keynes）說，改變社會的阻力不是既得利益（vested interests），而是既有觀念（vested ideas），旨哉斯言。

最後，我也要對讀者做一些心理建設。我們每個人都有兩種看事情的角度，（a）是體現當下狀況的自己，瞭解自己的所得、資產、教育程度等現狀，表達自己的心聲；（b）則是拋下當下狀況，純粹從「將心比心、關懷人文」的出發點，探索、分析政策。如果是（a）角度，那政策根本無從討論，因為有錢人

一定反對增稅、股利所得高的人一定主張股利分離課稅、家人在做古董字畫拍賣的人更會主張「拍賣所得免稅」。我們分析政策，一定要用（b）的角度；也唯有如此，才能心平氣和地討論。台灣以前幾次事關公平的政策討論，許多媒體人其實都是用「利害關係人」的角度去主張意見。如果這只是疏忽，那還無可厚非；但如果出發點就是為己牟利，這就是無恥了。社會對於「不公平」可能有不同的看法，但是對於無恥，應該只有一種看法。皮凱提的建議可以討論可以批判，但是切記：一定要先調整自己的心態與分析的角度。

「古典自由主義」失敗的反擊史
——讀《誰製造了貧窮》

　　經濟學界分左派、右派，早就不是新聞了。左派／右派之分也有很多其他的呈現：左派主張大政府，右派主張小政府。左派主張多政府干預，右派主張尊重市場機能。左派學院重鎮是東岸波士頓與西岸灣區，右派重鎮則是芝加哥。左派的政策在北歐國家大行其道，右派則曾經主宰南美洲與東歐的經濟開放政策。左派哲學接近社群主義，而右派偏向個人自由主義。左派在 1980 年至 2008 年近三十年間在美國吃鱉，但該派在 2008 年金融海嘯之後重新奪回主流。大約十年前當 Thomas Piketty 寫了《二十一世紀資本論》之後，加上諾貝爾經濟獎得主 Joseph Stiglitz 的加持，左派站上話題主流，而右派的反擊著作不多。這本書的英文版發行於 2015 年，算是右派代表作之一。

　　我說此書是「失敗的反擊」，主要是因為作者的寫作方式還是 Milton Friedman 那樣「旁徵博引、對比參照」，算是「老派」的寫法。作者 Thomas Sowell 閱讀超級廣泛，對於古今各國歷史、事件、典故、數字等，有驚人的對比引用，所以他在書中能夠做大量的參照，然後用這些參照來反駁傾向左派的 Piketty 與

Stiglitz 等人。

Sowell 的基本論點是：人的富有與貧窮，絕大部分決定於地理因素（水路、氣候、疾病、位置）、文化因素、社會因素、政治因素。他的觀察整理大多是歷史面與地理面的，例如羅馬帝國時代羅馬人與英格蘭人的生活水準對比、世界各地黎巴嫩移民的生活、早期福建移民在美國的表現、世界各地「皮包遺失」的返還狀況等。這些事例林林總總（你也可以說是雜亂），對許多讀者而言似乎頗有壓力。當數據壓過讀者的消化，讀者腦袋裡就會產生「說服力」的幻想。

書中，Sowell 提出兩個重要的論點：（1）每群人經歷的地理、文化、社會、政治因素不同，這些因素綜合起來，決定了他們的「生產力」，而應該由生產力決定他們的報酬。（2）許多在政治面試圖導向「平權」的政策，例如讓弱勢群體有較高的錄取率、補貼弱勢者所得等，其實都在扭曲「生產力決定的報酬」，結果往往適得其反。例如，Sowell 認為補貼美國低收入戶的民權法案，使得許多黑人家庭容易安逸生活，反而造成了許多黑人單親家庭，比民權法案實施前更糟。

我對於 Sowell 的分析有太多太多不同意見。但由於作者「數據旁徵博引、古往今來對比參照」，我如果條列撰寫也會失之紛雜。所以以下，我用比較系統的方式整理分析。

一、Sowell 似乎把人類幾千年的歷史，放在相同軸線上分析。但是兩千年前的「不平等」概念，當然與近一百年的「不平等」概念有重大差異。Sowell 說，人類歷史上到處都有被奴役的奴隸，當然也有奴役人的壓迫者。但是，人類近一百年「人本

主義」的興起，使得現代社會對於「奴隸」制度有深刻的反省。因為這些深刻反省，產生了兩方面的重大改變：其一，我們普遍認為人的價值遠非「生產力」所能涵蓋。即使是一個生產力頗低的弱勢者，我們也應該給予基本而且平等的關注與尊重（equal concern and respect）。Sowell 似乎完全迴避現代政治哲學裡各種「平等」的觀念，只是武斷而片面地批評一下 John Rawls。他似乎還活在 Milton Friedman 時代。其二，近百年的不平等，有許多涉及民主制度之下的「體制」，例如富人對稅制、政策的遊說等。這些制度性因素，與兩千年前截然不同，在民主體制下也是可能改變的。但是 Sowell 不管這些，還是做同樣的分析，令人不解。

二、正因為現代人人本主義的價值觀，所以我們非常關注近兩百年「奴隸制度」所帶來的不正義，亟思做些改變或平反。此外，美洲大陸許多地方的奴隸，都是當年帝國主義強權由非洲強取販售，因此美洲奴隸制度背後，更有帝國、強權、屠殺、長距離運送、切斷奴隸文化社會淵源等複雜的因素。美洲雖然今天皆已廢除奴隸制度，但是要如何改善這一群「奴隸制度的受害人」原本的不平等，真的是極為複雜的問題。作者只是把美國「民權法案」實施前與實施後美國黑人家庭的統計數據加以比較，就斷言《民權法案》反而對黑人家庭不利，真的是粗疏至極的論點，讀了反胃。

三、政治哲學的討論重點之一，就是「制度」，或是制度因素對於弱勢家庭子女的影響。Sowell 強調地理文化因素、注重個人的「生產力」、反對種種民權法案，相對而言就是傾向放任

不管（Laissez faire）。但這顯然是賴皮的策略，迴避了各種放任不管所產生的不公義。我隨便問幾個問題：（1）若台灣大學給億萬富翁子女開一道「優先錄取」的便門，政府可以不管嗎？（2）如果最富有 1% 的人的所得占社會總所得的極高的比例，人民批評抗議，Sowell 頗不贊同。但這些抗議與歐洲三百年前對抗貴族的抗議，究竟有什麼不同？（3）如果市場自然導向種族隔離，這樣可以提高「生產力」，Sowell 究竟贊不贊成？（4）如果奴隸市場還在運作，而且符合「生產力」理論，Sowell 贊成嗎？（5）英美企業 CEO 的薪水遠高於歐陸與亞洲國家，研究發現這是因為董事會與 CEO 沆瀣一氣。這樣，Sowell 還要放任不管嗎？

四、現代社會還有一點與以往的幾千年不同：全球化。由於「資本」的移動遠比「勞工」方便，因此全球化大大有利於資本家，大大不利於勞工。政府該不該管呢？此外，全球化之下老闆也傾向把公司設去開曼群島，迴避所有租稅負擔。這樣，政府該不該介入呢？要提醒讀者，海外紙上公司只是純粹註冊地點的移轉喔，跟「生產力」一點關係都沒有喔。

五、Sowell 對 Piketty 與 Stiglitz 都有嚴厲的批評。但老實說，這些批評都是「字句凶悍，說理欠缺」。例如，Piketty 分析最有錢百分之十的人的所得，占全社會總所得的百分比。Sowell 予以嘲笑。他說，由於大部分人「年輕時所得低 壯年時所得高」，所以「最有錢的百分之十」群體不是固定的一群人，很可能當我們六十歲的時候，我們自己也是「前百分之十」群體成員。資料顯示，確實有百分之五十六的美國人，其一生中某個時

點「曾經是前百分之十群體成員」。據此，Sowell 批評 Piketty，意思大概是「Piketty 連資料定義都搞不清楚」。

　　但真的這麼離譜嗎？我們如果仔細讀 Piketty 的寫作即知，他分析的重點是最有錢百分之十的人的所得，占全社會總所得的百分比近年來的「變化」，是一個時間數列的概念。如果這個百分比數字逐年上升，只有在兩次世界大戰時短暫下降，這背後當然有故事。Sowell 所說的，只是「一個人 life cycle 會有所得起伏與高峰」，但這與 Piketty 關注的群體時間數列風馬牛不相干，其批評可謂胡鬧。此外，Stiglitz 與 Krugman 都認為「曾經蓄奴」是美國的原罪，Sowell 卻拿「人類歷史上很多人蓄奴」反駁，真是不知所云。

　　社會科學學術界成名的方法之一，就是提出「非常極端」的論調，形成一個特殊的「一家之言」。Sowell 自己是黑人，他確實比較敢講一些政治不正確的評論，這是他的特權（privilege），但是我覺得他似乎很會利用這個特權去形塑「一家之言」。在這一方面，他確實非常「成功」。

企業管理

「數量技術財務」該不該有個極限？

　　《洞悉市場的人》所描述的主角是 Jim Simons，他原來是 Harvard、SUNY Stony Brook（紐約州立大學石溪分校）的數學系教授，當初他建立 SUNY Stony Brook 數學系時，與楊振寧建立該校物理系，同樣是震驚學界的大事。Simons 在數學界不是泛泛之輩，他 1968 年發表在 Annals of Mathematics 的文章，是其研究領域經典之一。後來 Simons 辭去終身聘教職，開始成立公司、創設基金，大賺其錢，幾乎是「量化技術分析」的創始人，獲利驚人。

　　Simons 的基金有多賺錢呢？書背資料說：1988-2018 他的基金平均年報酬率，扣除基金費用後，是 39.1%。這有多可怕呢？假若你 1988 年投資 1000 美元到該基金，則 2018 年你的資產就是 2000 萬美元。這真的是不可思議的報酬率。Simons 不但自己是學術界出身，他網羅的合夥人也都是學術界的武林高手。Peter Brown、Lenny Baum、Tom Mercer 都是電腦科學的頂尖學者，在語言辨識、演算法方面，都有突出的表現。

　　Simons 是怎麼把這些人湊在一起的呢？我相信其中一個關鍵，就是「解密碼」。Simons 的創業團隊，包括他自己，多人

都曾經幫美國國防部做過解密碼的分析。密碼，當然是把一序列有意義的文字，轉變成一序列看似沒有意義的亂碼。但是由於原來的文字是有文法、有規則的，所以亂碼一定也會隱藏著一些對應的規則。如果我們能夠將亂碼的隱藏規則找出來，我們就非常接近背後的文法結構，原文的意義也就庶幾近矣。這就是「解密碼」的簡單概念。我們要注意：解密碼原本就是從「零知識」開始，分析者只是從亂碼中找規則。這種「不需要內涵知識、只注重訊號規則」的做法，就是標準的「技術分析」。

「解密碼」的本事如何運用在財務市場上賺錢呢？Simons 承認，他們這一群人完全不懂經濟、不懂需求、供給、均衡。但是他們超級會利用電腦尋找市場上的「規則」。舉幾個例子。市場上的價格波動，經常會跌過頭又反轉小漲，然後才回到均衡；或是漲過頭又反轉小跌，然後回到均衡。我們只要讓電腦讀幾百萬筆波動資料，電腦就可以推估出價格反轉前、反轉後的趨勢，於是 Simons 就可以在期貨市場先做多或先放空，然後賺差價。

有幾點一定要補充：（1）前述「趨勢」不是絕對的，而是機率的。既然不是絕對的，那麼用這樣的分析去市場操作，就可能有賺有賠。但是沒關係，只要 51% 的機會電腦推估是正確的，統計的大數法則就能保證會賺錢。（2）這些小「趨勢」往往極為隱晦不彰，一般人絕難發現，只有討人厭的電腦能發現這樣的趨勢。（3）趨勢有大有小、有長有短，但是 Simons 只操作短的、小的；原因是：長的趨勢從操作到獲利變數太多，容易受到干擾，競爭對手也容易比照學習。

像前述價格波動的趨勢，還是比較明顯的，其他更難想像的

規則樣態，聽起來幾近懸疑：例如電腦發現，大藥廠突然招募某類人才，通常表示他們在某個藥品研發可能面臨突破。例如某投資銀行某個中午突然加訂了幾十個 pizza，可能表示該銀行正密集研議某個政策。例如某郊區國防部解碼中心某個週末有大量黑頭車進出，顯示國防部取得了若干重要敵國資訊。例如各國中央銀行都不喜歡自己的幣值波動，故若某國匯率有「過動」跡象，表示該國央行很可能即將進場操作。

讀者當能發現，前述這些沒頭沒腦「尋找規則」的工作，非常像是人工智慧的邏輯。電腦程式 AlphaGo 根本不懂圍棋，但是我們只要輸入足夠多的棋譜、棋著，告訴電腦極大化的目標，它就會自己找出「規則」：什麼情況下下哪個位置，平均而言會有什麼結果。人工智慧能夠打敗圍棋十段高手，就是因為輸入的棋譜資料太豐富了、電腦運算的速度太快了、電腦能夠整理出來的可能規則太多了，遠超過棋手之所能。AlphaGo 能夠在圍棋賽場打敗職業棋手，Simons 的技術團隊能夠在股票市場、期貨市場、原物料市場上打敗大盤，當然也不足為奇。而且，以大數據之迅速膨脹、量子電腦之未來潛力，在可見將來，量化技術分析的賺錢前景，絕對看好。

仔細看 Simons 避險基金的技術操作，請返其始：什麼是避險？避險是指，我將面對某些風險，於是利用期貨之類的交易，去避開或減少我的風險。例如台積電，每季客戶付款若是用美元，則美元匯價波動就是台積電面對的風險，於是他們在外匯市場操作避險交易，萬一匯價大貶或大漲，避險之後台積電的風險即可縮小。

但是絕大多數的避險基金操作，包括 Simons 的基金，都是「本身沒有部位」的操作，甚至連相關商品部位都沒有。例如我的生意根本與黃豆無關，我卻去買或賣黃豆期貨。避險基金這樣的買賣，其實根本不是在「避」險，而是在「迎接」風險，是在賭博。純粹的賭博不可能年獲利率 39.1%，Simons 之所以賭博會大賺，是因為他看出莊家「拿好牌時左肩會凸起一公分」。這個小「規則」任何人都觀察不到，但是 Simons 的大量資料與複雜計量模型，卻能讓他看到這個細微差別。所以，他是在賭博，使用高科技的賭博。

　　有不少經濟學家，包括 Paul Krugman，其實是主張禁止或是限制「手中沒有 A 商品或相關商品部位」或是「業務與 A 無關」的人做 A 商品避險交易的，原因無他：那就是賭博、是零和賽局。零和，就是「把你的利益建築在別人的損失上」。如果這個交易有其他偉大的好處，那當然是契約自由所保護的。但是如果講不出好處，甚至會產生社會損失，或是違反公平正義，那麼單單「使市場更完整」的辯詞，就非常薄弱。更何況，許多避險基金操作都是使用電腦自動交易，歷史上已經一再發生這類「自動交易助長市場波動的事例」。基本上，它是個別基金獲利，對整體市場有害的。

　　像 Simons 這樣的財務操作該受到什麼規範、怎麼規範，我沒有定見，可以討論。但是，千萬別端出「讓市場更完整」的廢話。

　　最後，我也要提一提技術財務分析的系統性弊端。前述討論說明「技術分析只是用 AI 輔助的賭博」，這只是消極面解釋

「技術分析未必有道德正當性」、「讓市場更完整本身沒有說服力」，是消極面的保留。接下來我要指出：某些從個別理性所建構的技術分析，理論上就可能製造巨大的總體災難。

Simmons 所有的大數據分析，都是基於「歷史」資料。但是依據歷史大數據所創建的投資模型，就是有可能創造出一個矛盾的循環。由於資料都是「白天鵝」，大數據模型不會想到「集合白天鵝竟然創造了黑天鵝」。這是量化技術分析的結構性缺點。人工智慧從歷史資料找到規則，依此規則創造牟利操作，但是操作的結果卻回過頭來推翻了資料的規則。這，就是體制性矛盾。

做技術財務的人也許會說：我們確實沒有想到啊。誰會想到呢？我完全無法同意這種遁詞。我們可以問膝蓋：次級房貸有沒有風險？當然有嘛！這些風險會因包裝來包裝去的結構債，就不見了嗎？當然不會嘛！所以華爾街的風險計算，是不是有瑕疵呢？當然有瑕疵嘛！華爾街創造貸款銀行「風險過水」的道德危機（moral hazard），有那麼難懂嗎？不難懂嘛！詳細的論述，在此不贅。我只是鼓勵大家多用膝蓋，別被這些唬爛說詞騙了。

《洞悉市場的人》是中譯書名，譯得並不好。原書名是 "The Man Who Solved the Market"，作者用「破解」這個字，大概是把市場視為「密碼」，用解密碼的方法去尋找財務運作的規則。可是，我認為歷史規則可以探尋，但是用於預測未來套利，就不是 "solve"。套利行為就是要鑽探市場的空隙。一旦鑽探開始，市場交易舊規則就開始改變，歷史舊規則就消失了。密碼是死的，我們破解就破解了。市場是活的，不是一成不變在那「等待被破解」的。

終極來看，我認為 Simons 剝削了市場的套利機會，如此而已。我對 Simons 的評價，大概只有 50 分。此人鑽市場縫隙確實有一套，但那完全稱不上是「破解」。

　　那麼，我會鼓勵我的學生走上這條路嗎？不會！絕對不會。我對於大數據的量化技術分析，有許多的評論，既有哲學面的，也有理論面的，但書評不宜扯遠，先在此打住。

「不完整的市場」是有意義的

Alvin Roth 是 2012 年諾貝爾獎經濟學獎得主，他做的研究是配對賽局，例如一千家公司、一千五百個申請者，哪家公司聘哪個申請者是一種配對。又如一萬個男生、九千八百個女生，誰和誰結婚，也是一種配對。如果我們把「某甲某乙配對之後所『增加』的產值」列表，由高到低排列，則數學上可以證明：最有效率的配對，就是先將產值增加最高的配對、次將產值增加次高的配對……，以此類推。但是 Roth 發現，有些技術分析操作，會阻礙這樣有效率配對均衡的產生。

例如，紐約與芝加哥有一個小時時差，所以紐約已經完成的交易，因為時差，芝加哥還沒出現。於是，這裡就有套利的空間。可是，如果一拖拉庫人都進場套利，則利潤就沒有了。在實際操作上，往往只有「最早」的套利行為能夠獲利。怎麼樣才能成為最早的套利者呢？光纖傳輸最快的，就是有最早資訊的。於是，在 2000 年左右，有一批技術分析的財務操作者，拚了老命在建高速光纖。他的速度 14 毫秒（一毫秒千分之一秒），你就鋪一條 11 毫秒的，於是殺走 14 毫秒的競爭對手，獨占利潤。但是也許半年之後，又有人鋪設一條 7 毫秒的……。

地域時差與價差，當然也是某種（其實不用電腦就能發現）的規則。這些規則價差存在，當然就有套利的空間。但是任何（膝蓋正常的）人都會同意，這種套利無聊透頂，浪費社會資源（包括鋪設一堆無用的光纖），而且最後，能夠獲利的一定是口袋最深、能夠鋪得起最快速度光纖的大富豪。這樣的放任市場，既無效率也不公平。

Alvin Roth 建議的解決方案很簡單：不管你多快下單，等十秒才計算均衡。如此，則前面十秒之內下單的，不管他是用什麼速度的光纖，全部一視同仁。這個解決方案的基本概念是：3 毫秒的速度差完全與市場效率無關。如果因此而產生浪費，制度設計上就有可能要阻止它。延後計算均衡，就是在不影響整體效率的情況下，阻止了一些沒有積極意義的套利。

除了前述下單「拚快」，Roth 也舉了許多別的例子。例如：美國知名大學法學院畢業生往往奇貨可居，大老早就被律師事務所「訂走」，這也是一種「比快」。有些律師事務所搶人幾近離譜：法學院律師訓練通常兩年，有些學生在第一年上學期就收到事務所邀約，要他們承諾畢業後赴任。學生還有一年半課程，連哪一科會被當掉、能否順利畢業都不知道，這種邀約當然是沒有效率的。另外，美國醫院缺腎臟，器官移植醫院也是用搶的，連器官移植排斥檢查都做得不完整，當然也是浪費、無效率。

Alvin Roth 的貢獻，就是對於種種因為套利而產生不效率的配對市場，提出改革法案，也確實改善了市場。例如，他能改變器官移植的亂象，讓最需要的人得到最配的器官，真的是勝造

七級浮屠。我認為，經濟學研究之經世濟民，這就是典範。Roth 的研究寫成一本科普書，"Who Gets What – and Why: The New Economics of Matchmaking and Market Design"。

擴充一點來說，我希望每一種套利行為，在自己追求利潤的同時，也能促成一些（至少一咪咪）整體效率的改善。例如，台北市福和橋兩邊豆漿售價分別是一碗 5 元與一碗 10 元。套利者在 5 元處採買，載到 10 元處賣，自己在賺錢，但同時也為另一處消費者提供更便宜的豆漿，這是社會效益的改善。甲乙兩地利率不同，有人匯進匯出套利，自己賺錢，但同時也拉低了乙地的利率，便利投資人，這也是一種社會效益。

但是像比賽鋪設光纖、比賽搶法律系畢業生、比賽分析藥廠是否出現多買幾個 pizza，然後據以交易套利，你告訴我，這種套利究竟創造了什麼整體經濟效益？

沒有創造經濟效益的套利，若干財務學者還是持鼓勵態度。他們常用的說法是：這些套利活動活化了流動性、「完整了市場」（completed the market）。如果這個說法成立，那麼我認為黑道、幫派也是「完整了市場」。檢警執法總是不可能完整，於是黑道大哥提供的「秩序」，使市場更完整。

任何地方也不該禁止賭博，因為有人愛賭、喜歡玩上身家性命，於是賭博使拚風險的市場更完整。毒品也不該禁，因為有人喜歡刺激、喜歡上癮，毒品交易讓尋找刺激的市場更完整。比快的腎臟交易也讓市場更完整（多死幾個患者沒關係）、比快的光纖鋪設讓跨地套利更完整（光纖幾千萬浪費沒關係）、CDO 結構債讓市場完整（造成金融海嘯、幾百萬人失業沒關係）、奴隸

交易讓僱傭市場更完整（人權不重要）。

　　一個人如果接受這種邏輯，那表示此咖完全沒有社會學科的圓融思考，只知道市場、市場、市場，根本不了解平等、自由、人權等基本民主社會的根本價值與邏輯架構。這種咖，我會直接問他／她：你大學讀哪裡？老師是誰？

　　在任何市場交易的自由社會，總是有一些自願的市場交易是不被允許的。這種「禁止交易」或是「管制交易」的線究竟畫得靠左或靠右，可以討論，而討論的判準，效率也許是其一，但是更重要的，就是公平、正義、人權、自由等公認的文明價值。「讓市場更完整」是一句廢話，因為市場本身不是目的；它只是手段。沒有奴隸交易確實使勞動市場不完整，但是那正是憲法保障的價值；自由民主憲政邏輯不希望侵犯人權的勞動市場「太完整」！

《零規則》管理真的可行嗎？

　　此書描述線上影音界巨人 Netflix 的管理文化。Netflix 公司市值超過 2000 億美金，創業迄今也不過二十餘年。該公司是美國民調年輕人最願意任職的公司之一，與 Google 一樣，都強調自己的公司有它獨特的公司文化。

　　我讀過 Google 老闆 Eric Schmidt 所寫的兩本關於 Google 文化的書，也讀了 Marc Randolph 所寫的《一千零一個點子之後》。Randolph 與 Reed Hastings 是 Netflix 的共同創辦人，但是 Randolph 描述的是該公司在 2000 年之前的狀況，業務還是「租寄 DVD」，其所謂「創新」，根本沒有什麼精采之處。換言之，2000 年之前的 Netflix，還是一家普通公司。但是這本書描述 2000 年之後，Netflix 逐漸轉型成線上影音的製作兼販售，這最近 20 年才是公司脫胎換骨的改變。如果說 Netflix 有所謂公司文化，Hastings 絕對居首功。

　　說此書震撼，並不表示我完全同意其管理模式。對於我這種在財經管理領域打滾了幾十年的人來說，Netflix 的若干管理模式簡直駭人聽聞。也因為如此，才有前段所說的「震撼」。舉幾個例子，讀者可以看看台灣有幾家公司做得到 Netflix 的 10%，遑

論做到 100%。

　　例一：Netflix 員工休假沒有天數限制，除了「同一部門不可同時休假，以免業務停擺」、「休假要告知主管，但是不必主管核准」之外，一切放任。公司只說：用你認為對公司營運最有利的方式去調整作息、步調。

　　例二：Netflix 員工出差費用沒有任何規定，搭飛機商務艙／經濟艙、住旅館什麼等級、餐廳點多少酒食，完全自己報帳，一律核准。公司只有事後做 10% 的抽查。如果有異常數字，只要當事人能夠言之成理，就一定准。但若發現假公濟私，例如請一家大小飲宴報公帳，則立即開除。

　　例三：Netflix 財報公布前，幾乎公開給全公司中階主管以上數百人看，只加一句警語：「你若洩露，有可能坐牢」。絕大多數公司的財報都是絕對機密，法說會之前全公司只有三、五人知道，深怕洩密而陷內線交易。但是 Netflix 未聞相關問題。

　　例四：Netflix 不管多大金額的決策，只要在部門預算範圍內，完全由部門主管全權決定，不必簽報副總、總監、總經理。有不少主管到任沒多久就要決定 300 萬美金的標案，嚇到不行，但是上級堅持主管自己決定。公司鼓勵主管依專業做最好的判斷，不以一案成敗論英雄，而是看整體績效。

　　例五：Netflix 的內部同仁評論都是具名的，強調「有話直說、白說、當面說、具名說」。這包括開除某人的理由：「某甲工作努力，但是他跟不上外界環境的變化，我們要求他調整，但是幾個月下來成效有限，所以請他另尋高就」。

　　例六：Netflix 的合約由部門主管自己簽名，沒有「合約金額

越大簽約人層級越高」這種事。

該書共同作者 Erin Meyer 寫過《文化地圖》一書。這本書由 Meyer 女士訪問數百回合 Netflix 員工，再由 Hastings 回答、補充，編輯而成。許多例子都是員工口述，讀起來極具真實感。之所以找 Meyer 合著，是因為 Netflix 目前的業務已經推展到 130 個國家，因此其企業文化也要隨異國文化而調整。由《文化地圖》的作者去描述這種文化衝突，當然是駕輕就熟。

Erin 在最後兩章描繪一個美國企業文化「入侵」新加坡、日本、荷蘭、法國所遇到的歧異，相當生動；但是我心裡想的卻是：這樣的企業文化有多少可能帶進公務體系呢？想著想著，我就打了個寒戰。說一兩個故事吧。

前文提到的報帳彈性，緣於一個員工向 Hastings 的抱怨。Netflix 公司原先規定：出差若租車，就不能再報計程車費。某員工抗議：租車到旅館，開完會客戶希望到車程 15 分鐘的一家餐廳吃飯，應該會喝酒。為了生意，他絕對要參加晚宴。他如果自己開車，回程就是酒駕。為了不酒駕，他決定搭計程車。這有什麼不對？為什麼不能報帳？Hastings 一聽有理，就改了報帳規定，從此以後出差人自己決定，零規則。

這在台灣的公務機關，行得通嗎？絕對不行！2013 年我任國科會主委，一位副主委家住新竹，是清華大學借調來的，平常他住台北的副主委宿舍，週末回家。後來因為母親身體狀況，需要兩三天就要回去一次。如果上下班尖峰時段往返新竹，每單程 1 小時 40 分，耗時耗油、且不環保。如果尖峰時段改搭高鐵往返，反而費用比汽油費低。副主委經過精算，寫下簽呈，經過另

一位主管會計副主委的批准，改搭高鐵。

　　一切合法吧？不然。2014 年行政院主計總處致函副主委，說依 XXOO 規定，「已經配備公務車的公務員，不可以再報高鐵費用」，要他繳回十幾萬元（數字記不得了）。

　　我實在生氣，跑去找主計長，問她幾個問題：（1）有公務車的，難道去高雄，也不能搭高鐵？難道要開車來回十小時？究竟多遠可以、多近不可以搭高鐵？（2）報帳規定是行政院長批定的行政命令，不是法律。同是內閣閣員，為什麼不能在情況特殊時報請院長核定？一定要來份公文？一定要叫同僚政務官繳回款項？（3）這些錢，都買了高鐵車票，一張張收據都在，又不是放進凵袋，何所謂繳回費用？有沒有別的處理方式？

　　主計總處一位陪席局長很屌，嘴角微笑地不同意我以上意見。他回答的意思，就是「老子不同意，你要怎樣？」他寫在臉上的，就是公務員的「權力」二字。我記得事件之前沒多久，某苗栗縣長任內透支舉債了十幾億，主計單位大錢不管，屁都不吭，卻盯上我副主委的高鐵費用。想欺負我的部屬？於是我怒從心上來，有以下的對話：我們學術界來的人，都不是什麼有錢人，要我們掏十幾萬出來，非常為難。這位副主委即將接任校長，我再幾個月也要卸任主委。這樣吧，為了配合主計單位的官威，我卸任之後與這位大學校長一起在北中南辦「募款餐會」，每場痛陳主計單位抓小放大、法規僵硬、官威神勇、欺壓教授的政績。十幾萬繳款，我們一定募得到。募款餐會的目的只是想看看，最後是什麼樣的官員會比較倒楣。

　　後來追經費之事不了了之，我朝思暮想的「募款餐會」，當

然也沒辦。可惜了，可惜了！

《零規則》作者 Erin 所討論的文化差異，是跨國的；但是我以上描述的，是跨組織的、跨機構的。在任何國家的公務機關，大概不可能做到 Netflix 的管理彈性，絕對不可能。

事實上 Hastings 自己也同意，他們的彈性做法、削減規則，只適用於「創新」事業，不適用於「避免犯錯」、「一旦錯誤後果嚴重」的行業。例如航空公司飛行員、都市消防隊，他們的任務就是減少災害發生的機率或減少災難衝擊。他們絕對有一整掛的規則、SOP，把飛行員、消防員訓練到熟悉無比。我們不期待飛行員做任何創新，乖乖安全降落就好。

那麼公務機關究竟該創新，還是該少犯錯呢？我想都有，但理想上，應該創新居多，防弊為次。然而實際上，大家都看到公務機關大概防弊做到九成五，只有 5% 空間勉強做點創新。歷年來大家仔細看看各任閣揆、部會首長，大概只要風平浪靜、不要犯錯，就算是表現中上的。幾乎沒有哪個部會能講出幾個創新的政策或是改變。因為政府不創新，所以政府永遠落在民間後面，跟不上腳步。於是國家政務難有長進。

這樣的公務惰性，要怪誰呢？依據 Hastings 的說法，影響公司文化最關鍵的人，是老闆。如果老闆要求同仁誠實，自己卻經常遮遮掩掩，那麼其他人一定不可能誠實。那麼誰是公務機關的老闆呢？其實是人民、是民意代表、是媒體。如果我們期待公務機關往創新突破邁進，那就不能對於偶發的負面事件窮追猛打，然後抹殺掉所有的正面努力。長此以往，我們就會養出一套「全力防弊」的官僚文化。

政府機關當然不可能做到「零規則」，我相信台灣的任何企業都做不到，韓國的「集團軍」作業模式做不到、中國的「以黨領政」作業模式做不到、日本講究關係的文化背景做不到。但是，我也相信，想要創新的機構，一定要全面檢視現有的、行之有年的、老祖宗留下來的各種規則。唯有如此，才可能創新吧！

《為社會而設計》提供我們一些衝擊性的思考

這本書是科技部人文司人文社會經典譯注的一冊，作者是 Nigel Whiteley，是英國 Lancaster 視覺藝術學系的教授。原書出版於 1993 年，台灣的譯本完成於 2014 年，而我又隔了八年才讀它，表面上看似乎是「讀太晚了」。但是這本書既為經典譯注，表示原著應該是經典。經典的英文是 classic，而 A classic is a contemporary of all times，「經典是永恆的當代」，讀經典作品永不嫌晚，而經典也幾乎永遠不會「退流行」。

我大學讀的是商學系工商管理組，研究所主修經濟。幾十年下來，財經科系的修習者都已經將「消費者權力」（consumer sovereignty）或是「消費者導向」（consumer oriented）視為天經地義。所謂消費者權力，表示消費者為滿足他們的偏好而決定的購買，是不能挑戰的；做分析的人只能把消費者視為「外生變數」，不能去質疑個人選擇。而所謂消費者導向，更是企業管理與行銷學的金科玉律，表示企業要從買者的角度去思考產品、通路、定價等策略，而不能從生產者、銷售者的角度去做一廂情願的推理。基本上，尊重個人選擇，其實是民主價值的一環，並非沒有理論基礎；問題是，我們不能「只」考慮個人選擇。

「消費者導向」的邏輯，幾乎是主宰過去數十年主流行銷學與若干管理理論的核心主軸。例如，許多企業在設計產品之前，先做市場調查，找到市場區隔、分析各個區隔之內的消費者特徵，然後構思開發針對這些特徵的產品、設定具有吸引力的定價、設計適當的廣告去觸動這些潛在消費者……，當然這些分析的目的，都是要追求企業的利潤。從前述例子看產品「設計」，大概就能了解這本書的切入點。

　　作者 Whiteley 反對前述這種「只看消費者導向」的產品設計。他的核心論述如下：消費者導向的產品設計完全只有企業逐利的「微觀」視角，有時候甚至是扭曲的視角，以致於產品及其相關連的許多面向，都可能導向「宏觀」的矛盾。例如，有人為富家千金設計了一種「些微撐開腳趾以方便塗腳指甲油」的器具，這種產品即使有銷路，對社會而言究竟是什麼的什麼？又如，消費者往往是對全球暖化、氟氯化碳排放、濫墾濫伐、不可回收塑膠等不環保料材不敏感，若為迎合這些環境不友善的消費者而設計產品，這樣當然不對。再如，許多產品或工作環境的設計甚至充滿著男性沙文主義，對於女性不友善，如此設計出來的產品即使具有使用效率，難道我們也要尊重這樣的設計？

　　以上的事例都絕對言之成理，也凸顯出傳統「消費者導向」思考的缺點。如果要把前述思考理論化，我們大概可以做以下的整理：（1）消費者導向的產品思維太著重個人微觀偏好，欠缺整體宏觀衝擊的視野。（2）前述微觀與宏觀之間的不協調，也可以看成一種資本主義市場運作的缺失，需要某種「集體」思維的點醒與校正。（3）消費者導向通常不容易看到環境衝擊、全

球氣候變遷、第三世界低收入民眾、人口老化、弱勢群體、性別平等等，這些都涉及政治哲學的公平面向，我們不能視而不見。

台灣有沒有很爛的產品設計呢？有！我舉個例子：我們的餅乾、甜點、糖果、喜餅，經常是「一片一包塑膠袋」，不環保到極點，居然沒有看到抵制的聲音，令人厭煩。

我雖然同意這本書的論述主軸，但是對於若干進一步的見解，則有不同的意見。這些不同意見大概分為兩個方向，逐一論之。

我相信大多數人都會同意，推出產品的製造商當然要對社會關懷、環境保護、性別平等負擔責任，不能辯稱「我們只管推出產品，消費者買不買由他們決定」。但「製造商」是個超大的集團，包括總經理、研發部門、行銷部門、市場研究、財務分析、物流管理、裝配製造等一連串的環節。製造商團隊中的 CEO 要負總責，我同意；但是「產品設計師」究竟該負多少責任，我沒有什麼概念。作者主張設計師要像醫師的「希波克拉底斯誓詞」一樣，訂下某種「設計師誓詞」，我認為這裡的邏輯有跳躍，甚至有斷裂，缺少說服力。

如果我們特別要求設計人員負責，那麼行銷人員呢？財務人員呢？工程人員呢？研發人員呢？他們是不是也都應該同等負責？產品其實很複雜，「醫療器材」可以小至牙線棒、大至 MRI 機器，複雜一點的產品其實沒有什麼單一設計人員。我們可以要求他們都要具備環保意識、節能意識、勞工人權意識，但是很難上綱到要求每個人都能夠把這麼多社會總體價值內化，然後服膺一套 XX 師誓詞。原子彈當然是物理學家「設計」出來的產品，

首席設計師也許是愛因斯坦與歐本海默。如果我們要主張某種「科學家誓詞」，恐怕需要更精緻的推理，否則，恐怕又衝撞了科學的價值。

其次，即使我們同意某一群人對於特定產品有不可豁免的責任，需要訂定規範，但是當我們定規範時，還是要考量不同職業的屬性。Whiteley 主張，「設計師對社群的責任，要置於對客戶的責任之前」，我懷疑這個要求在現實社會能夠實踐。讓我舉個例子說明。大家都知道，有錢人逃稅、逃避法律責任、逃避（例如兵役）應盡義務，背後往往有律師與會計師的協助。但是大概很少有人注意到律師與會計師的道德義務差別。

律師忠於當事僱用人，爭取他們的權益，大家都耳熟能詳。謝長廷當年為陳進興辯護，我不認為有什麼道德瑕疵。但是人公司的簽證會計師不同；會計師的全稱是 certified public accountant（CPA），其中 public（公眾）那個字尤其重要。CPA 的僱主既是公司也是社會；安隆案的簽證會計師不只是因為安隆公司付他錢而簽證，也是向社會公眾（public）宣示「其報表符合會計準則」。也因為這樣，律師對於當事人所說的事情有保密義務，但是簽證會計師對於公司不合法的財務操作，卻有「揭露」義務。會計師在制度設計上就包含了社會責任，但是產品設計師呢？華爾街的投資銀行設計出害人不淺的衍生性金融商品，銀行絕對有責任，但是這責任恐怕不宜由那些在金融商品背後寫程式的應用數學家去承擔吧？

產品闖了禍，公司要負責任，不能撒手不管，我想大多數人都會同意。產品規畫除了利益之外，也該考量社會衝擊，我相信

大多數人也同意。所以產品規畫背後固然有微觀現實利益，也不能忽略宏觀諸多面向。這裡的「不能忽略」，輕者謂之產品設計應該要對其整體社會衝擊有敏感思考，重則描述成應該由社會衝擊引領設計。在「敏感」與「引領」之間，究竟該落在哪裡，作者少了些論述。這是一個道德哲學的大問題，我給不了答案。

最後，講幾句操作面的實務。作者提到，對於產品社會責任的壓力，最有效的源頭是「抵制」，例如抵制非環保材料、抵制虐待勞工的工廠等。但是 28 年前當作者寫書的時候，還沒有出現一個像中國共產黨這樣的超級霸道、超級巨大的生產者。他們在新疆這樣欺負維吾爾族、在西藏這樣欺負藏族，用維族集中營生產的棉花製造產品，引發全世界上億消費者的抵制。全球抵制血鑽石，當年頗有成效。但是現在全球抵制血棉花，我卻無法樂觀。中國共產黨大概是人類歷史上最壞最壞的「產品設計師」，諷刺的是，他們宣稱的「為社會而設計」卻與 Whiteley 所述南轅北轍。

數位時代的經營原則：放下你手中那條舊藤！

　　這本書原著英文書名就是 "Tarzan Economics"，它還有一個副標：Eight Principles for Pivoting Through Disruption。我倒不覺得那個副標有什麼重要性，後文會解釋。

　　作者 Will Page 任職於大名鼎鼎的 Spotify 公司，他是該公司首席經濟學家。Page 是愛丁堡大學的經濟學碩士，不是經濟學學院派的訓練背景，但是他對數位經濟有非常敏銳的觀察。他原本是英國政府的公務員，2012 年在偶然的機會跳槽到 Spotify 公司。以該公司的股票價格來看，相對於公務員薪水，作者應該已經賺翻了。

　　書名為什麼叫「泰山」呢？作者想捕捉「人猿泰山」在電影中縱橫飛越山嶺的畫面：用一條樹藤從這一頭盪到另一頭，前單手抓住下一條樹藤，後單手放掉，利用新樹藤再盪下一波，如此延綿不斷，在山谷之間移動迅速。泰山盪藤的關鍵是：新藤到手就一定要立刻放掉舊藤。如果你捨不得放掉舊藤，那自己就懸在山谷之間，最後一定摔落，血肉模糊。

　　作者的比喻是：在數位時代，有許多商業運作的規則都一定會改變。例如大英百科全書，終究會不敵 Wikipedia，你若緊抓

著紙本百科全書的舊藤，一點用處都沒有。再如，因為在網路時代資訊下載便利，音樂 CD 逐漸失去市場，顯然是一條該放棄的舊攀藤。十幾年前，CD 業者看不清楚環境，還拚命想抓住舊市場，費洪荒之力去法院提告「下載免費音樂」的消費者「侵犯智慧財產權」，負隅頑抗數年之後依舊落敗，卻平白無故得罪消費者，何苦來哉？

作者所服務的 Spotify 公司，就是看準了「下載音樂取代 CD 購買」的數位商機，找到切入點，大獲成功的公司。Spotify 的服務包括提供豐富的音樂選單，只要消費者加入會員，繳交會費，就可以自己選擇喜歡的曲目。這樣，消費者的選擇多、自由度高、支出比購買 CD 便宜、也沒有侵犯智慧財產權，自然趨之若鶩。CD 是「購買」，買了不見得聽，而且一張 CD 片也許只有幾首想聽的曲子。Spotify 卻是「租用」，只選真正想聽的租，便宜許多。購買與租用兩相比較，傳統 CD 產業注定要灰飛煙滅。

表層來看，Spotify 是把傳統「CD 製造商主導音樂組合，做成 CD 內容」的模式，轉換成「消費者自己決定音樂內容組合，做成選單」。但是再往深層看，這個改變也造成一些其他的產業環境變化。

首先，唱片公司的角色幾乎消失了、大牌歌星的重要性也降低了。以前歌星錄製 CD，然後抽版稅，賣越多歌星賺越多。但是現在，音樂「平台」的重要性大增，大牌歌手無法再借助 CD 的發行而收到豐碩報酬。蔡琴的歌被下載多少次，也只有平台業者知道。這與以往 CD 銷售量眾人皆知，截然不同。

其次，以前 CD 片不太願意收錄「太小眾」的怪異音樂，怕

影響 CD 片的銷售。因為以往音樂的唯一承載平台是 CD，所以小眾音樂難以透過單一的 CD 平台存活。但是 Spotify 的市場卻是依循個人意願選曲，所以小眾音樂更可能存活，小眾音樂的市場也因此得以展開。這個道理與「極端言論容易在多元平台存活」，是同樣的。

再者，聽覺與視覺不同：後者很難「一心二用」，但是前者容許「分心」；慢跑、瑜珈、散步、重訓，都可以聽音樂。如果音樂可以自己選，則更是增加「做別的活動，同時分心聽音樂」的可能，也是一種市場需求的增加。由於分心的環境多元，當然是採用「網路下載收聽」的方式比較方便。

以下還有一兩點音樂產業在數位時代的改變，不是作者提的，而是我自己的想法。

視覺藝術是很難「分工」的；莫內很難把「光、影」的想像說出來，由別人去畫；畫作必然是「構想」與「呈現」由同一個人完成。但是音樂不然；貝多芬可以把自己的想像寫在五線譜上，由別人去呈現。這就是「作曲」與「演奏」的分工。因為錄音技術的進步，五十年前 Rostropovich 拉的德弗札克大提琴協奏曲，現在聽 CD 一樣傳神。這就會給現在的大提琴演奏家非常大的壓力。簡言之，因為音樂的分工，加上演奏錄音的技術，增加了當代演奏者與以前演奏者之間的競爭。這會不會使得人們比較不願進入音樂演奏產業呢？

在演奏完成錄音之後，如何「播放」又是一種獨立的技術。正因為音樂的呈現有如此繁複的分工，數位技術才可能在某一個環節切入，而顛覆音樂產業。我很難想像，不能分工的繪畫藝

術，會因為數位革命，而產生多少改變。

此外，作者提到：數位革命之後，音樂表演大明星的重要性下降了，而平台的重要性提升了。但是，這會不會影響歌喉好的人的職業選擇呢？以前，在 CD 時代，男高音如多明哥也許年收入兩千萬，將來數位時代，同樣資質的聲樂家，其報酬被平台稀釋。那麼，多明哥還願意繼續錄音賺取稀釋的報酬嗎？Will Page 只分析了一部分的產業衝擊，但是沒有看到數位革命對「分工」的衝擊，我認為是個小缺點。

Will Page 似乎也簡化了 CD 與數位播放之間的等號。他也許不是那麼了解「音響設備」的重要性。依我還算可以的音響知識，我了解：音響播放音樂最關鍵的就是 CD 唱盤，德國的 CD 唱盤製造商 STUDER 是頂尖的品牌。用這個牌子的 CD 唱盤與其他牌子比，古典音樂的音響效果截然不同。如果用網路下載的古典音樂，幾乎「難以入耳」。因此，CD 如何被音樂下載取代，應該只限於不太講究音樂效果的部分流行音樂吧？同理，黑膠唱片也是一樣，不會被數位下載取代。數位科技的極限，似可由此略窺。

前文提到，本書的副標題不太重要。我認為，作者從一家公司的觀察跳躍到抽象企管原則，功力有些不足、抽象略微勉強。業界人士比較缺少抽象思維，其與學院派訓練的差別，亦可由此略窺。

網路時代企業競爭態勢的巨大改變
——讀《生態系競爭策略》

　　這本書的作者是 Ron Adner，是常春藤名校 Dartmouth 商學院的講座教授。我在此沒有迷信名校、宣揚「學霸」的意思；但是能夠在長春藤名校拿到講座教授，而且發表文章不只是 Harvard Business Review 這樣的純文字期刊，還包括推理要求嚴謹的 Rand Journal of Economics，這種咖的知識體系，通常都夠格成一家之言。

　　企業管理涉及實務與理論，知識要融會貫通不容易，企管書籍要寫好更不容易。像是《四騎士主宰的未來》是一本好書，但是它僅及於「現象描述」，幫助我們了解企業環境的發展趨勢，僅此而已。《閃電擴張》也是一本好書，除了環境趨勢外，也整理出致勝的關鍵策略。這些趨勢、策略的描繪也都沒有錯，但還是少了抽象理論的串連。我認為，好的知識體系除了告訴我們現象、趨勢、策略之外，還需要把這些點點滴滴的現象、趨勢、策略，用一套具有說服力的架構彙整，這就是抽象理論扮演的角色。絕大多數企業管理的研究者沒有這種能耐，但是 Ron Adner 有這個功力。

首先要解釋什麼是「生態系」。作者的定義是：「一群合作夥伴透過相互作用的結構，向終端顧客傳遞價值主張」。老實說，這個定義太過抽象，一般人看了根本不知所云。我以下用白話文做一番解讀。

有許多商品或服務，廠商要向顧客提供銷售，往往不能靠一己之力完成。例如 7-11，除了販售商品的便利，它背後有非常複雜的後勤支援、物流管理、結帳清算等「夥伴」，這些夥伴或者是廠商、或者是軟體程式服務商。再如美而美早餐，它提供的是非常簡單的三明治，但是在背後還是有雞蛋、火腿、麵包等供應鏈的支持。簡單說，一個商品或服務提供背後所有的分工支援體系，都可以看做這個商品或服務的「生態鏈」。

但是 7-11 或是美而美早餐的生態鏈太單純。有的是參與的分工行業是完全競爭，例如雞蛋麵包供應商成千上萬，所以每個供應商根本沒有什麼「策略」角色；有的是分工參與者早就形成制式的互動關係（例如統一超商加盟店的制式規範），彼此照表操作，也沒有多少策略互動的空間；有的如速食早餐，產業環境變動殊少，分工鏈沒有什麼新花樣。這些「太過單純」的生態鏈，不是本書分析的重點。

這本書絕大多數的分析，著重在生態鏈變化很大的企業環境。雖然作者也分析了美國的「歐普拉秀」，也把它用生態鏈去解釋，但是我認為這個例子勉強了一點。本書探討的生態鏈改變，十之九九著重在「與網際網路革命」有密切相關的行業。最近二十幾年網際網路的革命，衝擊、甚至顛覆了許多產業環境。例如串流音樂下載方便，衝擊了音樂產業的許多環節；電子支付

便利，衝擊了傳統的現金支票信用卡金流產業；智慧手機拍攝方便儲存量大，衝擊了照相機與底片產業；電動車與低軌衛星技術，創造了自動駕駛的可能，衝擊將來的運輸生態；智慧手機加上地圖記憶，衝擊了 GPS 導航產業；電子感測技術，衝擊了傳統「純粹機械鎖」的產業，變成電子鎖。以上列舉還沒結束，我相信將來的基因資料庫，一定會衝擊健康產業。美國與中國走向資通訊技術雙軌，也一定會產生若干（我還無法完全想像的）衝擊。

　　總之，在科技變動極大的環境，「生態系」就在迅速改變。我們如果將現在的生態系視為給定，那就非常危險。以前或目前成功的企業，很可能快速面臨危機，例如柯達、傳統書店、大英百科全書、傳統衛星導航設備、CD 產業、旅行社等。那些忽視生態系改變的業者，作者描述為「在現有的框架內」做企業決策，沒有看到框架在變化。忽視生態系變化的結果很可能是：你贏得戰役，但輸掉戰爭。作者不斷提醒要 Winning the Right Game（英文書名），就是同樣的警告。

　　資通訊革命下的生態系還有一個重要的特色：要向顧客提供產品或服務，往往需要雜七雜八產業的跨行合作，因此「共生」、「雙贏」等互利的合作期待，就更為重要。例如電子支付涉及銀行、商家、智慧裝置、行動通訊這四個行業。自動駕駛需要汽車、衛星、通訊、保險、地方交通機關等許多部門的合作。這些複雜的合作單元，有不少都是各行各業的「老大」甚至是獨占者，都習慣對別人頤指氣使，這樣是合作不起來的。作者用許多例子，描述一些合作成功與合作不成的案例，非常值得參考。

在生態系變動快速的環境下，任何一家企業都可能被新的生態競爭者攻擊，他們該怎麼防衛呢？如果你是攻擊者，你該怎麼布局？以前的成功案例，給我們什麼啟示？攻擊或防衛，時間點如何拿捏？如何避免掉入舊框框的陷阱？作者的分析涵蓋了非常多的面向，很棒很棒。過去十年，我很少有看一本書「畫線」畫這麼多的。畫線多，此書對我知識的幫助由此可見。

最後，我也有一點補充。我認為美／中之間的科技對峙，逐漸往「科技分軌」邁進，一定也有複雜的生態系衝擊。以 6G 通訊所涉及的低軌衛星為例，因為低軌衛星與武器投射密不可分，基於美／中的互不信任與國防安全，將來的 6G 通訊幾乎必然分軌。因為這樣的分軌，究竟會產生什麼樣的產業生態系改變，這是個大哉問。我只能提出問題，指出它所牽引的產業變動，我給不了答案，至少目前如此。

從《結構洞》談「企業管理」這門學問

我大學讀的是「台灣大學商學系工商管理組」。我在臉書上註記的學歷是台灣大學「好像什麼都沒有學到系」。這不是開玩笑，而是無奈的自我嘲諷。全球許多大學都設有管理學院（management school）或是企業學院（business school）。這些學院教什麼東西呢？大致說來，就是教你「怎麼做生意、怎麼尋覓賺錢的機會、怎麼賺錢」。

為什麼企業管理不好教呢？為什麼學生容易覺得「好像沒學到什麼東西」呢？我自己歸納的原因有二：其一，做生意有知識面，也有藝術面。即使企管相關的會計、經濟、財務、組織、人事等知識豐富，但若缺少了企業經營的慧根（判斷利害的敏銳性、隨機應變的彈性、應對進退的機伶、察言觀色的能耐、甚至加上一點好狗命），這咖就絕對不是做生意的料。所以，「經營企業能力」＝「企業管理知識」＋隨機干擾項。

偏偏上述干擾項的波動極大，這也使得企業管理知識的重要性變得相對脆弱，二十歲大學生學起來比較不容易產生共鳴。

企業管理不好教的第二個原因是：成功的企業經營背後同時有非常多的複雜因素，這些多重因素可以有許多不同的詮釋切

入。某個「Ａ學說」若從一個特定角度切入，聽起來言之成理，我們不能說它「錯」；但由於Ａ的論述仍有許多不能圓滿解釋之處，我們更不能說Ａ「對」。這樣，要怎麼判斷Ａ理論的優劣呢？

舉例來說，大家都知道「藍海策略」是好的、是正確的方向，我們都應該選擇藍海、避免紅海。這有沒有錯呢？當然沒錯！但是，事前要怎麼分辨什麼是藍海呢？有沒有什麼「假藍海陷阱」，會誘使我們「一失足成千古恨」呢？當你看到前面藍水一片，又要怎麼形成「策略」呢？假如有一二三四五共五個方向可以切入，哪個方向才是最好的切入點呢？如果只是提出「藍海策略」這個模糊名詞，卻對諸多內涵、限制、陷阱、歧途閃爍不定，那麼這樣的企業經營知識，似乎也不能說它是什麼了不起的知識。

正因為前述兩個特質，企業管理的知識比較不容易定格。企管知識絕對有好壞優劣之分，但是不容易對沒有概念的人說清楚。又正因為企管知識有如此的特性，我們在坊間、在學校，就經常看到「招搖撞騙式」的、「弱雞式」的所謂企管知識。我在念大學的時候，系上老師就有這種咖。也舉個例子吧：

我讀大學時教授「企業管理」一課的老師，聽說是中華民國第一位企管博士。有一天上課，他問同學一個問題：「企業怎樣才能好」？老師問學號一號的，一號回答：要著重企業內部控制。老師說不對，一號罰站。再問學號二號的，二號回答：要把企業的團隊士氣帶起來。老師說不對，二號罰站。再問三號，她回答：要找到敏銳的營運方向，還是不對，三號罰站。……

這樣進行了大概是 40 分鐘，全班都快要站滿了，沒有一個人答對。最後老師宣布答案：「企業能好，就是要使好人能出頭」。……

你說，這是什麼狗屁不通的答案？這答案有錯嗎？嗯……不能說它錯。但是這答案對嗎？嗯……，實在不能說它對。狗屁的定義，就是「難以釐清的不清不楚」。

但是我可以告訴你幾個判定「學說」好或不好的方向：（1）好的學說，通常是基於非常「基本」的外在變數，而不是像「好人能出頭」這種馬路上蹦出來的無厘頭。（2）好的學說，通常與別的立論能對立比較，而不是各說各話式的鬼扯（好人能出頭與其他幾位同學的答案，有衝突嗎？）。（3）好的學說，通常架構簡單，避免不必要的糾纏（什麼叫好人？什麼叫出頭？這幾乎是全真命題）。（4）好的學說，通常會把適用與不適用的邊界講清楚（在變動劇烈的社會，今天的「好人」可能是明天的豬頭）。

好了，通論講完了。我們來看看《結構洞》。我隨便挑幾個片段，摘述幾則作者引述的段落，也附帶寫下我的疑惑，寫在方括號中：

作者說，沒有連結的節點之間出現空缺，稱為「結構洞」。結構洞往往是商機所在。〔這是沒錯，但是也有許多節點的連結是沒有商機的、意義不大的、瑣碎無聊的。有商機與否的判斷基準，是什麼呢？〕

作者說，誰掌握了結構洞，誰就掌握了世界。〔這不能說錯。但是，究竟哪些是有商機的洞，值得去掌握？什麼叫做「掌

握」？如何切入掌握？抽象原則是什麼？〕

　　作者說，AT&T實驗室孜孜研究，速度比不上新創的多樣性。〔這橘子蘋果怎麼比？Bell Lab 的設置，完全是為了創新？還是有其他目的？胡正明院士在 Berkeley 實驗室孜孜研究出 Fin-FET，他沒有與其他業者哈拉打屁，但是他創新速度比外面快啊！〕

　　作者說，一家企業關門研發，未必比與同業、異業互動好。〔這也是橘子蘋果吧？Einstein、Steve Jobs 好像都很自閉，甚至自戀，不喜歡互動。他們的創新，差嗎？〕

　　作者說，「為什麼網路流量越來越貴？就是因為人的時間已經不夠用了」。〔我看不懂。Hal Varian 研究過網路定價，他不是這樣說的。〕

　　作者說，物種與物質的差別，在於物種是有思維（DNA）的，思維的改變將會改變新物種的組織……。〔我看不懂，即使是比喻，我也看不懂〕。

　　作者說，多變量競爭必須要在單一變量極大化之後，其他變量才有乘數價值。〔我想像的是另一種可能：我在任何人在單一變量極大化之前，就不斷連結結構洞，掏空對手單一變量極大化的努力，使對手極大化的架構根本一開始就錯……〕

　　作者說，通常企業的創新時機可以分為事件創新與定速創新。〔這個分類有必要嗎？窮盡了其他可能嗎？有用嗎？ 我覺得人也可以分為兩種，一種是好人，一種是壞人……〕

　　作者說，世界上的組織有兩種，「他組織」與「自組織」。前者靠外部指令，後者靠自我演化。〔對立團體所共創的組織，

如 UN、WTO，是他組織還是自組織？「他」怎麼形成？「自」又是誰？世界上的組織，真的這麼簡單嗎？我覺得組織也可以分兩種，一種是好組織，一種是壞組織……〕

作者說，自駕車的解決方案之一，是 5G。〔唉！5G 絕對解決不了自駕。自駕一定需要低軌衛星的 6G。為什麼？去參閱低軌衛星的文獻。〕

作者說，區塊鏈與虛擬貨幣都是「去中心化」，也說中國非常熱衷投入。〔但是中國共產黨是最最最集體思維的中心化代表；一個強調中心化的政黨去搞去中心化的東西，這裡面沒有矛盾嗎？矛盾的關鍵是什麼？〕

結語：許多人都說過 Creativity is just connecting things。這與作者所說的「連接結構洞」，有什麼差別呢。Connecting things 的論述不限於「網路時代」，作者強調的網路時代結構洞，特殊在哪裡呢？這個問題，我得向出版公司的編輯請教了。

「大圖像」觀察下的《隱形冠軍 2.0》

　　隱形冠軍（hidden champions）一詞在文獻上已經出現二十餘年，創造此名詞的人就是本書作者 Hermann Simon。他在企管界非常有名，經營一家管理顧問公司，也在大學兼課。由於台灣在全球的隱形冠軍界名列前矛，所以坊間幾年前也有一些（未必有什麼水準的）討論。Simon 在 1996 年就已經出版專書探討隱形冠軍，這本書做了不少資料收集、業主訪談等分析與延伸，所以叫做 2.0。

　　什麼是隱形冠軍呢？大致說來，它是指一些大家不熟悉其名稱的（名不見經傳）廠商，在其產業領域中做到全球同業的領導者之一，或是至少在其所處洲大陸名列前矛。因為名稱大家不熟悉，所以稱為「隱形」；又因為處於世界領先狀態，所以稱為「冠軍」。

　　前文提到本書的「資料收集」，是指哪些資料呢？例如隱形冠軍企業的全球各國盤點、企業形態盤點、毛利率淨利率（與非隱形冠軍）對照比較、員工人數對照比較、全球化布局的比例、員工流動率對照比較、專利權數量對照比較、德語系國家的優勢、中國的崛起與角色……等。這些分析比對資料都很有意思，

也值得探索。

例如，德語系國家（德國、奧地利、瑞士）的隱形冠軍比例特別高，作者認為似乎與這些國家的技職教育制度有關。這樣的論述「似乎」有些道理，但「似乎」是又不是斬釘截鐵，給人一些想像與思辨的空間。

我自己的感覺是，企業形態分析經常有類似的現象：其分析有點方向感，但又不完全確定。如果我們在這種情況下鑽進去，收集資料、分析資料、歸類對比、整理特色，則很可能如本書一樣，有相當多的邊際掌握，但又還是覺得「少了些什麼」。這個時候，也許「大圖像」的觀察，就很重要了。

什麼是大圖像呢？我們先來看看隱形冠軍究竟有些什麼樣的企業。他們包括：生產香腸腸衣的、生產電池外殼的、生產圖釘的、生產苗圃植物的、做牙齒鑽頭的、生產車牌的、生產藥錠膠囊的……。讀者看看這些企業清單，你覺得能發現什麼？我的觀察是：他們絕大多數是 B2B 的企業，殊少 B2C 的。確實有極少數 B2C 的例外，例如生產伸縮式繫狗鏈的企業，但那些 B2C 真的是極少數。

那麼這些觀察，又給我們什麼樣的圖像呢？或者說，B2B 的產品有什麼樣的特色，能夠幫助我們理解隱形冠軍呢？我認為這裡需要的是透視與直觀，放空自己的習慣理性，大膽做直觀想像。Einstein 的名句是這樣寫的："The intuitive mind is a sacred gift and the rational mind is a faithful servant. We have created a society that honors the servant and has forgotten the gift." 太著重資料與分析，就會失去 intuition。用我一貫的上課式幽默：直觀思考

靠膝蓋；著重技術分析的人，膝蓋會退化。

膝蓋告訴我：B2B 的產業，比較不需要面對廣大、多元、反應比較難以預測、會形成公關風暴的一大群消費者。因為客戶相對單純，B2B 企業比較不需要行銷支出、公關主管、廣告設計、媒體報導等；他們只需要照顧好購買他們產品的另一端企業客戶，就擺平了。但由於另一端的企業也是牟利者，是理性計算者，所以 B2B 取悅他們的方式也相對單純：把產品品質提高、把交貨準時度看緊、提升良率、控制成本、了解業界需求、掌握技術生態等。這些，全都是伴隨 B2B 特性而來。作者用了 100頁左右分析，我感覺我的膝蓋想像沒有差太遠。

B2B 除了影響企業經營重點，也會影響公司治理。例如，因為 B2B 著重良率、品管、品質等面向，CEO 比較不需要旁騖其他。這些企業著重技術面的熟悉與經驗至上，當然 CEO 的任期比其他 B2C 產業的 CEO 來得久。再如，著重技術面的企業很難將技術向一般大眾解說，於是其較少市場性募資，上市上櫃的機率較小、大股東或家族控制的比例較高。又如，由於家族企業的比例較高，迴避了市場上可能的男性主導偏執，而能幹的家族成員是男是女的比例接近，於是隱形冠軍公司女性 CEO 的比例較高。這些公司治理面向作者也花了 100 多頁分析，我的膝蓋似乎也有補充作用。

此外，由於 B2B 企業著重技術、品質、生產細緻，於是有某些產業技術傳統的國家，比較容易產生隱形冠軍。德語系國家機械、引擎、工程等傳統工藝奠基厚實，當然有助於他們在工藝過程中特定子領域的深化與精緻化。其結果，就是出現若干相關

產業的隱形冠軍。台灣的優勢不在機械，而在電子產業，這也造就了許多台灣的隱形冠軍。作者認為德語系的技職教育有助於隱形冠軍之成功，我的看法不同。德國的技職教育有助於其機械、汽車產業的整體發展，而台灣的電子資訊教育也有助於我們的電子產業整體發展。至於是不是「隱形冠軍」的形式，那是另一回事。至少台灣的技職教育不算成功，但是一樣有許多電子業的隱形冠軍。

最後，作者提到中國在未來隱形冠軍發展上的角色。我認為這一部分，他們的推論就值得商榷了。有些人看到過去三十年中國經濟動輒 10% 的成長，用線性推估，就認為中國經濟會繼續這樣飛快成長下去。這樣的推論，真的是缺乏經濟學的基本常識。全球所有國家的經濟成長，拋開政治上的干擾，都是一開始快、慢慢就緩下來。台灣、新加坡、韓國等都是如此，早年驚呼為奇蹟，後來終究降為每年 3%–4% 的成長率。基本上，一旦經濟成長的動能從「效率改善」走向「研發創新」，成長就一定會慢下來，因為創新「就不可能那麼快」。德國經濟與中國走得最近、倚賴最強；德國恐怕是最受中國大外宣影響的歐洲國家，我感覺作者 Simon 也不例外。

此外，作者在分析中國情況時，除了高估其成長潛力，也忽略了美／中對峙的基本環節。美／中對峙的產業面向極廣，但只要與未來 6G 或高階晶片產業相關，基於資通訊產業與軍事、武器、定位系統的自然鏈接，這些相關產業都會在美國國安管制範圍之內。準此，未來會有一整掛的資通訊產業設備、技術、軟體，加入美國管制的出口管制或實體清單（entity list）。在美國

的壓力下，民主國家恐怕必須要站邊，於是資訊產業必然走向「雙軌」，雙軌之間難以互通。這樣的發展，當然會衝擊產業內的隱形冠軍及其國際布局。若不能認清這個大趨勢，對未來的判斷恐怕就失準了。

讀《正效益模式》，思考台灣企業的 ESG

　　這本書的英文書名是 "Net Positive: How Courageous Companies Thrive by Giving More Than They Get"，這書的中文書名真不好翻譯。作者有兩人，一人是企業永續策略的專家，另一位是 Paul Poleman，他原木是聯合利華（Unilever）公司的 CEO。Unilever 是設籍英國的跨國公司，主要產品是食品、飲料、個人衛生用品，與雀巢、寶鹼並列全球三大食品與生活用品公司。我相信書的內容多數來自 Poleman 的公司 CEO 經驗。

　　讀完此書，了解 Unilever 這家公司做了些什麼事，我確實震撼與感動。簡單說，Unilever 把一家公司能夠盡的社會責任，演繹、發揮到了極致。我們說的 ESG 是指環境 environment、社會 society 與治理 governance。但是「環境」指涉的範圍可大可小，一般公司頂多是做到節約用水、太陽能發電、廢水回收。而「社會」關懷的內涵更是隨心所欲，但實際操作上往往只是捐獎學金、贊助音樂會之類。然而 Unilever 做的遠不只如此。

　　全書記述 Unilever 在 ESG 的努力，包括停止公布公司季報（期待股東接受公司長期經營的目標與遠景）、在公司內推動性別與待遇平權、拒絕狹隘的「極大化股東權益」（遊說股東接受

環境關懷與社會正義的常態性支出）、拒絕國際避稅天堂並以在地納稅自豪、鼓吹溫和的 CEO 薪資／員工平均薪資比例、拒絕供貨給積欠員工薪資的合作夥伴、捍衛民主價值（例如譴責與俄羅斯沆瀣一氣的公司）、聲援被警察窒息而死的黑人 Floyd 及其他反歧視抗議、聯合全球 ESG 公司形成更有力的壓力團體、要求臉書評估其產品對假訊息與兩極化政治立場的影響、支持各種性別平權的社會團體等。

讀者由以上林林總總，大概可以了解 Unilever 的特殊。第一，Unilever 所參與的 ESG 活動，有不少是需要勇氣的。這些活動有時候會給公司獲利帶來不小的衝擊；這個時候，公司必須要評估要不要做、怎麼做。我相信絕大多數的公司都只願意在「不傷筋骨」的情況下做 ESG；但是不傷筋骨的 ESG 只是舉手之勞，根本不能算是「做功德」。Unilever 的 ESG 通常都大到一定程度，所以才需要評估。讀者看看台灣的企業，有幾家有這樣的勇氣？當然，傷筋動骨還不能搞到「公司陣亡」的地步；但是總是要評估，才知道能夠做到哪裡。

第二，Unilever 不吝於對完全沒有社會責任的企業提出指責，甚至是做到執行制裁。有些時候 Unilever 一家公司做不到，但是聯合幾家志同道合的公司，就可以。有些時候，Unilever 就自己做表率，例如就把自己公司的 CEO 薪資／一般員工薪資的比例公布，然後壓力就落在其他同業身上。

第三，當一家公司揭舉 ESG 的大旗並且勇敢前進時，它往往能吸引到社會上擁有相同理念的人願意到這家公司服務。這種「公司榮譽感」逐漸就能發揮凝聚作用，改變公司氛圍、提升公

司生產力。這樣的公司榮譽感，有時候也能使工作同仁、股東、利害關係人願意容忍短期的挫折或是股價陣痛，增加公司韌性，有助於渡過諸如 COVID-19 之類的衝擊。

如果用 Unilever 做標竿，台灣企業的 ESG 表現如何呢？平心而論，大概遠遠不及吧？大約十幾年前有雜誌對大學生做問卷調查，詢問他們「最想要去工作的公司」是哪一間？我記得當時很多人回答宏碁，可能是與該公司創辦人施振榮先生的公益形象有關。但是後來聽說宏碁在新任執行長領導時，因為某個國家提供較低稅負優惠，就考慮遷走，逼得政府調降營利事業所得稅，我就感到非常失望。

再從另一個角度切入：現在美中科技大戰，美國用出口管制禁止許多高科技元件、技術輸往中國。這些高科技電子產品與技術有些與國防安全有關，有些則是有助於中國的極權統治，例如人臉辨識用於無處不在的監控、AI 分析用於側寫異議分子的動向、或是部分產品幫助中國軍隊對台灣的電子監控。假如美國沒有對中國的實體清單，台灣的資通訊產業會不會盤點一下，自己的產品或技術是否在扮演「助紂為虐」的角色呢？是否在變相協助種族清洗呢？是否在協助社會計點的監控呢？台灣有多少企業，會主動做這樣的 ESG 檢視呢？我想，屈指可數吧。

又如，台灣各個科學園區裡有許多非常成功的廠商。有時候，因為他們的進駐，帶動了在地房價，使得學生、中小企業房租上漲，苦不堪言。這些成功的企業卻給周邊人士帶來一些不便不利，極端一點的形容是「一將功成萬骨枯」。對於成功的企業，有沒有什麼 ESG 的努力，可以和緩這種情形呢？

從經濟學的角度來看，ESG 等於是要公司決策不止是追求利潤，也要盡到社會責任。這樣當然會帶來額外的負擔，使公司處於不利的競爭地位。但是，最後的均衡是什麼，端視「整體環境中有多少比例的企業接受 ESG」。如果大家都不接受，則少數接受 ESG 的會像是怪胎，難以存活。如果大家都接受，那麼抗拒 ESG 的反而會活不下去。舉個例子：如果全球都不認為蓄奴是錯的，則不蓄奴的棉花種植者會比較沒有效率，難以競爭；這是一個壞的均衡。但若全球都同意蓄奴是不道德的，則蓄奴的種植者會被抵制，奴隸的工作效率就沒有意義了；這是一個好的均衡。台灣在 ESG 方面，離好的均衡還非常遙遠。

最後，提一點（CEO 薪資／員工平均薪資）比例的想法。有些人主張「為員工加薪的，抵減所得稅」。我不贊成。如果一家公司 CEO 與員工薪資原本就相差一千倍，那麼等比例加薪 1%，其實是「CEO 加薪 1000 元、員工加薪 1 元」。如果這 1001 元的薪資支出可以抵稅，那麼等於是用國家稅收去補貼不公平的再擴大。這哪裡是好政策？我的建議剛好相反：政府可以修改稅法，把「CEO 薪資／員工平均薪資比大於某一數字（例如 200 倍）的企業」，減少其薪資扣減營所稅的百分比。如果「不希望社會太不平等」是某種社會價值，我的建議其實是在用稅法鼓勵企業走向 ESG。這也許是個大膽呼籲吧。

知識邊界

能源、氣候與地緣政治的紛擾

　　這是 Daniel Yergin（DY）的新書，2020 年八月才在美國出版，台灣還沒有翻譯本，我暫時將書名譯為《能源、氣候與國家衝突》。本書作者是普立茲獎得主，寫作功力深厚。對事實掌握清楚、陳述數字簡潔明白、個人立場絕不夾議夾敘、文字不會聱牙拗口。DY 寫類似的書已經有好幾本了，冊冊書評皆佳。

　　此書的主題是「能源」，以及因為能源而掀起的地緣衝突。作者指陳，過去一個世紀全球各地的紛爭，多多少少都與能源有關。國際強權為了經濟成長，必須要掌握、穩定其能源供應，於是中東地區豐富的油源，反而是懷璧其罪，成為兵家必爭之地，數十年來戰亂不斷。21 世紀的克里米亞戰爭、南海衝突，也是因能源供應或是運輸而起。許多地緣政治的紛擾，都脫不開能源。

　　就能源而言，北歐諸國是得天獨厚。挪威與瑞典的能源都有超過 50% 來自水力，乾淨又永續。美國則是最近十年時來運轉，因為頁岩油與天然氣開採技術的進步，而完全翻轉局面，從高比例仰賴能源進口，變成可以出口天然氣與石油。21 世紀原油與能源大國版圖改變，居然是美國、俄羅斯、沙烏地阿拉伯三

國鼎足。正因為美國傳統能源已經能夠自給自足，所以他們在全球競逐能源的戰爭中掌握了制高點，不必像過去五十年那樣「幾乎沒有選擇」的捲進中東衝突。

但是講到地緣政治（geopolitics），書中的論述又扯遠了點。地緣政治，當然是指因為鄰接地理環境而產生的政治互動。這樣的互動未必與能源有關；有時候種族、宗教、歷史上的恩怨情仇、偶然事件等，其所造成的紛爭，往往遠大於能源爭奪之為患。以台海為例，台灣海峽哪有什麼了不起的能源？老共整天與台灣過不去，聲稱台灣是中國不可分割的一部分，就絕對扯不上能源，完全是鴉片戰爭陰影下「民族復興」式的霸權心態。

再以中東紛爭為例，當然兩伊戰爭與能源有關，但是以色列與巴勒斯坦的衝突、敘利亞內戰、伊斯蘭教派系之間的爭鬥，恐怕都是與能源因素平行發展的。能源競逐是最近一百年的事，但是基督教、天主教與伊斯蘭教世界之間的衝突，卻已經持續了幾個世紀。新仇通常都還比較「淺」，但是種族與宗教的舊恨往往是刻骨銘心，再加上偶爾出現的狂人如伊拉克的海珊，那才是中東幾十年動亂的核心因素。

讀這本書，其實是在讀近百年的近代史，從 Sykes-Picot 的中東地圖，到白眉初的南海「九段線」，都是一兩個人憑空「畫」出來的地理分割，卻莫名其妙地影響了後續百年的歷史發展。Sykes-Picot 劃的是 20 世紀初中東地區英國／法國的勢力範圍，而九段線則是中國人對英法日等強權在南海爭霸的無奈，只好在「紙上」畫圖反制。「畫圖比賽」其實是帝國主義與民族主義的心理鬥爭，未必與能源有關。

過去百年世界史，如果你問我 DY 遺漏了什麼？我的答案是：十八、十九世紀歐洲帝國主義的全球霸凌。今天幾乎全球各地絕大多數的紛爭，或多或少都與一百多年前的帝國主義肆虐有關。但是要西方人承認他們是始作俑者，當然不容易。DY 與《西方憑什麼》的作者 Ian Morris 一樣，都是從英美的角度看世界。他們努力「客觀」，卻忽略了帝國強權本質上就是入侵者、是擾亂者；少了自我反省，當然就客觀不起來。

　　例如，全書唯一提到剛果之處，完全忽略了殖民統治給剛果當地帶來的經濟剝削。提到剛果，只是因為全球鋰電池所需要的鋰鑛，絕大比例來自剛果。Tesla 與一堆歐美汽車公司都在發展電動車，鋰電池需求大增。剛果有得到什麼嗎？沒有！沒有在該地打仗就不錯了。

　　DY 是全球能源分析的專家，熟悉與能源有關的所有科技，包括頁岩探鑽、碳捕捉、離岸風力、太陽能、電動車、儲能技術、天然氣液化、溫室效應、共享汽車等。但是這些都是能源相關的技術。如果要對 21 世紀的未來做一些預測，我認為了解這些恐怕還不夠。DY 書中討論欠缺的一大塊，就是資通訊技術的革命性衝擊。能源相關技術都是為了實體移動，應用在實體空間（physical space），但是資通訊技術卻是在虛擬空間（cyberspace）之中，與實體空間平行，卻能嚴重影響實體世界的運作。

　　未來的資通訊技術有兩個面向，我認為應該是美／中對峙的關鍵。其一是 6G，其二是 AI。6G 依我粗淺的了解，涉及精準定位，而精準定位又與現代戰爭的偵搜、導航、飛彈、干擾等

密切相關，因此戰略大國絕對不敢「用敵國的電子系統發射我國的飛彈」。這使得與電子相關的資通訊設備，極有可能走向「雙軌」。DY 強調美中在全球化下相依相存，我只能同意部分。

尤其是，民主國家的私營企業如 Qualcomm，政府的手很難伸進去，但是中國所有的企業都姓「黨」，美國人無論如何不敢讓中國的「黨製」資通訊設備主宰市場，因此資通訊的相關產業很難像以往那樣，維持共軌。美國最近不斷阻絕華為的發展，不斷擴大實體清單的禁令範圍，皆反映這樣的衝突。這網路空間裡的美／中潛在矛盾，絕對大於能源矛盾，甚至凌越傳統地理空間（geography）空間的地緣政治矛盾。總之，未來美／中衝突的焦點，應該不在能源面，而在資通訊面。

那麼氣候呢？DY 全書的主題之一，是全球暖化。這是真正需要全球合作解決的難題，沒有「雙軌分治」的空間。2015 年簽署《巴黎協定》之後美國退出，多少也與美國發展頁岩探鑽技術有關。不只美國，加拿大與墨西哥也都有頁岩礦。在自己企業利益的遊說之下，北美洲諸國的態度可能也會轉彎。但是最大的問題還是：美國與中國，有沒有可能在網路空間鬥爭，但是在全球暖化議題上卻又密切合作呢？這個問題太難太複雜了，我想 DY 回答不了，恐怕全球任何人都提不出答案。

失焦的「未來」論述
——讀《亞洲未來式》

　　此書的作者是 Parag Khanna，一位印度出生的中年人。作者簡介說，他是世界經濟論壇全球青年領袖之一，知名戰略、趨勢專家，新加坡大學李光耀公共政策學院資深研究員，新美國基金會研究員……。我很難向讀者解釋為什麼「這個履歷不怎麼樣」。但是大致說，我不會欣賞四、五十歲了還把當年「青年領袖之一」當成重要資歷；這就像 40 歲申請工作，履歷表上還寫「幼稚園大班拿過十次乖寶寶貼紙」一樣，展現出自己「近年無可觀之處」。WEF 是個營利取向的論壇，其「青年領袖」頂多是某種地域平衡、表達能力、機智反應的呈現；這實在不能算是值得掛出來的勳章。此外，我也從來沒有看過任何一個令人尊敬的「趨勢專家」。歷史往往是「路徑相依」（path dependent）的，沒有什麼趨勢可言。

　　作者的正式工作其實是經營一家顧問公司，所謂戰略、趨勢專家，就是指「你付我錢，我分析局勢給你聽」。當然，我也不是「以履歷廢言」；以下的評論，還是基於紮實的閱讀。

　　這本書想要論述的重點是：歐美強權即將式微，亞洲將會取

而代之。亞洲勞工充沛、幅員廣闊、中國發奮圖強、俄羅斯受歐洲排擠而東向、阿拉伯油產豐富、中南半島潛力無窮、新加坡與中國管理效率一流、全球宗教多元孕育發源、一帶一路大規模擴展基礎建設、區域內新的電子支付模式領先全球、中國的社會計點制開創效率先河……。亞洲這麼好棒棒，當然要在未來世界獨占鰲頭囉！讀者由我以上所述即知，此書之雜之亂之無所不包。

的確，某人若是預測印度將崛起、中國將崛起、美國將再起，我都覺得沒有什麼大問題，很可能展開一篇有意義的論述。但是什麼叫做亞洲崛起？亞洲這麼大要怎麼論述？論面積，亞洲占全球地表面積約百分之三十，西從中東地區的以色列、伊朗、阿拉伯半島，東至中國、日本，南邊有中南半島諸國外加印尼、馬來西亞、菲律賓，中間隔著印度、巴基斯坦。中國與西亞之間則是哈薩克等中亞國家，往北則是廣闊的西伯利亞。這麼大、這麼無邊無際的「區域」，面向多元複雜到數不清，要怎麼定義其「未來」？亞洲未來究竟是哪個區域的未來？主體不明，未來趨勢要怎麼分析？

論人口，亞洲人口占世界總人口的百分之六十。百分之六十有「幾乎全部」的概念，我們要怎麼描述、定義亞洲人的未來？更何況，亞洲人的種族是各大洲最多元複雜的。南美洲多為西葡後裔；歐洲的種族與語系也已經交流數千年；北美洲英、法後裔為主外加新移民；澳洲幾乎全是英裔。唯獨亞洲，其人種、語言、宗教、文化，糾結了不知道多少恩怨情仇。所以整體而言，亞洲未來內部的磨擦碰撞，恐怕遠大於任何可以定性定位的共同方向。這樣的雜沓本質，要如何定義「未來」？

正因為撰寫的主軸龐雜，所以敘述也就像是凌波微步，忽左忽右，挪前躍後。講亞洲歷史、亞洲商業發展、亞洲經濟，全都是「堆疊法」，讀起來像是高三歷史總複習，沒頭緒、沒體系、沒串接，好像只是要「表現」自己的知識淵薄。這種論述深度，大概滿像「WEF 青年領袖致辭」的水準。

因為亞洲主題太龐雜，所以作者在一開始就選錯了題目。但是不只如此，這位作者自己沒有中心思想，才是此書撰寫失敗的關鍵。讓我舉一些例子，大家來欣賞一下。

作者說：一帶一路是一項多邊倡議，「它的基礎是市場導向而非意識形態」。是這樣嗎？所謂「多邊」，就是多國政府之間。多個政府之間會談市場導向？基礎建設通常都沒有「市場」，所以才要政府投入。所有證據都顯示，一帶一路是政治，不是市場，唯有作者異眼獨具。

作者說：中國不允許美國軍力在東亞存在，所以才大力擴建軍力，在南海填海造陸。是這樣嗎？南海上的礁島主權爭議，美國其實不那麼在乎，最在乎的是周邊的印尼、菲律賓、泰國、馬來西亞、越南。這是標準的亞洲國家之間的矛盾，那麼「亞洲未來式」是什麼？

作者說，亞洲人的事由亞洲人解決，「所有亞洲人都同意這類邁向一個泛亞洲系統的實驗值得嘗試」。是這樣嗎？當年日本的東亞共榮圈，也是一個泛亞洲系統，為什麼那麼多亞洲人反對？亞歷山大大帝、奧圖曼大帝，也是「泛亞洲」，為什麼許多人反對？其實，我根本看不懂「泛亞洲」這個字；一廂情願，射後畫靶。因為成員歧異太大，在可見未來，亞洲絕對不可能出現

像歐洲那樣的「共同市場」。依據 Robert Mundell 的理論，亞洲也不可能出現「亞元」。

作者說，開發中國家都在思考是否能與過去他們仰賴的歐美技術來源與出口市場「脫鉤」，作者認為答案是肯定的。是這樣嗎？「技術」能輕鬆脫鉤嗎？如果可以，為什麼美國祭出 entity list，老共的高科技公司會捶胸頓足呢？

作者說，中國的國營事業都經過整頓，裁汰冗員、改善效率，成為世界級的大企業，到世界各地競逐。是這樣嗎？中國國營事業除了效率面向之外，還有「黨」的集體意識。這才是西方國家最感不安的。新加坡也有集體意志，但是新加坡很小，歐美不那麼在乎。中國非常大，它的國營事業集體意志，就非常可怕。效率以外的面向，作者思考過嗎？懂嗎？

作者說，中國向東南亞國家推廣 Ali Pay 等金融支付工具，騰訊與新加坡公司合作，在紐約證交所掛牌。作者認為，「中國不是利用科技來征服鄰國，而是資助他們成功」。這是什麼邏輯？哪裡跑出來的結論？美國最近受不了中國公司的不透明，而通過 HFCAA（Holding Foreign Companies Accountable Act）法案，不依循就不准掛牌。這樣，究竟是成功還是不成功？

作者說，中國國力提升，開始在全世界各地懲罰接納西藏精神領袖達賴喇嘛的國家。作者用這個例子描述中國國力之無遠弗屆。對此，作者完全沒有任何價值判斷，好像只要中國是個大個子，就可以在全球霸凌任何人，霸凌所有「膽敢對我討厭的人友善」的人。這種論述，像是一個沒有靈魂、沒有人本關懷的行屍走肉。

作者說，美國政治不是典範，新加坡官僚統治才是。唉！我不知道要說什麼！美國政治當然有缺點，誰說它是典範？李光耀的新加坡有人羨慕，但是我不羨慕。至少李光耀「傳位」給李顯龍，我就不羨慕。至少主權基金由總理夫人操盤，我就不羨慕。

　　作者說，中國的社會計點方式，雖然看似歐威爾，但是許多（甚至大多數）中國人都不反對。我真的很厭惡這種智障般的思考。究竟大多數中國人反不反對，只有投票或是廣泛問卷調查，才知道吧？在投票或調查之前，總要把各種方案的利弊得失、可能反面意見等，充分討論，這種贊成或反對，才有意義吧？如果什麼都不准談不准討論，這叫做「大多數人不反對」？這是愚民政策的高壓箝制！

比爾蓋茲教你如何避免氣候災難

　　Bill Gates 這一本關於全球暖化與避免氣候災難的書，是我看過相關論述中極佳的一本。Gates 大概是全球最知名的首富級人物，個人財產超過千億美元，居全球首富長達十幾年。他在 2008 年捐出 580 億美元成立基金會，做全球慈善，尤其專注於貧窮國家的疾病醫療，頗受好評。

　　差不多也是 Gates 投入醫療慈善的同時，他開始關注全球暖化與氣候變遷的問題。這本書，就是他十幾年投注「避免氣候災難」的總整理。

　　關於氣候變遷、全球暖化、溫室氣體、減碳等名詞，許多讀者都多少有些了解。這一方面的書籍也是汗牛充棟，論述不知凡幾。我自已在 2012-2014 擔任國科會主委，也督導、改變台灣的「能源國家型計畫」，對於綠色能源知之甚詳。但是即使有這些背景知識，Gates 這本書還是讓我獲益良多。讓我逐一分析為什麼。

　　Gates 是白手起家的世界首富，大學沒畢業卻能領導全球科技產業，絕對有他的本事。有些台灣的首富，或則以霸氣管理、羞辱部屬聞名；或則攀附中共高層、沾上一點特權事業的好處，

或則極盡黑心、罔顧人命健康地取巧撈錢。但是 Gates 的成功特質在哪 ，一般人大概講不上來。如果你讀這本書就會發現，此人思路極為清晰，把一個他原本沒有接觸的領域解析得如此清楚。在他自行整理的問題分類之間，沒有重疊、沒有空隙。單單是這種解析功力，就極為罕見。

　　Gates 是生意人，透徹了解政府與市場的互動角色。有許多科學家談氣候變遷，完全不了解市場，所以提出的綠色建議，容易流於「政府做這個、政府做那個」等說教。Gates 的切入完全不同；他因為了解市場，所以充分掌握「順著市場力量做改變」的巧勁。例如，他建議把零碳目標放在 2050 年而不是 2030 年。他認為目標放在 2030 年，反而容易誤事。這背後的原因其實很簡單：許多發電、生產設備，壽命都有 20 年。所以 2030 年使用的設備，許多現在已經購買了，企業在市場競爭下很難提早更換。如果目標是 2050 年，則政策誘因應該放在「2030 年之後採購的新設備」，讓企業與家庭「平順接軌」。這裡，就展現出「欲速則不達」的清晰思路。

　　生意人還有一個好處：實是求是，沒有意識形態。在環保方面，大家都知道，有些意識型態超強的近乎「基本教義派」；他們堅持的東西，幾乎是一公里寬的紅線，不論你怎麼溝通、民調、公投，不同意就是不同意，永遠不惜翻臉。但是 Gates 沒有這個負擔。所有能夠減少碳排放的選項，Gates 一一列出，每一項都算出現有做法與零碳做法之間的「綠色溢價」（green premium），告訴大家「往這個方向走需要付出的代價」，或是「這個方向的科學突破有多值錢」。所有面向都做這樣的整理，

分析超級清爽。

　　Gates 的論述涉及不少科學研究，他幾乎每一項都弄通弄懂。發電、節能、儲能、生質能、氫燃料、建材、運輸、碳捕捉、養殖、耕種、肥料等上百種科技。我之所以會說他弄通弄懂，是因為他在許多項目都有投資，動輒數千萬美元。學術界的人用國家補助做研究，倒未必認真。但是若要用研究決定自己的投資成敗與否，我相信人人一定全力以赴，絕對不容許模糊。

　　Gates 的許多知識，都來自頂尖科學家的「家教」。為什麼這些科學家願意做他的家教呢？說穿了，因為此人有錢，說服他出資，勝過一千個國科會計畫。以前有一則廣告，口條是 "When E. F. Houton（美國投資巨擘）talks, people listen."，現在相反："When Bill Gates listens, people talk."。

　　但我有一點不滿。Gate 這個傢伙支持一帶一路。唉！人都有弱點。騙之以方，正是中國共產黨的百年傳統。

《數據的假象》教我們如何辨別「狗屁不通」的鬼扯

　　《數據的假象》英文書名是 "Calling Bullshit: The Art of Skepticism in a Data-Driven World."。我認為中譯書名不好，也不太有吸引力。如果要我譯，我會譯為「辨識鬼扯」、或是「如何辨識鬼扯」、或是「如何拆穿狗屁不通」。「數據的假象」字面上太像是對數據資料的誤解；但是 Bullshit 倒不是誤解，而是表達意見者的刻意誤導。這些誤導者自己未必知道錯誤，卻經常揉雜了一堆不相干的、徒增困擾的、耗費聽者心神的「事實」，但是卻又刻意忽略一些其他的事實，使得聽者心生混亂，像是面對毛線球的貓。

　　最佳的例證也許就是全球暖化。我看過所有否認全球暖化的論述，全部都是鬼扯，無一例外。但是，為什麼鬼扯幫「根本沒有全球暖化」的說法，能夠得到不小百分比人口的贊同呢？這是因為，他們也呈現了一些「事實」，但或許這些事實全不相干、或許這些事實遭到扭曲式的呈現。書中 201 頁轉載美國某否認有全球暖化現象的著名貼圖。在過去 150 年全球平均華氏溫度，幾乎是一條水平線。據此，鬼扯幫說：哪裡有什麼全球暖化，你看

氣溫根本沒有變嘛！

此中的問題在那裡呢？這圖本身沒有什麼錯，只是縱軸「刻度」太大，有 110 度之多，因此全球暖化兩度，就完全沒有辦法在大刻度圖上呈現。這就是鬼扯幫的功力：他們用扭曲的「事實」，誤導不少人的認知。如果我們把縱軸刻度縮小，則全球暖化就非常明顯了。

但即使我們用 5 度縱軸刻度呈現全球暖化的現象，趨勢明顯，鬼扯幫恐怕未必認輸。他們也許會說：唉呀，就差一兩度而已，有什麼了不起？我們面對鬼扯幫，恐怕還得準備進一步的說詞，解釋「為什麼差一兩度有差」。這個時候，有些人會準備南極冰川融化資料、海平面上升數據、極端氣候災難、北極熊滅絕、農作物減產等。但是這樣爭辯下去，一則我們手邊沒有那麼多資料佐證、二則又會引發另一波爭辯，沒完沒了。也許，用一個例子可以讓對方閉嘴：我們的體溫如果放在縱軸刻度 100 的圖形裡，過去幾十年也是一條水平線；下次小朋友發燒到 39.5 度，是不是爸媽也要看著水平線說：哪有什麼發燒？才差兩度而已！這樣的反例，也許還有點說服的希望。

兩位作者都是在 Washington Seattle 教書的老師，用許多例子做解說，釐清「鬼扯幫」的若干常用招數，包括（這是我老人家的整理）：（1）資料來源不明，以訛傳訛；（2）刻度扭曲，讓我們視覺上當；（3）混淆因果，錯誤解釋「相關」；（4）樣本偏誤，扭曲了對比的公正性；（5）人工智慧的錯誤操作。此外，作者也列出若干「直覺判斷準則」，例如，如果有個結論是太過乾淨俐落，那八成有問題。當然，要應用這些抽象整理或是

直覺並不簡單。Bullshit 的定義就是「無法釐清的不清楚」，並不容易對付。單純的謊言只需要「戳穿」，但是「不清楚」根本無法戳穿。煩，就是煩在這裡。

在概念上，鬼扯與「八卦」有些類似，八卦通常是「主題不清楚，但細節非常清晰」。許多讀者看到男歡女愛、溫泉摩鐵等細節，就忘記主題的重要性。於是，大家糾纏於細節，根本討論不出個所以然。

鬼扯現象在網路時代更為猖獗。網路者，平等也！所有網民一律平等，網民與大氣物理專家都可以對全球暖化發言，沒有編輯、沒有篩選、沒有誰比較大尾，網路資訊一律平等。但能夠在網路上廣泛流傳的訊息，往往是對比強烈的、醒目的、痛快淋漓的、配圖刺激的、幽默風趣的、一目瞭然的、「我好朋友轉傳的」。相對而言，真實的、有科學根據的訊息，卻完全沒有必然勝出的理由。此外，新聞報導要搶先，在網路資訊分秒競爭之下更不容易查證，也間接助長了鬼扯幫的聲勢。

單純的資訊鬼扯還算好處理，一旦鬼扯是「公共政策」的議題，就更難釐清。作者在書中提到一個例子，很有意思。美國有些人主張：科學期刊應該「公共化」，閱讀期刊論文應該完全免費。這個公共政策要如何執行呢？閱讀者不付錢，期刊要如何存活呢？建議的做法是：由發表文章的作者（科學家）付期刊刊登費或是其他形式的費用。科學家哪裡來的錢呢？由他們的研究計畫支付。研究計畫的經費又是什麼呢？在許多國家（包括台灣），絕大部分的研究計畫經費都是國家預算。

以上的政策建議好嗎？有點複雜。由於金錢支付是科學家

與期刊之間的關係,這中間沒有市場篩選,於是就產生了一些掠奪式期刊(predatory journals)。這些期刊根本不審稿,你投稿垃圾他們就刊登垃圾。他們唯一的目的,就是收你的刊登費。台灣應該有為數不少的教授,都是靠在這些爛期刊上發表垃圾論文而升等。這個掠奪式期刊的問題要如何解決呢?作者整理的結論是:恐怕是無解。所以,一個「期刊公共化」的公共政策,竟然背後扯出這麼多的複雜問題,環環相扣。如果真有人想在這裡鬼扯,我們怎麼可能說清楚?

要辨識鬼扯、批判鬼扯,除了本書的提點方向,還需要知識背景(了解事情原委)與機敏反應(找到一針見血的批駁論)。除此之外,還需要冷靜、謙虛、給對方留餘地。

台灣人民應該有很多的測試機會:我認為,有百分之九十(當然我是鬼扯的)的談話性節目的名嘴,都是鬼扯幫的成員。假如大家看到名嘴鬼扯,而你想要在叩應的 30 秒時間內點出其謬誤,讓觀眾都聽懂,你做得到嗎?如果要做到前述,還要給鬼扯名嘴留餘地,甚至感謝你的提點,你做得到嗎?如果真有這種勇於認錯的咖,他們會成為「名嘴」嗎?

跟大家招供:我大概做不到本書提點的方向。就算把這本書讀十遍,我也做不到。

《海權經濟大未來》述說「海權的故事」

英文書名是 "To Rule the Waves"，確實不好翻譯。如果要我命名，我會譯為「海權的故事」。

的確，這本書就是在講「海」。從古早海盜講到今天的海底資源掠奪；從哥倫布探險講到鄭和下西洋；從美／西加勒比海戰爭講到美／中南海爭霸；從海洋吸收碳講到全球暖化；從各條運河的開挖講到全球海運；從大英帝國海軍講到美國的海上霸權；從古代帆船講到現代艦艇的機械、武器、雷達、聲納；從貨櫃的源起講到近代海運數量的擴張……。這位作者知識超級豐富、收集資料超級廣泛、涵蓋主題超級完整。

主題廣泛豐富固然是此書好看的原因之一，但更關鍵的是：它涵括了幾個對台灣極為重要的主題，其一是美／中在西太平洋的對峙，其二是全球暖化。讓我逐一討論。

美國與中國近年在西太平洋的對峙，是許多人熟知的。大家也許聽過「海權論」的創始人馬漢（Alfred T. Mahan）。他的海權論其實像是「英屬東印度公司商業貿易論」的國家版，也許對百年前的美國海軍建軍有關鍵影響，但是在今日來看，卻是單薄了一些。然而我們必須要知悉這一段歷史，才能了解為什麼美國

海軍是個超級軍種，擁有自成體系的戰鬥機設計與研發，發展自己的海豹地面特戰部隊，深入各種海洋科學研究，甚至創辦學界頗富盛名的應用數學期刊。這樣的軍事文化與傳統，令人敬畏。

相對於美國，中國的海軍建軍則是非常「對抗性」的；中國近年擴充海軍，就是要對美國海軍霸權說「不」。中國擴建海軍更原始一點的理由，就是「洗刷百年國恥」之類的民族主義。這是在集權體制下的民族主義盲點。集權體制的本質矛盾，在於它失去了判別是非的邏輯能力，一切是非都以「整體利益」一詞矇混涵蓋。以前是「毛主席說什麼就是什麼」，現在則是「習主席說什麼就是什麼」，整個社會就像三歲小孩，「爸媽教你如何做就如何做」，完全喪失圓融推論的理性，而這種喪失理性，在百年屈辱的陰影之下尤其危險。以南海為例，現在根本沒有任何帝國主義強權的剝削，歷史上中國也沒有任何與南海有關的屈辱，中國在那裡填海占礁布飛彈，踩在越南、菲律賓等弱國的頭上，這根本就是欺負人，背後哪裡有什麼理性？哪裡又與百年屈辱有什麼關係？

美／中之間的對峙，也帶出一個海權戰略的新課題。馬漢所鼓吹的全球性海權，與一百年前的科技水準息息相關。百年前，英美軍艦在海上的移動是迅速敏捷的，所以艦隊所到之處就是國力所到之處，海權處於絕對的主動。但是現代軍事科技，藉精準定位、超高速飛彈、垃圾炸彈、無人飛機飽和攻擊之助，使得陸地國比較有能力嚇阻海權強國接近自己的海岸：你敢靠近，我就把你擊沉。這種區域性拒止（area denial）重新定義「戰勝」，「令海權強國無法近岸施展海權，就是陸地國的勝利」，是一種

不對稱作戰的觀念。這個觀念將影響美／中在西太平洋的均衡，改變了海權的絕對主動，也嚴重關係台灣的安危。我自己從本書相關討論學到很多。

作者也指出：海洋也與全球暖化密切相關。許多人只注意到全球暖化問題背後的工業排放、燃煤汙染、能源轉型等，與海洋相關的問題僅止於南北極冰層融化。這樣的討論視角忽視了海洋鹽分、洋流、大氣、上下層海水流動等因素在氣候變遷中扮演的角色。這本書的若干章節對此也有白話文的解說，非常有教育性。

我覺得此書唯一的缺漏，就是將來 6G 通訊對海洋運輸所帶來的衝擊。現在的 5G 通訊，靠數萬公里之外的衛星與地面廣設的基地台，串連起通訊網路。但是在沒有基地台的地方，例如沙漠或是海洋，如果要通訊，就需要地面設備直接與衛星連結。這非常沒有效率，也非常昂貴，所以使用有限。但在未來 6G 時代，傳統高空衛星與地面基地台的角色，部分將由數萬枚「低軌衛星」取代，幾乎可以將幾百公里外遍布的低軌衛星，視為天空上的基地台。於是，以往視為通訊死角、占全球面積七成的海洋，將來的 6G 將徹底打開海洋通訊死角，使得貨輪、郵輪、物聯網、海上監控等，完全改頭換面。膝蓋告訴我：這一定會對海權結構、海洋運輸、海洋鑽探、海洋研究產生影響。但究竟是什麼樣的影響，我的膝蓋還無法偵測。

本書作者 Bruce D. Jones 是 Brookings Institution 的研究員，研究國際安全。他為什麼會有這麼廣泛博通的海洋知識，我不得而知。本書中文版引用的評介，都是一些名人的閱讀心得，包

括卜睿哲、Daniel Yergin 等人，但是沒有引用任何報章雜誌的書評。我在網路上找了一下，發現佳評如潮。引用一則 NY journal of books 的片段如下，做為結尾：

"an excellent primer on the role of seaborne commerce in creating our global economy ...

This book is hard to classify; however, by combining history, geography, business case studies, and strategic analysis, Bruce Jones has written an excellent primer on the role of seaborne commerce in creating our global economy and the challenge of keeping the oceans a 'global commons' open to the free transit of goods.

The 21st century is likely to continue to be an era of global competition for resources and geographic dominance, but not on land. The interconnectedness of the international economy and its reliance on ocean-going commerce, particularly for a fast-rising China, will challenge the current global order as China seeks to establish a worldwide presence both economically and militarily to ensure its access to natural resources and export markets. Combined with the potential effects of climate change on the patterns of world fisheries, the need for oceanic energy production, and the potential for a new Arctic shipping route dreamed of by mariners for centuries will likely make the world's oceans the dominant scene of diplomatic and potentially military action in the next 25 years."

讀了一本「全球銷售逾三百萬冊」的書

　　正經八百的宗教書全球銷售逾三百萬冊？我想很難有人能夠超越。

　　《人的宗教》一書英文書名是 "The World's Religion — Our Great Wisdom Tradition"，作者是 Huston Smith，2016 年已經去世。此書 1958 年初版的原書名是 The Religions of Man，改版多次，而改成現在的書名是 1995 年，立緒文化翻譯是 1998 年，書放在我書架上大概有 20 年了。二十年間我有好幾次都想看它，但是每次翻閱片段都覺得好悶好重，直到三週前再度翻閱，莫名其妙地覺得不悶了，而且感覺好看得不得了。也許是心境吧；心境對了，自然能夠知識躍進。幸好，人的宗教不可能在二十年間發生改變。

　　書厚五百多頁，而且沒有現代大部頭寫作「注釋太多」的毛病。這本書五百多頁就是五百多頁，注釋只有二十幾頁。全書所涵蓋的宗教包括印度教、佛教、儒家、道家、伊斯蘭教、猶太教、基督宗教（裡面又包括羅馬天主教、東正教、新教）、原初宗教，差不多涵蓋絕大多數現存的宗教。

　　這樣的分類切入當然有些討論空間，例如「儒家、道家」是

否適合列為「宗教」，又如台灣的民間信仰要如何歸類等，都可以討論。我們的「孔廟」雖然謂之廟，但是大家對孔老夫子似乎比較多紀念與尊敬、比較少供奉膜拜。至於《老子》與《莊子》的道家文字，也完全沒有「神」或「仙」等宗教概念，究竟什麼時候加進了太上老君、元始天尊、玉皇大帝、八仙過海等大神大仙，我還是覺得一團迷霧。就拿「八卦圖」來說吧，它顯然是「道教」的元素，但是八卦應該是出自易經，我所讀過的老子莊子，都沒有八卦。此中關連，我需要「再教育」，但是地點絕對不能在維吾爾區。

　　Huston Smith 雙親是傳教士，生於中國蘇州，對儒家道家應該有一定的了解。如果真的有所謂道教，那麼其教義與老莊原著有什麼關連，作者沒有解說。作者對其他宗教都解說了各自的哲學、歷史、神祇、修持，唯獨儒家道家沒有關於神祇與修持的記述，我覺得比較可惜。我自己的觀感是：老子、孔子、莊子所教所述，比較像是人生態度，說這些是宗教有點奇怪。

　　在儒家道家之外，作者對其他宗教的介紹都非常精彩。例如伊斯蘭教、猶太教、天主教、東正教、基督教等系出同源，卻演變出這麼多截然不同的信仰支派，彼此之間又有如此多的矛盾、鬥爭、迫害、戰爭，真的是撲朔迷離的歷史過程，對此 Huston Smith 也有非常精彩的解說。我認為他寫得最好的是關於猶太教。作者說，東方宗教（例如印度教、佛教、道教）的「神」，是比較中性的，像是「天道無親」之類，沒有道德面的應然性。但是猶太教及其衍生的伊斯蘭教、基督宗教等，神都是有道德標竿的，例如摩西十誡、伊斯蘭教戒律等。這樣的「神」不再是道

德中性的,而是有指引性的。

我對佛教經典閱讀比較多,所以讀 Huston Smith 所描繪的佛教,覺得他寫的未必精確。例如 Smith 描述密宗,忽略了密宗咒語的音律震盪功能。談大乘小乘的差別,在哲學上還可以再深刻一些。討論大乘佛教在中國的演變,似乎比較著重禪宗,而不及論述如淨土、華嚴、天台等其他重要的大流派。這當然不能怪罪作者;一個人腦量有限,討論這麼多宗教,絕對難以周全。

如果要拿地球十億年的生命做軸線,前述所有宗教,哪一個「與十億年地球歷史」比較沒有衝突呢?如果演化理論是對的,而我們都是十億年前某些單細胞生物的「後代」,那麼有哪幾個宗教放在這麼長的時間軸線,還沒有矛盾呢?這是我檢視宗教的邏輯。我有我的答案,但讀者可以自行思索。

最後,討論一個歷史問題。有一次我問兩位中央研究院歷史院士:「中國歷史上有漢人與匈奴、胡人、遼人、蒙古、金人、女真等民族許多的邊境戰爭,但是在中國之內,不論統治者是漢、蒙、金、滿,我們很少看到種族之間的長時間、大規模的仇恨廝殺。但為什麼歐洲歷史上卻有如此普遍的種族仇恨,例如普遍性的仇恨猶太人、普遍性的看不起吉普賽人、幾百年西歐與阿拉伯民族間的宗教戰爭……」?歷史院士的答案很有意思:他說,這也許與歐洲信仰多為「一神教」有關。這似乎有點道理:一神教背後有唯一的教誨與真理,非我即他。東方宗教沒有「一神」的概念,排他性比較弱,所以搞到兵戎相見的機率比較少。讀者或許不同意,我也不會堅持己見。

忙人膚淺的思想深度
——《新社會契約》讀後

　　這本書的作者是現任 Columbia University 校長 Minouche Shafik。她資歷顯赫：之前是倫敦政經學院（LSE）校長，再之前做過世界銀行副總裁、英國國際開發部次長、IMF 副總裁、英國央行副總裁。這些職位都是行政職，整天要與牛鬼蛇神周旋，忙得天昏地暗，絕對不可能有時間做深刻的研究，我甚至認為讀書的時間也有限。我自己也曾經「身陷囹圄」若干年，回想在行政院做閣員三年，能夠做研究的時間只有 30% 不到，都要靠卸任後努力充電補救。Shafik 一職接一職，是絕不可能充電的。

　　另一個判斷書內容的方法，就是看看簡短的書評（blurbs）是由哪些人寫的。幫此書寫書評的，包括歐洲央行總裁、WTO祕書長、歐盟執委會主席、Bill Gates 的太座 Melinda Gates。我猜，這些都是公關書評，內容「禪意濃厚」卻很不具體，極有可能是祕書代筆。若是一本真正的巨作，不會去找「大官」寫評論的。

　　談談書的內容吧。書名是社會契約，作者定義得很好：社會契約就是一整套框架，告訴社會的成員「哪些決策是由你們自己

做，哪些決策是由社會框架來做」。例如「教育」體制就是一個框架，它規定每個孩子一定要接受多少年的教育；可以公立、可以私立、可以自學；私立補助多少、公立學費多少；義務教育幾年、助學貸款適用誰等等。給定社會框架，每個人或每個家庭再來決定「框架之外留給我們做」的事。

作者在書中列出幾個社會契約的內容，包括育兒、教育、醫療、工作、養老、世代之間。當社會契約範圍越廣，政府的集體角色就越重，這種社會就越像北歐的「福利國家」。當社會契約限縮，大部分的決策都留給個人，則這種社會就比較像是美國，是一個強調「個人主義」的社會。Shafik 主張未來的社會契約要重寫，所以書名是「新社會契約」。

為什麼 Shafik 認為未來的社會契約要重寫呢？主要原因，就是觀察到最近十幾年的大衝擊，包括 2008 年金融海嘯、2020 年新冠肺炎。這兩個大衝擊都是全球性的，橫掃社會所有階層。所有的資訊都顯示，越是社會弱勢，他們因應全球性衝擊的能力越差。於是，在金融海嘯、新冠肺炎之後，社會弱勢者更加弱勢。有鑑於此，Shafik 主張要有新的社會契約，對應著更綿密的社會安全網。此外，在最近三十年日益嚴重的全球暖化，也使得跨代永續發展更為重要，而這也是新社會契約的一環。

Shafik 的論述大方向大致是對的，但是這本書有兩方面的缺點。第一，它的寫作太「官僚」，幾乎迴避了所有尖銳的討論。書中對於有爭議的觀點，都只是點到為止、兩面並呈、各有利弊、折衷協調、有待溝通。這樣的寫作，像是大官的致詞，永遠是面面俱到，看了有點煩。當然，Shafik 能夠一處接一處做校

長，絕對有其「細膩」的一面。但是學術與制度的認真討論，絕對不應該「細膩」若此。

本書的第二個缺點，則是其缺少圓融一貫的體系。例如，福利國家需要很高的稅負；當一個社會擬定更趨近福利國家的新社會契約時，就必須有相應的租稅措施改變。這些稅是什麼稅？哪些國家比較適合哪些租稅改變？要怎麼做社會溝通？怎麼讓社會非弱勢者同意新契約？這裡需要一套完整的理念，否則「新契約」只是烏托邦，難以實現。

最後，Shafik 對於政治哲學的整體思維令人不安。她說，專制政權如中國者，只要有一個「有效率的遴選集團」，就可以向人民交出不錯的成績單。她說（p. 217），中國共產黨就是中國的遴選集團。一個人對民主自由的理解如此淺薄、對於專制體制的認識如此浮面、對於中國共產黨所造成的危害如此一無所知，真的是令人驚訝。她這樣的知識背景，我很難想像能夠理性討論「社會契約」。而她能夠成為 LSE 與 Columbia 的校長，我也感到深沉的遺憾。

面對《大威脅》，辛勤練膝蓋

　　本書英文名稱是 "Megathreats: Ten Dangerous Trends That Imperil Our Future, And How to Survive Them"，作者是魯比尼（Nouriel Roubini），為紐約大學管理學院的教授，他在 2006-2007 即預測次級房貸危機與金融體系崩盤，當時無人理會，事後則被坊間奉為「末日博士」。魯氏預測崩盤、預測災難，現在這本書則是總整理。

　　未來災難有哪些源頭呢？依魯氏的整理，包括所得與財富不公平的擴大、民間與公共債務的快速累積、金融結構不穩定、全球暖化、人工智慧、美中對立、全球供應鏈四分五裂、積重難返的貨幣寬鬆等。

　　為什麼我們會預測這些面向將有災難呢？基本的邏輯是這樣的：絕大多數的災難，都是源自於某種「難以永續」的定向壓力。以大家熟悉的全球暖化為例，人類過去三百年就是排放了太多太多的二氧化碳，超過了地球大氣的負荷。但麻煩的是：我們的經濟活動已經習慣於「使用排碳」的生產或消費手段，根本難以自拔。即使個人有減少排碳的意願，但是機器、工具、能源、制度等面向卻有重重的「用碳慣性」，積重難返。於是，明知是

走向災難，卻硬是回不了頭。

但是 Roubini 所提的十大災難之中，也有一些是不同性質的。例如人工智慧，它究竟會不會產生災難、會不會有「機器人失控，反過來對付人類」的危機，魯氏的論述並沒有什麼說服力，看起來只是湊篇幅。又如美國與中國之間的對峙，最後會像美蘇冷戰那樣平靜收場？抑或真的引發熱戰？魯氏並沒有提出什麼新論。魯氏也提到：因為全球暖化而使南北極永凍層釋出「千年古菌」，可能造成災難。但經過我請教土壤細菌專家，我實在不覺得千年古菌有什麼了不起。千年古菌畢竟不是封存在棺材裡的古埃及幽魂，沒有電影情節那麼可怕。

有時候，災難形成不是因為客觀形勢之必然趨勢，而是因為政府政策的愚蠢，硬是堆砌出一個災難。舉個例子吧：2023年有一位總統候選人提出「石破天驚」的青年購屋免頭期款政見，額度上限 1500 萬元，最高可以全額貸款，前 5 年利息補貼0.5%。競選辦公室說，「這是讓青年免於頭期款之苦」。這個政見恰好可以做為教材，幫助我們理解 2008 年金融海嘯。

經濟學家如皮凱提（Thomas Piketty）等一再提起：一個人買不買得起房子，是能力問題，不是財務問題。一個資產不足、儲蓄不多、未來收入不高的人，買不起房子就是買不起房子，這是「能力」問題。如果看不清楚這個事實，誤以為年輕人靠「理財」就能買下房子，那不僅是愚痴，更會帶來災難。

說穿了，2007-2009 年美國「次級房貸」所釀成的金融海嘯，就是混淆「能力」與「財務」的結果。當時，美國的銀行甚至提供房屋貸款給一群 NINJA（no income, no job or assets）

族。銀行這些次級房貸，美其名也是「幫助弱勢者購屋，免除他們無殼之苦」。但是不需大腦的膝蓋思考告訴我們：再怎麼寬鬆的「理財」規畫，也不可能幫助「能力」不足的 NINJA 償還貸款。最後的結果，當然就是一大群人還不起錢、違約。

一群人貸款違約，政府能幫什麼忙嗎？全世界的經驗都是：越幫越忙。美國政府當年的幫忙，就是對於次級房貸睜一隻眼閉一隻眼，再容許投資銀行用炫酷的包裝，把爛貸款改頭換面成結構債賣出去。這等於是用一層又一層的財務手段，去遮掩還款能力不足的問題，最後的結果，就是 2008 年的金融海嘯。膝蓋告訴我們：試圖用財務手段解決能力問題，下場就是泡沫、崩盤、災難。崩盤災難的受害人包括被騙購屋的 NINJA 族、銀行、以及社會整體的經濟衰退。當然，過程中也有獲利者，那就是房屋建售業者。所以，看起來是用政府預算補貼購屋的政策，其實是用整體經濟崩潰去補貼房建業者的政策。

殷鑑遠嗎？不會啊，2008 金融海嘯到現在，也才十五年前而已。年輕人低薪、都會房價太高，這些確實都是問題，背後的因素包括產業轉型、土地炒作、社會福利、租稅結構等，錯綜複雜。上訴分析告訴我們三件事：（1）本質複雜的問題不可能有簡單解；（2）簡單解通常背後有詐；（3）了解災難最有效率的器官叫做膝蓋。

所以，讀這本書的心得是：面對大威脅，辛勤練膝蓋。

全球化時代的終結
——讀《世界不再是平的》

此書是我最近十年看過精彩書籍之一。它的原文是 "The End of the World Is Just the Beginning"，作者為 Peter Zeihan（以下簡稱 Z 氏），他不是什麼大學者、大教授，而是一個普通智庫的經營者。但是作者知識豐富、視角獨特、切入乾淨俐落。也難怪，英文書能夠成為《紐約時報》選的 Bestseller。

這本書講的，是「全球化」的結束。雖然在美／中貿易戰、新冠肺炎、俄烏戰爭之後，大家都看到全球化的阻力，但是迄今為止，還沒有人像作者這樣，把「去全球化」之後的危機，做如此清楚的整理與描述。讀這本書，有助於我們了解未來十年的國際圖像，是關心台灣前途的人極為重要的參考資料。

Z 氏對於全球化的阻力，有他獨到的見解。且讓我一一解說。

人類經濟發展最最基本的核心動力，來自於「分工」。因為分工，我們才能專業於電子、專業於藝術、專業於種植香料、專業於紡織……。我們各自有專業，然後透過彼此交易，互通有無，使我們換得富裕生活所需的各種各樣貨品或服務。這樣的交

易與互通有無如果在跨國之間發生，那就是「國際貿易」。所謂全球化，就是指國際之間分工越來越細、產品跨境加值鏈越來越複雜。

很多人（包括我自己在內）分析全球化的起因，都提到運輸革命、資通訊技術突破、蘇聯與中國市場化這些因素。但是我們似乎都忽略了（或是習以為常故不認為它重要）「安全」這個因素。的確，如果貿易互通有無的過程中有綠林好漢、海盜出沒、幫派收保護費，則運輸貿易就會大打折扣。換言之，沒有運輸安全，就不可能成就分工。四十年前兩伊戰爭引發地中海運輸的風險，雖然真正的沉船數量不多，但已經把全球貨運搞到天翻地覆，貨運量大減。最後出手挽救的，是老美。

事實上二次大戰之後，全世界所有的運輸安全，都是靠老美的海軍在維護。美國海軍的實力，大概是全球其他所有國家加總的好幾倍。全球有一大堆海峽、運河、航道……。因為有美國這樣超級強大的「護鏢武力」，國際貿易才有可能。因為國際貿易秩序穩定，互通有無成為常態，大家安心透過深化分工而獲得經濟利益，各國勢力也就不需爭奪鄰國的資源。簡單說，美國維護的運輸秩序，是全球化背後的關鍵因素。此處特別要提醒：美國維護全球秩序，倒沒有什麼領土野心，也許可以說是一種「全球我老大」的虛榮吧。「夫唯不居，是以不去」；因為老美沒有實質侵犯別人，全球也就尊重老美的霸權。老美一旦直接打到人家後院，例如伊拉克、伊朗，反而沒有好下場。

但是最近十年，全球出現兩三個令人頭痛的「地方勢力」，打亂了均衡。俄羅斯莫名奇妙地去欺負鄰國，使得東歐幾國大為

緊張，也使西歐國家對於依賴俄羅斯天然氣、石油等貿易的安全，產生重大懷疑。另外，中國崛起之後，到處試圖建立「自己的勢力」。透過一帶一路，中國取得一些港口、據點、資源等，逐漸開始挑戰「美國秩序」。這樣的挑戰讓美國很煩。美國如果與中國對幹，實在是七傷拳，老美心裡一百個不甘願。此外，美國人民也想：你中國不是全球化最大的受益者嗎？幹嘛來煩我？這，大概是川普所代表的「反全球化」心理背景。無論如何，幾股地方勢力雖然沒有辦法挑戰美國，卻在若干地區實質破壞了美國建立的運輸安全網。這是標準的「成事不足，敗事有餘」。

以前，美國為了自身利益，非得維護若干地區的秩序，主要原因之一，就是石油。美國從中東進口石油，千里迢迢運到美國，這個運輸安全維護，是老美必須做的。可是現在，老美國內就有頁油岩技術，其本土石油產量全球第一。再加上美洲大陸風調雨順，拉進加拿大與墨西哥之後，根本沒有興趣理會外國事務。川普任內甚至威脅退出北約；如果美國連歐洲的秩序都懶得管了，那麼亞洲、非洲等當然更懶得管。當美國人不再維護全球運輸秩序時，國際貿易大概會大打折扣，於是分工縮減，全球經濟大概要面臨災難。

什麼樣的災難呢？最極端的情況，因為國與國之間「互通有無」受到限制，於是每個國家的發展就越來越與他們的「原本賦有狀態」有關，難以突破。「原本賦有狀態」的英文是endowments；例如：甲國潮濕多雨，就必須種植稻米；乙國乾燥平原，就只能種植小麥。在貿易分工密切的世界，甲國雖然潮濕，但若該國電腦工程師一流，甲國仍然可以專注於晶片設計，

稻米全靠進口。但是運輸若不安全，稻米進口風險大，就會擠壓國際分工，天下大亂。

當然，老美「退出江湖」之後的去全球化，究竟會惡劣到什麼地步，是個程度問題。作者帶領我們分幾個產業一一檢視：就農業而言，各地氣候如何、土壤如何、肥料生產分布如何？就製造業而言，各國主要生產型態為何、鐵銅鈷鈾等原料分布如何、會缺乏什麼、會卡在哪個環節？就能源而言，水力火力核能儲能等，潛力為何、關卡為何？再加上全球暖化、海面上升、極端氣候的影響，這些都是大環境。最後，各國還有人口老化等特殊問題，會給原本的「去全球化」環境帶來更大的壓力。

要知道：分析農業、能源、製造業、礦產分布等，需要非常複雜而多元的知識。例如「鍺」這個元素要用在哪裡、從哪裡提煉生產、會如何衝擊產業等，作者都有豐富的化學知識。其他面向的地理知識、大氣知識，也是信手捻來，增加了此書的說服力。

總之，這本書太精彩了。作者也筆下幽默，長知識之外讀起來也很愉快，是非常棒的經驗。推薦推薦再推薦。

與供應鏈戰爭無關的《供應鏈戰爭》

　　英文書名是 "Material World: A Substantial Story of Our Past and Future"，台灣出版商把書名取為「供應鏈戰爭」，不論就翻譯就內容，都是幾近鬼扯。取這種書名，純粹是為了搭上俄烏戰爭、COVID-19 之後的國際供應鏈重組的列車，幾乎到了「文不對題」的地步。我對出版者的取巧不以為然，但是書的內容非常棒，我不會「以書名廢文」，所以還是要記下正面的評論。

　　此書與供應鏈戰爭無關，那麼它究竟是什麼內容呢？我認為這是一冊非常好的科普書或是通識書。書裡分析了六種關鍵材料或元素對現代生活的貢獻：砂、鹽、鐵、銅、鋰、石油。作者所說的砂，當然包括混凝土所用的「砂子」，但也包括矽砂、製造玻璃的砂、砂怎樣才能做出玻璃、玻璃又怎樣做成玻璃纖維……，非常全面。不僅砂的討論如此，所有的討論都是如此全面。

　　我說這是一本科普書，因為它內容包含極為豐富的各種各樣的知識，作者都用白話文講解得非常清楚。例如，各種元素與物資的全球礦產分布如何？這些是經濟地理。同樣是砂，全球哪些地方的砂含矽純度特別高？這分布背後有什麼地質學的理論？

全球的礦鹽或海鹽分布，各有什麼特質？這些特別的砂、特別的鹽要經過什麼程序、什麼溫度、什麼過程，才能生產出人類經濟活動不可或缺的物資？這裡有非常多的化學工程知識。人類使用銅、鐵、鹽等都已經有幾千年的歷史，這些歷史上的點點滴滴，有什麼好玩的故事？埃及法老王掛在脖子上的寶石，是什麼水晶石？在近三百年的帝國殖民歷史中，又有哪些與銅、鐵、鹽有關的剝削與戰爭？這樣子，環繞著一個重要的主題，方方面面地討論，就是非常經典的通識教育內涵。

作者不是什麼大教授、大學者，而是記者。記者能夠有如此豐富的經濟、地理、地質、化學、化工、歷史知識，領域交錯，應該都是靠作者自己的廣泛閱讀。但不只如此。一位用功的理學院教授，閱讀爬梳經年，應該也可以寫出這樣精彩的書，但是作為記者，這位作者除了知識彙整吸收，還身體力行，親身到全世界知名的銅礦、鐵礦、矽砂礦、油礦、鋰礦去田野採訪，幾乎走遍世界各地。他到地面之下一公里深攝氏 60 度高溫環境去體驗採礦；他親眼目睹爆破採礦的震撼；他到晶圓代工的台積電廠儘可能了解代工操作的個個環結；他到先進電池製造廠請人解說陰極陽極之間的材質；他對每一個製程掌握其背後的碳足跡……。這些點點滴滴，都使這本書超級好看。

除了以上，本書還有一兩點可以幫助讀者思考。其一是作者整理了許多「歷史技術數字」，這是一般個體礦業專家不見得了解的數字。例如：幾千年之前用木犁犁一公頃地需要 20 小時，後來用鐵犁減少為 15 小時，近百年用鋼犁只需要 3 小時。又如，如果砂、鐵、石油、銅等礦都是人類「從地球地面下挖出

來，然後堆在地面上」的東西，那麼幾千年來，人類究竟做這種「地面下、地面上轉換」的總量是多少？我們一共採了多少兆噸的砂？多少億噸的鐵？多少鋰、多少鹽？這些數字會不會趨向飽和？這是個有意思的思考；每一個數字，都代表「我們對地球的折騰」吧。

另一個作者的反思，就是「足跡轉換」。大家都知道現在全球暖化需要減碳，而減碳之法就包括更多太陽能發電、更普遍的電網、更多智慧節能裝置……。但是要更多太陽光電，就要更多矽礦、更多矽的精純提煉。要更普遍的電網、更多儲能，就得要更多的銅製電線、更多的鋰電池。而這些原料的開採、生產，又需要更多的鋼鐵裝置與混凝土結構。所以，減少碳足跡，其實不可避免地增加了銅足跡、鐵足跡、鋰足跡、砂足跡……。我真的不確定，人類這樣的足跡轉換是不是真的是對的。

之所以「減碳」會得到前述的「足跡轉換」結論，其關鍵原因在於：我們人類完全不想妥協目前的生活方式。例如，每天冷氣暖氣熱水捷運等便利，一點也不能少，於是只能換一種方式取代燃油發電、換一種方式生產汽車、換一種方式加熱冷水……。這些「換一種」也許有些真的是環境友善的，但恐怕有更多是「換個足跡」而已，還是在傷害地球。……唉！「人類」這個物種，好像挺討厭的！

《太空商業時代》幫助我們想像將來的「太空產業」拼圖

　　本書作者是 Ashlee Vance，他先前寫過《馬斯克：特斯拉、SpaceX 和對美好未來的探索》，差不多把「太空第一戰將」Elon Musk 介紹得很清楚了。Musk 只是一名戰將；他確實是開創者，但是還沒有辦法代表一整個太空產業。這本書介紹了過去十幾年太空產業發展的另外幾位鬥士，有成功的、有失敗的、有做火箭的、有做衛星的，幫助讀者完成「太空產業」拼圖。

　　大家都知道 Elon Musk 成功發射了獵鷹九號火箭，而且可以重複使用，每次發射可以酬載 170 顆衛星升空。到現在，Musk 已經在太空布建了大約 6,000 顆衛星，名之為星鏈（Starlink），可以提供低軌衛星通信服務。Musk 之外，第二號太空戰將應該是 Jeff Bezos，他也有自己的火箭，取名 New Shepard，不但可以回收使用，還可以載人往返太空。Bezos 迄今已經布建了大約 3,500 顆低軌衛星。但是關於 Bezos 的故事比較少，大家了解比較多的還 Musk。

　　這本書介紹了太空競逐的第三與第四號戰將。第三戰將名 Peter Beck，他是紐西蘭人，是「火箭實驗室」的創辦人，成

功完成兩顆可重複使用的火箭，大的「中子號」、小的「電子號」。Beck 的火箭是專業運送服務，他自己並不布建衛星，而是幫別人把衛星載到太空安置。

　　以上這幾位戰將做比較，我是超級喜歡 Peter Beck. Elon Musk 是出了名的壞脾氣、壓榨員工、暴走、高調、狗運不錯、家財萬貫。Musk 也有不錯的學歷，U Penn 理學士、Stanford 博士班輟學等。Bezos 則是 Princeton 大學電機學士。但 Peter Beck 大學都沒有讀，又是紐西蘭「偏鄉」長大，成長環境中只有牛羊，沒有什麼了不起的工業。Beck 建立的火箭實驗室，幾乎所有的知識都是這位偏鄉青年自己摸索學習而得。如果火箭實驗室今天的成就是 100，那麼 Beck 大概自己一個人奮鬥到 70，才開始有矽谷的創投進來。這個時候的創投，與其說是「資金協助」，不如說是「分一杯羹」。由於 Beck 是工程天才，一切問題都是自己親手解決，所以放眼全球，只有他的火箭實驗室「第一次發射火箭就成功」；所有其他人都要摔掉幾枚火箭，才能有一枚成功。

　　本書也介紹了太空的第四號戰將，他是 William Spencer Marshall，他創辦了衛星實驗室（Planet Labs），把各式各樣的大量衛星置入太空，由太空收集地球各式各樣的資料，靠著出售資料的服務營收而賺錢。例如，計算 Walmart 超市停車場的停車數量，判斷生意，再把這些數據賣給華爾街避險基金；觀察美國玉米田的生長健康狀態，判斷未來玉米價格走勢，向華爾街期貨市場出售；統計所有礦坑出煤數量，佔計該國 GDP。其他也包括觀測熱帶雨林面積、監督盜採盜挖、揭發中國南海占礁、估計油井

儲油、分析 COVID-19 封城期間經濟活動、知悉中國在新疆新建的飛彈發射台……。當然，如果老共在沿海有異常軍隊調動，也逃不過幾萬顆衛星的法眼。

這本書也介紹了幾個失敗的太空競逐者，包括艾斯特拉、螢火蟲航太等。這些公司都是火箭公司，鈔票燒光了還未能成功發射火箭升空，於是倒閉垮台。這背後有技術問題、有人謀不臧問題，實在難下定論。我們知道 Elon Musk 也曾經在破產邊緣，但是第四枚火箭發射成功了，所以才有今天。這背後的運氣因素，當然有絕對關鍵的影響。

我想幫大家整理一下「太空產業」的過去、現在與未來，分點述之。

一、為什麼太空會出現 Elon Musk 的生猛挑戰呢？主要是因為原本的老大哥 NASA 太僵硬、太官僚、太沒有彈性、太著重軍事。Musk 看到 NASA 承包廠商所賣的零件不合理的貴、交貨不合理的欠缺效率，遂有「彼可取而代之」的挑戰念頭。

二、為什麼以前沒有人挑戰呢？因為發射火箭實在涉及太多太多知識，例如天文物理（不然怎麼回收火箭？）、材料科學（不然火箭箭身不夠堅固耐熱）、燃燒（不然液態燃料與液態氧無法產生足夠動力）、流體力學（不然火箭升空與回收無法精確計算）、天候預測、電子操控（不然無法在地面修復天上的衛星）、大數據資料分析等。這一拖拉庫的知識與應用只要有一咪咪差錯，幾千萬美元的火箭就爆炸。這種超高風險的事，有幾個人敢做？

三、太空競逐的利益在哪裡呢？目前看起來，至少有兩方

面。其一是前述的各種「太空收集資訊」的分析。這些資訊絕對是有用的，而究竟要怎樣用這些資訊，全球幾十億人都可以想像。以前司馬遷說「秦失其鹿，天下共逐之」，現在則是「太空開放，天下共逐之」，這裡應該有無窮無盡的商機。

四、太空逐利的第二個面向是什麼呢？它應該是第 6 代資通訊。6G 時代簡單說是「幾萬個太空低軌衛星取代布建受限的地面基地台」，每個低軌衛星就像是基地台。原來沒有基地台的沙漠、海洋無法有效通訊，現在全部都可以靠低軌衛星通訊了，這絕對會大幅影響海洋運輸、自動駕駛，創造出許多的新服務，商機無限。但是廠商必須要先布建上萬個衛星，才能實現 6G 通訊。

五、「太空產業」要不要規範管制呢？當然要，否則將天下大亂。台灣的電信服務有中華電信、遠傳、台灣大哥大等，他們彼此總要互通吧？可是將來 Musk 與 Bezos 的網路之間，誰可以「要求」他們互通？通信服務總不能由蔡董或徐董決定「誰可以用誰不准用」吧？通訊網路應用是「中立」的吧？可是現在的低軌衛星服務，卻是什麼規範都沒有。Starlink 要不要給哪裡提供聯訊服務，完全由 Musk 一個人說了算。他曾經切斷烏克蘭通訊，使得 Zelensky 沒有辦法攻擊俄羅斯的黑海艦艇。這種「天下什麼戰爭可以打、什麼戰爭不能打，完全由世界首富決定」的病態狀況，總該規範一下吧？

六、太空需不需要「交通管制」呢？應該也是要。太空「很大」是沒錯，但是以人類的瘋狂模式來看，不久的將來一定會有許多故障的衛星，形成太空垃圾。太空垃圾占據的地方會阻礙軌

道順暢，當然也就影響太空服務。現在，不但跨國之間沒有發射衛星的規範，各國之內也沒有。這種事情現在不管，將來再管就來不及了。

七、把「什麼」送上太空，要不要管制呢？1971 年的 007 電影《金鋼鑽》，描述壞蛋在太空裝置了雷射武器，可以摧毀地面的任何設備、人員。在太空遍布幾十萬顆衛星的時代，我覺得這個可能性越來越大。現在，地球上任何人都可以發射任何衛星上太空，要由誰來管理「發射內容物」呢？

這本書很好看，作者也幽默。他說 Peter Beck 在紐西蘭發射火箭唯一的「管制」是：海關官員認為「火箭發射到太空再回收回來，應該要向海關申報出境再入境」。這位紐西蘭海關官員真的很暴笑，若是在台灣上談話節目，一定飛黃騰達。作者也走訪了許多太空戰將，提供不少一手觀察。

老子說「天道無親，常與善人」；太空產業是正港的「天道」，只不過是「天道無親，常與瘋狂之人」。在太空產業，瘋狂不見得會成功，但是不瘋狂絕對不會成功。

腦與科技

我讀《啟示的年代》

這是本大部頭的書，中文本正文約 500 頁，外加注釋、參考書目、索引，總共約 700 頁。即使在「每日確診數百」的封城無聊時刻，讀起來都非常吃力。但是這本是百年難得一見的好書。普天之下能夠把腦科學、認知心理學、二十世紀初繪畫藝術、繪畫解讀、精神分析等知識面向做如此串連的，我想大概就只有作者 Eric R. Kandel 一人。

Kandel 是 2000 年諾貝爾生理醫學獎得主，是腦科學研究的權威。他 1929 年出生於維也納，因為納粹的迫害，1939 年逃離，輾轉來到美國。雖然他只在維也納待十年，但是童年時期的美好記憶，大概是促使他撰寫此書的原因。這本書的副標是 "The Quest to Understand the Unconscious in Art, Mind, and Brain – From Vienna 1900 to the Present"。作者從維也納在二十世紀初的知名畫作，連結當時名滿天下的心理學開山祖師弗洛伊德，接上當時逐漸科學化的現代醫學發展，串連成一個完整的故事，非常精彩。

這樣的寫作，也讓我想到另一本暢銷書："Amsterdam"。那本書將阿姆斯特丹描述為全球最自由的城市，整理了許多由該城市緣起的商業模式、營運契約、法律條文等彈性規範。維也納在

二十世紀初角色不同；那是一個人文薈萃、藝術家集結、沙龍孕育知識交流的文化都市。Kandel 的童年在那裡發展，真的是機運。

以下，我的評論有些凌亂。

我是極為喜愛科普閱讀的人，但是對於腦部與認知科學，我有些埋怨：我相信絕大多數的腦部結構名詞，都是翻譯來的。但是這些翻譯名詞，一定要這麼聱牙拗口嗎？就意義而言，諸如杏仁核、下視丘、海馬、基底核、皮質等中譯，完全不能幫助我們了解；心理學家難道不能尋找「科普」一點的翻譯嗎？我最受不了的，是「顳顬葉」。天哪！那兩個鬼字我讀一輩子中文沒見過，連讀音都不知道。當初用這兩個字翻譯的人，一定是匪諜。希望臉友肉搜，揪出此人，處以極刑。

Obama 總統任內啟動了 Brain Initiative，開展美國對「腦」的系統性探索。雖然過去半個世紀有許多腦科學研究的進展，但是它離物理、化學等知識掌握還是有些距離。就以這本書引述的若干研究來說吧，例如情緒波動時腦部的哪個區域電流會很密集、狗狗聽到鈴聲哪個腦區會有 fMRI 的影像、自閉症患者腦部哪塊地方不活躍、腦部某處受傷其人情緒表現會產生什麼變化等，理論固然有趣，但是依我粗淺的理解，都還是「相關」分析，還沒有進到「結構因果」。也許腦部太複雜，結構因果太難，我們還需要至少 50 年（Kandel 用語），才能得到比較理想的答案。

Kandel 用來做認知分析的標的，是二十世紀初維也納幾位知名畫家的畫作。這些作品，恰可用心理學予以對照解說。Kandel

也花了一些篇幅探索，究竟腦部哪個區域的發達，會造就繪畫的風格或是繪畫天賦。但是不要忘了，繪畫只是藝術表現的一種，而維也納是名副其實的世界音樂之都。這本書全冊大概只有三、五頁談到音樂、作曲。我真的非常想了解，貝多芬、海頓、柴可夫斯基等音樂作曲天王，他們的腦部結構，是哪裡「波動頻率特別高」呢？Kandel 用許多繪畫例子，分析畫家的情慾、心理、凌亂、壓抑、扭曲，這都很棒。但是音樂呢？為什麼柴可夫斯基、西貝流士的曲子，會那樣的「空曠」、昏暗？為什麼莫札特生活那麼苦，曲子卻那麼調皮？他們的曲子，有情慾嗎？有沒有音樂藝術的心理分析？我真希望，有那樣的科普閱讀。

Kandel 分析畫，我卻談音樂，不是沒有道理的。《楞嚴經》上說，佛陀度人有八萬四千法門，其中圓通法門有 25 種。25 個法門中堪稱第一的，就是觀音法門。怎麼個「觀音」法？《楞嚴經》是這樣說的：「彼佛教我，從聞思修，入三摩地。初於聞中，入流亡所，所入既寂，動靜二相，了然不生。如是漸增，聞所聞盡，盡聞不住；覺所覺空，空覺極圓；空所空滅，生滅既滅；寂滅現前。忽然超越，世出世間，十方圓明，獲二殊勝。一者上合十方諸佛本妙覺心，與佛如來同一慈力。二者下合十方一切六道眾生，與諸眾生同一悲仰。」深的境界不說，單是「聞所聞盡，盡聞不住」這八個字，我都想知道它背後「大腦皮質」的變化。禪定狀態的人，腦部究竟是產生了什麼影響呢？如何才能「聞而不住」？

作者引用佛洛伊德的說法，指出人大部分的情緒，都是受潛意識或無意識的影響。這裡，我也想舉手問問題。按照達爾文

的說法，我們的生物結構，都是演化的結果。那麼我們為什麼會演化出「潛意識」？為什麼這個意識要「藏而不顯」？我不知道文獻上有沒有探討；我的猜測是：當外在的生存環境變化太快，原本已經內化在基因裡的、適合原本極大化生存的反應或思考模式，在快速變化的新環境下不再適用，所以只好藏而不顯。這個猜測可能會有可被檢測的意涵（implications）：越是周遭環境變化快的個體，其潛意識越多元豐富。我不知道這個猜測有沒有道理？科學界有沒有相關的研究？

回到繪畫、音樂、文學等表現博雅藝術。他們之間的關鍵差別是什麼？什麼樣的人可能在音樂方面有傑出表現，但是在文學上卻普普？在元宋詞曲時期，詞是用來填曲的，會不會兩者的交融更自然？Kandel之所以分析畫作與腦，因為那裡呈現了自然的交融。那麼，音樂與文學呢？這兩種藝術與認知科學，會有什麼樣自然的結合呢？

我記得文學家、畫家木心在《雙重悲悼》一文中，有一段精彩的描述。他說：文章、樂譜毀了沒關係，只要背起來，事後隨時可以「復刻」。但是畫作不然。畫一旦毀了，就絕難重畫；如果畫作能夠復刻，就沒有「神來之筆」這樣的描述。有許多中國的畫家在文革時期入獄，等到出獄時顛峰已過，再難重拾畫風。那麼，為什麼「畫風」會「折損」呢？大腦皮層究竟是哪個部位，產生了變化呢？

文學、音樂與繪畫還有一點不同：文學與繪畫，都是創作者一個人的事。但是不少音樂，卻是許多人分工合作的產品。交響曲裡演奏家也許像是畫家，使用樂器盡情揮灑，但是他們要不時

與其他的演奏者、指揮互動，讓彼此的感情交流、交融。風景畫家與自然交融、田園詩人與大自然交融，這與音樂演奏者與其他樂音交融，是相同的嗎？在腦部結構上，這是類似的嗎？

　　這本書英文是 2016 年出版，中文版 2021 年 5 月出版。老友黃榮村是譯注者。我認識榮村兄大概 30 年了，直到看到他譯這樣一冊厚書，才算是真正了解他。斯言斯人，盡顯一生學術執著。不簡單！

《謊言之瓶》揭開製藥產業的醜陋

　　該書的英文書名是 "Bottle of Lies"，記述 21 世紀極為醜陋的「學名藥」弊案，包括一整掛印度藥廠的謊言，以是故為書名。所謂學名藥，就是原藥廠專利保護到期之後，其他藥廠依照原廠專利申請文件以及其他逆向工程（reverse engineering）技術，所製造出來的藥。理論上，學名藥應該與原廠藥生物性質相等。而學名藥因為不必負擔原廠專利的研發經費，所以其成本可以降低，藥價可以便宜，窮苦民眾更可以買得起，可以救更多人命。但理論上如此，實際情況未必這麼理想。

　　以往，許多人批評生技新藥產業「黑心」，指責他們以「研發創新、臨床試驗經費昂貴」為由，把藥價訂得非常高，以致於很多生病的窮人負擔不起。例如，非洲愛滋病泛濫，但是許多人買不起原廠藥，而那些大藥廠卻不願意降價，幾乎是一副「pay or die」的嘴臉。結果，在全球群情激奮之後，輿論逆轉，也因此美國通過了有利學名藥生產的法案，希望能因此降低許多人的藥價負擔。

　　我對生技新藥產業算是熟悉的。2009 年行政院生技新藥產業規畫案的內容，差不多是我在翁啟惠辦公室裡討論不知道多少

小時後，所草擬的方案。2011 年我擔任行政院科技政委，也負責督導衛福部主管的生技製藥產業。以下，我想從不同於本書架構的角度，幫大家了解一下為什麼學名藥背後有這麼多問題。

其實，一個藥品背後除了「專利」之外，還有很多「技術」。例如調製溶劑，在過程中要分幾次稀釋？每次稀釋間隔多久？稀釋溫度如何控制？這些小細節未必寫在專利申請書裡，有時候甚至故意不寫，增加模仿者的困難。專利撰寫太仔細，也許是專利保護過頭，未必是好事。當然，專利保護不足也不是好事。全球知名疫苗 Moderna 廠同意別人使用他們的專利，保證不提告。但是該公司在 Podcast 節目上坦言：你就算有專利知識，大概也做不出 Moderna 疫苗。所以，專利之外，也許「技術」更是關鍵。

對藥物而言，模仿者要做出學名藥，專利之外的藥品產製環境，也極為重要。藥品概分「小分子」與「大分子」兩種。小分子藥物為化學合成，產製環境還算相對單純。大分子藥物則不然；即使化學成分一模一樣，藥效都仍然可能不同。如果要核准學名藥上市，最重要的關鍵就是事前的製程品管與事後的監管檢測。

藥物是政府監管最嚴格的商品。資訊產品、玩具、家具、書籍等商品幾乎都沒有太嚴苛的國家監管，但是藥物卻是國家全面性監管。全球各國藥物監管差不多都依循兩個標準，一是 FDA，另一是 ICH，兩者內容差不多。沒有美國 FDA 的核准，沒有人可以在美國販售一公克藥品或是向美國出口一公克的藥品。

如果我們搜尋「世界十大藥廠」，依其分類不同，大概會出

現一至兩家德國藥廠、兩家英國、一家法國、一至兩家瑞士、四至五家美國。所以整體而言，「生技新藥」產業只有歐美超級先進工業國家才有。日本即使許多產業皆拔頭籌，但是生技新藥還不到頂尖，算不上前十名。瑞士一家藥廠的實驗室居然有兩位諾貝爾獎得主，可見他們生技產業的研發水準。

前述先進製藥大廠的本事，除了他們的創新研發，也包括了「製程品管」。後進國家即使拿到了已然過期的專利文件，即使是小分子藥物，自認為可以依樣畫葫蘆，但是往往都低估了「製程品管」的重要性。溫度、灰塵、實驗室紀錄、空氣品質、檔案管理等諸多細節，後進國家就是有一大堆的問題，就是克服不了。這些困難不只是管理面的，有時候甚至是文化面的。例如胡適嘲諷的「差不多先生」，那大概是「基因上」就不適合去製藥廠工作。製藥過程，不可以有一絲絲「差不多」，否則就可能傷害人命。

美國是全球製藥產業大哥，他們要求：全球學名藥要進美國銷售，先要得到 FDA 的核准。但是美國的 FDA 原本只是為了查驗美國在地藥廠、或是要審查在美國販售的新藥而存在。FDA 從來就沒有「全球大執法」的人力與能力。此外，跨國境查驗涉及通關、簽證、語言、搜索、司法互助等。這幾乎是「藥廠國際刑事合作」的規格，但是法規面卻完全沒有搭配。這就形成了其他國家在學名藥產製過程鑽漏洞的空間。

全球最會鑽漏洞的學名藥生產國，就是印度與中國。這兩個國家的法治不上軌道、人民習慣性地鑽漏洞、行賄索賄風氣普遍，於是他們的製藥過程，幾乎不可能通過 FDA 的審查。但

是，「泥巴玩久了也能捏出佛像」，這些國家的生意人能夠摸索出一套「數據造假、說詞無從查證、捏造會議紀錄、現場監察專人引領」等一整套的唬弄本事，「攏是假」，卻把 FDA 查驗團體唬得團團轉。再加上，這些藥廠背後也都有大財團，請得起超級律師團，面對美國的司法獨立，他們未必會在法律訴訟中吃虧。

美國 FDA 畢竟是監管嚴厲的。比較糟糕的後果是：因為美國嚴格，藥廠只敢把品質「略差」的學名藥賣到美國，而數據造假、品質一塌糊塗的劣質藥，則賣到非洲等落後國家。這些國家根本沒有查驗能力，因此藥效不佳也沒有反抗能力。書中記載了若干非洲國家孩童因為使用不合格學名藥而喪生的故事，讀了令人傷痛不已。學名藥廠賺這種錢，不止是謀財害命，而是「謀窮困人的財、害苦命人的命」，豬狗不如！

怎麼辦呢？我不知道。學名藥的紛爭幾乎都是國際紛爭，而印度與中國是學名藥最大製造國。這兩個國家，尤其是中國，動不動就把原本該講道理的事情上綱到民族主義，使得問題很難解決。中國「中國製造 2025」的十個產業還包括製藥；你讀完這本書就會同意：中國與印度的學名藥產業，還是不要發展起來比較好。

折舊、重塑、翻新
——The Brain That Changes Itself 的大腦可塑論

　　此書出版於 2007 年，迄今 15 年矣，書原本不知道堆在哪裡，後來就忘了。最近偶然發現，抓來讀，才發現「它這麼好看」。

　　科普書籍不容易寫。文筆流暢的作家通常專業知識不夠，寫不出來深刻的內容。然而專業水準夠的大科學家卻往往文筆很爛，寫的東西聱牙拗口，根本看不下去。但是「市場」通常滿準確的：凡是紐約時報最暢銷或是普立茲得獎的作品，絕對是品質保證。個人的經驗是：這些得獎紀錄從來不會令我失望。作者 Norman Doidge 自己是 M.D.，寫作過程中訪問了 Eric Kandel、Michael Merzenich、Paul Bach-y-Rita、Edward Taub、V. S. Ramachandran 等重要科學家，論述精準。

　　人腦構造要寫科普，一個很大的人為障礙，就是中文翻譯。我們腦的構造早年不知道在哪個匪諜的策畫下，弄出一些不知所云的翻譯名詞，例如皮質、下丘、突觸、灰質、額葉、顳葉，鬼才知道那是什麼東西。在匪諜翻譯的作怪之下，聰明如我者逐漸失去了對腦的興趣。今日一讀此書後，豁然開朗……但是，唉，

太晚了。我的「皮質」已然折舊完畢。

　　這本書探討的主題是腦的 plasticity。Plasticity 這個字不好懂，也許 malleability、flexibility、adjustability 更接近。它的意思是：可以塑造的、可以改變的、可以捏揉的。傳統的腦神經科學理論說，腦子裡的 A 區管視覺、B 區管平衡、C 區管語言、D 區管運動協調……；這些區域是固定的。但是在 2000 年左右，這樣的主流理論逐漸受到挑戰，經過大約十年的奮戰，「腦部功能可塑可變」派才終於勝出。

　　前述「奮戰」有它的成本。神經科學在傳統派主控的大環境下，許多科學家發現「腦可塑」現象的實驗結果，卻很難被期刊接受發表。不止如此，作者甚至自我檢查，根本不敢用 plasticity 這個字，或是用了但故意加個引號，鬆懈主流派評審的心防。雖然心理學泰斗 Sigmund Freud 的原著中早有這樣的觀念，但主流派之中不乏如諾貝爾生理醫學獎得主坐陣，陣地就是攻不下來。一直要累積到鐵證如山、大老承認，戰局才翻轉。這樣的障礙，恐怕自哥白尼以來就沒有什麼改變。

　　「腦部區域功能固定」與「腦部區域功能可塑」這樣的爭辯，當然是要靠實驗證據分勝負，不是耍嘴皮。神經科學家第一步，是將腦子不同區位繪製「地圖」，標示出「A 區會對哪些刺激（例如聲音）有反應，所以它標記聽覺的某個功能，B 區會對哪些刺激（例如視覺）有反應，所以標記視覺的某個功能……。」經過這樣的不斷標註，我們大概對於腦部的「地圖」已經有所掌握了。

　　接著，就是透過具有創意的實驗，或是某種病人的對照，檢

驗出一些「刺激」與「地圖反應」之間的關聯。有科學家將某個動物手上中間的一條神經割斷，留下左邊與右邊的神經，然後在此動物手上不同部位刺激，用儀器觀察其腦部地圖的刺激反應；隔幾週、幾個月再觀察，看看腦部地圖的變化。也有些病患因為先天或後天的受傷，使得他們腦部地圖的某些部位無法正常反應。有些病患病情會改善，他們腦部地圖也會有相應的變化。如果這些病情改善來自於醫生的治療手段，科學家也可以將治療手段與腦地圖改變做對比，隔幾週幾個月重複比對。比對出結果，就知道治療的效果。

人腦可塑的證據，主要是來自：切斷神經或是受傷病變後的腦部地圖，往往有「跨區」角色的互補、替代、侵入、甚至混亂。如果腦部功能是固定的，則無法解釋這些跨區互補、替代與侵入。正因腦的區域功能是可塑的，才會產生這種「跨區」地圖改變。

這樣的「可塑」理論除了科學求真之外，最重要的貢獻就是治療。如果腦部功能區域是固定的，則「平衡區」功能毀壞的人就注定無法找回平衡感。但若可塑理論是對的，則在毀壞平衡區附近的腦神經元極有可能入侵平衡區，彌補或取代原本平衡區受損神經元的功能。只要我們能夠找到刺激這些周邊潛在入侵神經元的方法，促成其入侵，則就有可能治癒此人原本失去的平衡感。

前述治療邏輯還有另一個重點：就是「促成」神經元的替代、入侵才是重點。以往有些治療「平衡感不佳」的做法，是靠不斷地做復健。但修復只是「同區」神經的積極操練，並非「跨

區」的誘導。可塑理論或許可以另闢蹊徑：如果我們能夠促成腦部受傷部位附近健康的神經元取而代之，或許可以事半功倍。這叫做傷部的「解鎖」。如果不從「替代」出發，只是不斷想要病患在原糾結中做改變，也許反而不斷地強化原有的「鎖」，療效欠佳。

大致說來，這本書就在描述「腦可塑」理論在不同面向的例證與應用。它的應用面非常廣泛，包括聽覺、記憶、憂鬱、自閉、老化、麻痺、愛情、幻想、作夢……，甚至推廣到「究竟是基因決定我們，還是我們決定（啟閉）基因」？最後一則，是諾貝爾生理醫學獎得主 Eric Kandel 的大哉問。

這本書寫得超級好；每一個應用，都有活潑生動的例子，幾乎每一則都觸動人心，令人感動。作者也有幽默感，讀起來很輕鬆。但是我也是不知足，讀完之後有些未盡之遺憾：

一、最後一章，作者談到太極拳，描述它是一個「專注於運動平衡」的活動，有助於塑造我們的平衡感。唉喲！不懂就不要瞎掰啦。我打了近 50 年太極拳，作者只要束脩以上，吾未嘗無誨之也。太極拳的關鍵不在平衡，而在「鬆」。平衡也不是目的，「鬆透」之後，除了自然而然的平衡，也有冥思的效果。極鬆之人也會對周邊動靜非常敏銳，對身體各部位的串接隨意而流暢。這樣的身體狀況，只要有適當的切磋，就會是功夫高手。這些「綜合效益」，才是目的吧。……不能再說了，再說要收束脩。

二、作者提到冥想冥思。我很想知道，達賴喇嘛與聖嚴法師的修行，究竟產生了什麼「腦部地圖」的改變？這部分的研究應

該有人做過，但是他們找的「高僧」真的是「高僧」嗎？《哲蚌寺對話》之類的書籍，雖然對象是高僧達賴，但是內容太淺，對研究而言沒有什麼幫助。

三、最後一個例子，是我與楊振寧先生的一則對話。2002年楊先生八十大壽，李遠哲先生在中央研究院幫他辦了一場壽宴。在場全是物理、化學界的大老，只有我一人是人文社會。物理化學大老平日高高在上，當天卻噤若寒蟬，展現了他們在真正大老面前的「柔軟可塑」。我不知天高地厚，問了楊振寧先生一個「不正經」的問題：「楊先生，您今年 80，您如果與 20 歲時候相比，覺得思考、推理有什麼差別？」……在場沒有一人敢插嘴……楊先生說：「Cyrus，我覺得我現在的思考推理與 20 歲的時候一樣銳利」。楊先生停頓，拿起水杯喝一口水……，在場還是沒有人插嘴。楊先生繼續說：「可是現在思考問題只能持續半小時；我年輕的時候，一次思考可以持續十幾個小時」。……在場沒有人接腔。讀完此書，我的問題是：20 歲與 80 歲，腦部發生了什麼改變？什麼叫做「從十幾個小時減至半小時」？

以上，是被匪諜耽誤的經濟學家，對腦神經科學的讀書心得。

《以太奇襲》描述的未來是什麼？

　　這本書記述「以太坊」及「以太幣」的興起與故事。書中的描寫有其可信之處，但也有過於一廂情願的缺點。我不是資訊工程專家，對於書中所寫只能算是略知梗概。但是，這不全然是因為我的資訊背景知識不足，部分也是因為作者 Camilla Russo 自己也未必全懂；即使懂，寫得也不夠白話。

　　Russo 原本是彭博新聞社的記者，後來開創了加密科技平台，算是加密貨幣與區塊鏈的重要支持者與傳播者。但是，既然期待以太坊提供的區塊鏈平台能夠提供無窮無盡的服務，那麼以太坊就要設法讓許許多多的人真正了解。如果人們不了解，他們就不可能產生信任；若是多數人沒有信任，就不太可能提供無窮無盡的服務。即使區塊鏈與虛擬貨幣的服務真的蓬勃發展了，那些了解不足的參與者也更容易瞎跟風，成為泡沫的促成者與受害者。

　　依據坊間文獻的報導，「區塊鏈」技術就是一個複式點對點的分散式記帳系統。所謂「複式」，是指互動雙方或多方彼此記帳。所謂點對點，就是雙方或多方直接記帳，不必經過「銀行」這一類的中介機構。由於不必經過中介，所以稱為「分散式」。

以往甲與乙之間要轉帳的一定要經過銀行，而區塊鏈的點對點「直接」互動，就是以太坊最大的特點：去中心化。

區塊鏈的創始者也許是鑑於 2008 金融海嘯等衝擊，而興起此構想。發起者認為，銀行、監管單位、政府，都是權力「中心」。正因為「中心」貪婪、失職，才會產生 2008 年的金融海嘯。海嘯之後，又是這一群「中心」搞出來諸如政府紓困的爛政策。銀行平常收我們的手續費，闖禍之後口袋滿滿，閃得比誰都快，相當符合渾蛋的定義。

因為「中心」貪婪顢頇如前述，區塊鏈的核心構想就是「去中心化」。執行與驗證點對點直接複式記帳的，是電腦程式。電腦沒有「利潤期待」，所以「人」的貪婪與權力欲望，電腦都不會沾染。剩下來的，就是記帳驗證工作。它是密碼學的範疇、是電腦工程師的程式寫作。所以，區塊鏈像是讓無辜無害的電腦與軟體，取代豬狗不如的「中央」。驗證記帳的程式苦工需要支付一些回報，那就是比特幣或是以太幣等虛擬貨幣。

我還需要幾個小時的「資工家教」，才能精確掌握區塊鏈的知識。現階段，我有以下的一拖拉庫問題與評論。

一、邏輯上，區塊鏈也許不是去中心化，而是去政府化。無論如何，維護區塊鏈的穩定運作，還是需要某個解決駭客攻擊、挽救危機、持續擴大運算能量的「中心」。有平台，就有平台的中心。電腦程式當然沒有中心，但是操作平台有。

二、政府有官僚、銀行家會貪婪，都是傳統中心的大缺點。但是，區塊鏈平台這個中心難道沒有缺點？事實證明，以太幣交易平台有好幾次都幾乎被駭客攻陷，可能嚴重影響各個記帳交易

者的權益。這種風險，與傳統豬狗不如的政府與銀行相比，孰大孰小？也許我科幻電影看太多，電腦與程式，有時候還滿可怕的。

三、所有的政府，理論上都是為人民福祉而存在。這個政府很可能效率低落、人謀不臧，於是我們設計種種制衡機制。區塊鏈的平台如果有問題，就像書中所說，一群人天天鬥爭，孜孜為利，有什麼機制「制衡」它？我們討厭任何企業「大到不能倒」，那如果是一個大到不能倒的電腦平台呢？

四、到目前為止，中華人民共和國的公司擁有的區塊鏈專利，占所有相關專利約八成。中國禁止比特幣支付，但「認為區塊鏈技術可以為國家所用」。2019 年習大大還在中央政治局對區塊鏈技術給予肯定。這，大概是我看過最諷刺的「去中心化」。在中國的列寧體制下，一切都是「黨」。如果區塊鏈平台是由中國共產黨維運，天哪，那是 21 世紀最最最最最可怕的恐怖故事。如果你不信，那表示你根本不了解中國共產黨。

五、2022/05/21-27 的《經濟學人》雜誌對於包括比特幣與以太幣的未來，有專文報導，標題叫做 unstablecoins，幾乎是宣告虛擬貨幣的死刑。經濟學人的立場有點古板：它說，任何虛擬貨幣，終究要與某個實體經濟事實連結。例如，以前的貨幣是金本位，與黃金連結。許多國家的匯率釘住美元，等於是把自己的貨幣與美元連結。有實體連結，就是「信心」的來源。虛擬貨幣呢？沒有連結；「虛擬」這個字本身就沒有實體連結的意涵。Camilla Russo 自己也說，虛擬貨幣的價值「依循自己的節奏」。我告訴你：這絕對不可能產生「信心」。

六、不管電腦或程式自己的節奏是什麼、不管他們怎麼決定虛擬貨幣的價格，只要虛擬貨幣的報酬率與其他投資報酬率不同，那就會不斷有人在此炒作、套利。事實證明，虛擬貨幣的價格在過去幾年有如雲霄飛車，有時漲幾十倍，有時又腰斬。正因為虛擬貨幣「依循自己的邏輯」，而那個邏輯 Russo 始終講不清楚，所以它的價格始終穩不下來。不穩定的貨幣就不可能成為「交易媒介與價值儲藏」，它最有可能的，只是投機的標的。

七、於是，我最後一個問題是：區塊鏈有沒有可能不要虛擬貨幣而存在？如果可以，又能夠維持去中心化，例如不是由中國共產黨這個「為人民服務」的可怕組織所操控，那麼我才能看到曙光。

《越活越年輕》是一本「抗老化」之書

老化有兩個英文字，一個是 aging，另一個是 senescence。這兩個字的區別一般人很不容易說清楚。大致說，我們日常生活中，常用的字是 aging，描述的是「老」的外顯特徵，例如膠原蛋白流失、關節退化、耳不聰目不明、齒危髮禿等。而 senescence 則是描述老化的生物特徵與原理。作者在書中提到「自由基理論（radical theory）」與「端粒（telomeres）耗損理論」，都是比較微觀的理論。作者沒有提的，而且我認為比較重要的理論，稱為傷害性突變論（deleterious mutation, DM），那是演化生物學上具有說服力的宏觀老化理論。

DM 的理論大概是這樣的：達爾文的進化論說，天擇會讓在環境下有競爭力的物種（適者）存活，沒有競爭力的消失。例如，如果有一個基因突變，使得物種的骨格更強健一點，那麼這個突變使得該物種跑得更快、格鬥更有力，於是存活機率提高。但是，「骨格變得更強健」很可能只是基因突變的一部分；伴隨著這個基因突變，很可能還有其他的負面特質改變，例如「年老的時候骨格比較容易產生病變」。這種伴隨「年輕時」有競爭力改變的「年老時」不利改變，依據 DM 理論，就是一些容易促發

老化、老年衰退、老年疾病的基因。他們必然會在演化過程中保留下來，因為天擇淘汰不了這些基因。

為什麼會這樣呢？為什麼老年不利因素會留存累積呢？其實這一點也不奇怪。演化的原則是說「適者生存」，但從來沒有說「適者活得更久更老」。獅子只要年輕時身體強壯，能夠打敗對手、傳宗接代幾回合，基因就留下來了，這些骨骼強壯的獅子就算是「適者」。至於獅子年紀大了骨骼是否有疾病，完全不影響他們年輕時傳宗接代的競爭。因此，只要年輕的「好」突變伴隨著年長的「壞」突變，壞突變留在老年，就成為「老化」的原因了。這是老化的演化生物學理論之一。

為什麼我要解釋 DM 呢？因為，如果我們人類的老化是這樣來的，我就不會同意作者的樂觀推論了。作者認為，隨著早期診斷、精準醫療、幹細胞器官再生、基因療法、人工智慧輔助等醫療科技的進步，人類「逆齡」式的「抗老化」越來越可能成功，所以書名叫做《越活越年輕》。但是如果 DM 是物種老化的根本原因，則老化本身就是物種數億年演化所累積的「壞基因」的自然結果。我們若想要逆齡，幾乎是要翻轉或抹除過去幾億年所累積的 DM，我認為這是不可能在短期完成的。

作者認為逆齡是可能的；他說他是「樂觀主義者」。作者說，人的死亡原因之一是交通事故，「但交通事故很快就會被自動駕駛技術所解決」。我嚴重懷疑！你告訴我，摩托車與腳踏車，要怎麼「自動駕駛」法？摩托車的交通意外，跟自駕技術有什麼關係？

作者說，他認為未來不會再有獨裁者、仇外心理、世界大

戰。我嚴重懷疑！他寫書時候的「未來」，當然包括今天。今天，甚至十年之後，對岸那隻維尼熊就不再獨裁了？今天的普丁還不算獨裁？對岸幾億的粉紅在可見未來將不再有民族主義的仇外？我不相信。

作者說，全球正在快速擺脫貧窮，在 21 世紀內，我們將會徹底消滅貧窮。我嚴重懷疑。貧窮分絕對與相對兩種；絕對貧窮是指生存資源的匱乏，但是相對貧窮是指某些階級的相對剝奪感。有一大群人研究全球化下各國相對剝奪的惡化，房子買不起、孩子不敢生、生活僅足糊口。人若有這樣的相對剝奪感，他們怎麼可能「越活越年輕」？

最後，絕大多數的生物醫學討論，都是最適化或極大化；把壞的器官修好、把差的新陳代謝改善等。但是人類有兩點複雜：首先，我們不見得甩最適化！醫生告訴我要少吃甜食、不要抽菸、多多運動、控制脾氣。好好好，這些會使我逆齡長壽，我都知道。可是「三歲小孩都知道，八十老翁做不到」。醫學知識進步，對這些「寧可肥胖也不願意爬樓梯的人」，何有哉？要我少喝點酒以降低三酸甘油脂，我……我不要！

最適化還有一個問題：忽略了人類是「互動」的生物。互動就不是最適化所能涵蓋。人類會老化、會死亡，有很大因素是因為史達林、希特勒、毛澤東迫害的（加起來恐怕上億人）。也有更多的「互動」，涉及謀殺、傷害、綁架、搶劫……。這些，都跟醫療科技一點關係都沒有啊！

所以，整體而言，我不贊成作者的論點。他說他是樂觀，我卻認為他是思考天真。逆齡與否、長壽與否，沒有那麼簡單啦。

從腦神經科學看「情緒管理」
——讀《創造快樂大腦》

（1）《創造快樂大腦》的英文書名是 "Habits of a Happy Brain — Retrain Your Brain to Boost Your Serotonin, Dopamine, Oxytocin, and Endorphin Levels."，該書英文版完成於 2016 年，時隔五年才有中文版。（2）The Brain That Changes Itself 是更早的書（2008），中文版也早有翻譯。但是翻譯有好有壞；我最怕「量產翻譯」。你如果去看看（2）的譯者，就會決定「還是讀英文版比較穩當」。

這兩冊都討論「腦」，而且都強調腦的「可塑性」，殊途同歸。（2）比較著重腦神經的認知功能，包括嗅覺、聽覺、視覺、觸覺、平衡等。有些人因病或因傷失去聽覺、觸覺、平衡，經過訓練，原先在聽覺、觸覺、平衡等附近的腦細胞，可以在被「訓練」之後，執行聽覺、觸覺、平衡的新功能。這種「經由訓練而新產生的腦神經功能」，幾乎是說「神經系統」具有可塑性，相當程度顛覆了傳統理論。就應用而言，如果有人嗅覺、聽覺、視覺、觸覺、平衡等功能受損，但是可以經過訓練之後而回復一些，這就是標準的「治療」。

（2）的內容我們在先前書評已經討論過，至於（1）的治療，則是指情緒管理。《創造快樂大腦》一書分析了許多種常見的情緒，諸如快樂、焦慮、愛情、喜悅、憤怒、哀傷等。這本書告訴我們，當我們的有這些情緒時，我們的身體會產生諸如 serotonin、dopamine、oxytocin、endorphin 等化學物質的分泌與釋放，由他們去「啟動」情緒。所謂情緒管理，就是在某個情緒將起未起之際，透過一些略帶強迫自己的學習，扭轉、改變、分心自己的情緒。

《創造快樂大腦》一書的「情緒治療」與一般「勵志叢書」、「成長叢書」不同，因為它包含許多演化生物學的背景知識。所有生物物種都演化了幾億年，因此，我們絕大多數的情緒，都有其演化的背景。例如，我們看到可口大餐上桌、看到吸引人的異性，會分泌 dopamine，因為我們幾億年前的祖先必須要有這種「要吃、要性，這些好棒棒」的興奮感，他們才能長得強壯、才能繁衍後代。所以，幾乎所有的情緒，背後都有它演化上的道理。當外面有刺激（stimulus），我們的身體就要有所回應（response）。情緒或是身體化學物質的分泌，都是某種 impulse-response。

既然情緒是一種刺激—反應，而且是演化的結果，為什麼我們要去「改變」它呢？又有什麼值得情緒「管理」的呢？這背後，有兩個原因，但（1）與（2）兩本書都沒有講清楚。

首先，是「群居」。所有群居的物種，都會有一些群居的文化：獅群只有公獅是老大、狼群有公狼老大與母狼老大，蜜蜂有責任分工、鯨魚的祖母會照顧孫子女……。人類的群居架構超級

複雜，組織文化、巴結奉承、察言觀色、聽音辨位等，遠非傳統生物的刺激—反應所能涵蓋。我們有時候要「戒掉」生物本能，才能在群居架構下存活。中國有個順口溜，我記不得全部，描述的就是這種「察言觀色」的現代生存策略：「領導的表情就是我的心情、領導的意向就是我的方向、領導的小祕就是我的祕密（按：小祕是指婚外情）、領導的要求就是我的追求、領導的鼓勵就是我的動力、領導的嗜好就是我的愛好……」。

我們需要改變情緒模式的第二個理由，是最近幾百年逐漸成為核心概念的「人本主義」。在人本主義之下，傳統生物的覓食、繁衍不再是目的；人的快樂、幸福、價值追求成為名正言順的目的。照人本主義的邏輯，我們當然要擺脫生物慣性，「創造快樂大腦」。

（1）與（2）兩本書，都是「腦科學」的應用。近年來絕大多數腦科學的研究，都是相當微觀層次的，例如用 fMRI 機器去偵測，A 刺激會在腦部的哪個部位產生哪個反應。但是我總覺得，這樣的微觀研究會漏掉一些有趣的東西。讓我舉幾個例子：

（1）教父電影中老教父對子女說：never hate your enemies; it affects your judgment。在腦科學裡，什麼是「不要恨」？什麼是「判斷」？為什麼恨會影響判斷？這裡對應的實驗是什麼？

（2）Steve Jobs 與許多其他人都說過，創新就是「串聯諸點」，把一些初看不相干的點連在一起。在腦科學裡，什麼叫做「看似不相干的點」？怎樣才算是完成 connection？什麼樣的腦神經結構，比較善長「串聯諸點」？

（3）我有一個猜想，不知道怎麼驗證。我猜，最近有逃難

經驗的，對外人比較自私、對自己人比較護短。逃難的人似乎必須如此，否則他們難以存活。這應該是一個比較宏觀的環境感受。但我不知怎麼定義外人與自己人，也不知道逃難背後的複雜心情。

最後，也談一談神經心理學家與佛學上不同的情緒治療。佛學理論不會去訓練我們「快樂」的大腦。我粗淺的體會是：佛學修為的「治療」是要我們練習切斷原本綿密連結的神經網路。如果不必要的連結是煩惱，那麼去掉這些連結，似乎就是「快樂大腦」了。

對於《新 AI 與新人類》，我有許多不同意見

　　蘇經天博士寫了一本書，是當前正夯的 AI 話題。我認為此書與「值得閱讀」的門檻有不小的距離。書是作者寄送的，敬表感謝，但是書中有不少觀點值得商榷。那些觀點未必是錯的，但頂多只能算是作者的一家之言。我不希望讀者太受一家之言所影響，所以提出以下評論。

　　蘇博士的學術訓練背景是生化、神經科學，對於認知科學理論、蛋白質結構擁有有豐富知識，因此他對於 AI 在新蛋白質結構探索方面的應用，我是贊同的。此外，蘇博士也從認知科學的角度將知識體系分類分層，進而解說為什麼 AI 能夠幫助人類在知識建構上更加突破，我也認為是別具創意。這些，都是此書前半部的內容。但是到了書的後半，作者犯了（自己描述舊知識體系）「線性推理」的毛病，對於他不全然了解的領域做了太多沒有說服力、甚至缺少證據的延伸，我就不得不評論一下了。

　　作者認為 AI 時代將協助形成一個「知識不再是特定群體的專利，我們將看到一個知識無國界、共享無界限的時代」。這個觀點錯得嚴重，而且非常誤導。AI 與大數據輸入是分不開的。對於擁有大數據的人或群體而言，AI 功能甚大。反過來說，對

於不容易接觸到大數據的群體，AI 像是沒有油料的 F35 戰鬥機，沒什麼鳥用。但是，誰擁有、誰能接觸到大數據，是極度不公平的。在自由世界，FB、Google、Amazon 是手上大數據最多的強者。即使AI「程式」是平價普遍的，但是「數據資料接觸」的不平等，完全看不出有什麼解決之道。即使 AI 時代，知識也絕對不可能共享，甚至不平等也將更為加劇。尤有甚者，AI 的學習功能是有報酬遞增（increasing return）的，這更會持續、擴大初始階段已然創造的不公平。

以上討論的是民間；如果把政府加進來討論，AI 的可能危害將更為驚恐。最近政治學文獻顯示，AI 將大幅穩固獨裁者的地位。以前，獨裁者的監控非常沒有效率。柏林圍牆倒塌時，東德 1600 萬人口，竟然需要 200 萬祕密警察與抓耙仔，才能執行監控，幾乎是「1 人只能監控 7 人」。現在，拜 AI 之，輔之以政府手中的人口、財稅、戶籍、房屋、通訊、IP、GPS、銀行等資料，獨裁者有如脫胎換骨，掌控人民易如反掌。例如中國的「社會記點」制度，幾乎掐死中國所有的反抗。此外，以前的獨裁者還得擔心爪牙政變，但現代的 AI 爪牙不會政變，獨裁將更加穩固。政治學者評估，2011 年的「阿拉伯之春」，現在在中國斷無可能。這樣，算是一種「AI 新世界」的成就嗎？

我想問一個反向思考的問題：一方面，中國想努力用 AI 篩檢資訊、監控人民、維持自己的極權統治。但另一方面，民主陣營的資訊工程師也可以利用 AI，去迴避中國的篩檢，也許用一種「中國 AI 篩檢沒有問題，滲入民間，但是慢慢發揮作用，逐漸掀起風潮」去反操作設計 AI。這就像，現在有類似 AI 的軟體，

去偵測某篇論文有沒有抄襲；將來會不會有另一種軟體，去「迴避」偵測軟體的偵查？這樣的矛與盾牽制，究竟哪一邊有優勢？或是，這只是沒頭沒腦的競爭？

在架構上，作者對於知識體系的了解，恐怕疏散了些。作者有化學、生醫的知識背景，也讀了 EMBA。但 EMBA 所學與人文社會的知識骨幹之間，恐怕有重大差別。若由這些知識背景而推論 AI 對知識建構的幫助，也就有些瑕疵。說個故事幫助了解：2013 年我做國科會主委時，一位台大資訊工程系的大尾教授來報告他「數位化……歷史資料」的計畫，希望國科會補助。資工教授說：數位化資料之後，電腦可以協助整理出各種關鍵字串連、形塑內容架構、文獻交叉分析等工作，這些都有利於未來研究。那個年代還沒有 AI 這個字，但是意思有點像。我的問題是：余英時會覺得這些數位資訊整理有幫助嗎？這位教授愣住了。這是值得許多人思考的問題。

我粗淺地認為，包括 AI 在內的資訊梳理，應該可以大幅降低一些知識進入的「門檻」，省下很多「苦工」。但降低門檻未必有助於知識提升。就人文社會而言，知識的提升往往是「在余英時這一級的人的腦袋裡」完成的。他腦袋裡有一套特殊的、原本空白但逐漸充填的知識系統，「外力」難以介入。如果余英時真的用 AI 去協助，反而會攪亂了他自己的系統建構。有一回我請余公寫「與蘭花有關」的書法，他說「與蘭花有關的詩句，應該最早出現在楚辭吧」！這種冷門偶然的問題，他是怎麼知道答案的？他哪裡需要 AI 幫忙找答案？如果他真的戴上一套配備偉大程式的人工智慧輔助，他自己原本的腦運作，會不會受到干擾

呢？我不知道，但是我猜：會。

即使看看科學的理論形成，我也不覺得 AI 一定有幫助。AI 的投入是數據資料，我們希望能經過大量投入數據，由此（或藉此幫助）產出「理論」。但 Einstein 不是這樣說的。$E = mc^2$ 的式子、光遇到重力會轉彎，當時都完全沒有「數據」。Einstein 的名句是：It is the theory which decides what we can observe（我則加上：not the other way around）。我認為，頂尖的研究者都有驚人的透視力；他們能夠在細部推導、實驗分析、統計迴歸之前，就大概「猜到」可能的結論。如果你問我 AI 對重要理論建構的可能幫助，我會回答：除非 AI 能幫助我們形塑透視力。

我這個想法，與 2023 年九月十六日那一期的《經濟學人》專輯結論頗為類似。該雜誌說：AI 似乎對兩個領域的知識創新有幫助。其一是 literature-based discovery，其二是 robot scientists。前者，是利用類似 ChatGPT 的技術，把科學文獻上已經存在的理論知識，做無厘頭的串接組合。後者，是用機器人權充科學家，把成千上萬個現有理論組合拼接，然後由機器人用實驗技術檢驗測試。我認為，這樣推論的 AI 可能貢獻頗為合理。AI 如果能夠幫助我們快速地連結成千上萬個「點」，是比人工厲害多了。但是這與蘇博士的推論，有非常大的距離。

蘇博士認為 AI 也有助於心靈調適，幫助我們探索內在的自我和覺醒。這個說法近乎玄妙。禪修的覺醒，是唯心面的。「從聞思修 入三摩地 初於聞中 入流亡所 所入既寂 動靜二相了然不生 如是漸增 聞所聞盡 盡聞不住 覺所覺空 空覺極圓 空所空滅 生滅既滅……」。這「盡聞不住」的境界，「數據」還有什麼意義

呢。最後，也講一下「面對 AI 的態度」。蘇博士建議我們「無須焦慮，只須積極應對」。可是我不想這樣。想積極應對卻發現自己應對不了，那恐怕才是焦慮的開始。我的哲學是：「能走絕不跑，能站絕不走，能坐絕不站，能躺絕不坐」。不管要積極或消極面對，我都不會焦慮。

資安危機
──讀《奇幻熊在網路釣魚》

　　「資安」？那不是很枯燥嗎？是的。許多科學都很枯燥，但正因為如此，我們才需要「科普」寫作啊。這本書幫助我學習很多。雖然已經幾十年不寫程式了，但我始終更相信自己的膝蓋。幾十年來，我唯一會用的軟體，叫做「助理」，下指令給助理，指揮他們調整程式。膝蓋幫我掌握大方向，由助理摸索細節，對於研究反而有利。以下，就是一個資安外人完全靠膝蓋的評論。

　　作者 Scott J. Shapiro 是耶魯大學法學院的教授，他是哲學博士、法學博士，但因為小時候曾經大玩過電腦程式，所以能夠輕鬆上手網路駭客、軟體病毒之類的知識。作者原本的研究應該是在國際法與法哲學，後來跳到網路管理，在 Yale 成立了「網路安全實驗室」。讀者可以想像：這樣背景的人寫資安，應該不會講些密碼學、圖學、程式寫作等枯燥的東西，而是用「白話文」解說資安。而且，Shapiro 筆下超級幽默。

　　基本上，這是一本「故事書」；每一章都是用實例做背景。這些實例包括：最早造成天下大亂的網路蠕蟲、保加利亞養出的一大群蠕蟲程式寫手、能夠自我複製的電腦病毒、2016 年干擾

美國總統人選的外國攻擊、殭屍攻擊與保護費等等。因為有故事做襯托，所以讀起來不枯燥。其中 2016 年攻擊美國總統大選候選人希拉蕊總部的，就是暱稱為「奇幻熊」的俄羅斯軍情局駭客團隊。他們使用的手法就是「釣魚」：偽裝 Google 總部的訊息，發「你的密碼已經被盜用，請儘速更換密碼」這個訊息為餌，釣人上鉤。一百個餌只要有少數人咬了，奇幻熊就能成功駭入，製造一場災難。

依據 Shapiro 的描述，駭客突破網路資安，通常有兩類目的。其一，純粹是為了「爽」。這些人以年輕宅男居多，也許平常不喜歡、不善長在實體世界與人互動，卻能在網路世界靠著病毒程式、集中攻擊等作為，一舉「殲滅」一整掛網站。看到四處一片狼籍，他們從「自己創造的網路廢墟」得到「爽」。

其二，則是別有金錢或戰略企圖。例如，盜用信用卡、非法轉帳等，都是駭客利用網路來犯罪，牟取金錢利益。此外，也有殭屍攻擊（串連數萬台電腦同時對某些人或網站發起飽和式攻擊）或者威脅被攻擊者繳納保護費（繳費即豁免攻擊），這當然也是爭奪經濟利益。再如，奇幻熊刺探美國選舉、國安、高官通話紀錄等，都像是間諜行為。間諜行為只是為了搜證，並不涉及攻擊。一旦進入攻擊模式，例如癱瘓某國大選計票系統，則就是網路作戰了。

這書寫於 2023 年，我認為其所討論的網路安全，恐怕少了一大塊。

這本書所討論的網路「不安全」，基本上是「無個人特徵」的（anonymous），例如某甲駭得某乙的密碼，而對乙發動侵

犯；或是某甲對某乙發動飽和式殭屍攻擊。上例之中，除了乙的信用卡密碼、基本資訊之外，甲根本沒有任何乙的特定資訊，乙對甲是「無個人特徵」的。但是我相信，將來的資安侵犯型態，會有越來越多「有個人特徵」。

例如，假設某甲竊取了台灣 100 萬人使用 Google、Facebook、抖音、信用卡、行車記錄器的資料，也取得此人在淘寶、momo 的購物資料，則某甲對這一百萬人知之甚詳；他們平常與哪些人互動、搜尋哪些八卦網站、在哪些影片駐留良久、購買哪個品牌的寵物食品、去過哪些地方等，某甲一清二楚。然後，某甲用 AI 對這一百萬人做側寫（profiling），真的像是做到「觀其眸子 視其所以 察其所安」，於是「人焉廋哉」。這個時候，某甲若要對這一百萬人發起攻擊，不論是詐騙其金錢、影響其投票、改變其行為、動搖其決心，應該要容易很多吧？

簡言之，上面我描述的資安新危機，是從「無個人特徵」進化到「有個人特徵」，背後有準備攻擊對象的完整資訊與側寫。這樣的資安攻擊不是機槍掃射，而是具有狙擊望遠鏡的個人式攻擊。說它是「攻擊」卻又不夠精準，它也許只是「在大選投票前一天，傳送特定訊息給特定人」，如此而已。假設，某甲的資訊分析得知我平常愛流覽黃金獵犬的網站，又經常向淘寶訂購大顆粒狗食，那麼某甲幾乎確定我養了幾隻狗、什麼狗。於是，在投票前一天，某甲透過 TikTok 傳來某候選人「用香菸頭燙黃金獵犬」的影片，因為是 AI 處理過的，難辨真偽。像這樣「因人而異」的影片對一百萬人發送，只要有百分之一的人因為心生猜疑而決定不去投票，那就是一萬票。這樣影響選舉，應該要比當年

的奇幻熊更有威力吧？

　　以上我在講虛玄的故事嗎？絕對不是。民主國家有種種制衡，所以一個 Snowden 爆料，就促使美國政府修改其監聽法規。但是中國共產黨絕對不會有「制衡」這種礙手礙腳的東西。中國共產黨手中，絕對有 14 億人民所有的大數據，包括淘寶、打滴、繳稅、微博、微信、百度、家人……。這些數據資料再加上「社會計點」制度，人民根本是一舉一動都在控制之中，豈止是「投票前一天」那麼狹窄短暫。

　　簡言之，我認為在大數據與人工智慧的時代，最大的資安威脅應該不是「無特徵」的電腦蠕蟲、病毒、駭客、殭屍等傳統傢伙，而是經過側寫的個人資訊傳輸。作者生活在一個人數據受到規範的美國，體制上又有種種的制衡規範，所以對於我描述的情境想像遙遠、著墨極少。但我認為「有個人特徵」的網路資安威脅是十分急切的。

化流體為結晶
——讀《重啟人生》

　　英文書名是 "From Strength to Strength: Finding Success, Happiness and Deep Purpose in the Second Half of Your Life"，作者是 Arthur C. Brooks，為哈佛商學院院長，先前做過知名智庫 American Enterprise Institute 的院長。這位教授不是「從小會讀書」那一型，年輕時是法國號演奏手，十多年巡迴各地演出，年近三十才靠「函授」補回大學學歷，然後走上學術研究，非常另類。

　　這本書看書名像是一冊很「俗」的勵志書，其實不然。此書榮獲紐約時報暢銷第一名，不容小覷，表示其寫作與內容絕對有它獨到之處。此外，作者能夠在樂手、教授、智庫院長、哈佛商學院院長等職位之間跳躍遊走自如，也印證作者的絕頂聰明。這等智慧一則呈現在書的內容，再則也表現在它的鋪陳文字。

　　書的內容，大略是說：所有人的職涯都必將衰退，繁華必將殞落，而你我如果能夠在心態上與人生路線上做些調整，就可以像電腦關機再開那樣「重啟人生」，洗掉一些執著、不自陷於一些令我們不怎麼愉快的記憶。

作者的主論述，是引用心理學家 Raymond Cattell 的理論，將人類的智力區分為兩類：其一是 fluid intelligence，譯為流體智力，它涉及閱讀與數學能力，與「創新」密切相關。Cattell 發現，流體智力在人 30 到 40 歲就急速下滑。例如，理論數學、理論物理、新創事業等，差不多都是 40 歲以下年輕人的天下。數學的 Field's Medal 根本只頒給 40 歲以下的學者，好像也沒什麼遺憾。楊振寧得諾貝爾獎 35 歲、丘成桐選上中央研究院院士 35 歲。年紀一大把才選上院士，都是人文社會學者。

　　為什麼人文社會學者比較是「大器晚成」型的呢？這就談到第二種智力，crystallized intelligence，譯者翻譯為「晶體智力」，但我認為比較理想的翻譯是「結晶智力」，它是一種「運用以往累積的庫存知識的能力」。以往累積的知識很可能龐雜無序，像是散沙處處，而結晶智力則是一種連結串接雜沓諸點的本事。因為是結合串聯，所以謂之「結晶」。一個人從流體智力衰退轉換到結晶智力的發揮，這就是書名所說的「重啟」人生。例如，做純數學的人轉軌到應用數學，可能是一種重啟；做理論研究的人轉軌到理論教學，也是一種重啟；作者自己從法國號樂手轉軌到知識探索的研究世界，也是一種重啟。

　　「重啟」容易嗎？恐怕不容易，而且對先前越成功的人越不容易。絕大多數成功的人都不願意離開成功的軌道。他們明明看到、知道自己在走下坡，但就是不願意接受。更常見的情況，是當事人「加倍努力」，希望用努力來彌補成績與表現的下滑。如此，則進入「江河日下」與「加倍努力試圖挽回」的惡性循環，最後往往都是悲劇收場。有的結局是當事人長期鬱悶、有的是當

事人被工作單位踢走、有的是當事人瘋狂。

作者於是整理了許多有趣的故事，去描述以前成功轉軌的例子或是拒絕轉軌的下場，告訴讀者該怎麼做。這些心理建設，當然有相當的哲學態度與宗教理念。如果要綜合整理，差不多就是聖嚴法師的 12 字教誨：面對流體智力的必然衰退，我們要「面對它，接受它，處理它，放下它」。做好這些就自然轉軌，人生自然「重啟」。做不好就向下沉淪，抑鬱以終。

「重啟」的細節，我不可能在此重述，但是有一兩處於我特別有感。其一是作者指出，很多成功的人不願意離開原來的軌道，是因為離開就等於承認自己失敗、暴露了自己的弱點。對此，作者引述《聖經・哥林多後書》，陳述「示弱」的好處。保羅給哥林多的信是這樣寫的：我為基督的緣故，喜歡在軟弱中，在凌辱中，在艱難中，在迫害中，在困苦中，因為我幾時軟弱，正是我有能力的時候。

也許上面這段話，對於台灣的政治環境也能有些啟發。2016年民進黨完全執政，《今周刊》把林全描述為「金剛閣揆」。用股市術語，當時是「利多出盡」。這個氛圍造成社會過高期待，也造成施政的自負，對社會不夠敏感，導致兩年後縣市長選舉慘敗。現在的三黨不過半、立法院長失守，對民進黨而言差不多是「利空出盡」。大家都認為很難做事、是一個非常困難的環境，也許反而「做出成績就是加分」，政策也因為立法院不是多數而必須務實溝通。這樣，算不算是一種「重啟」的契機？在政治上，「上帝」就是選民。政治人物的權力來自於選民的賦予，而政治人物的工作，也應該是要服務人民、榮耀人民。人民之於民

選首長，就像是上帝之於保羅。保羅需要謙卑、要知道自己的不足，才能發揮能力，政治人物又何嘗不然？

最後，作者講了許多他自己的重啟，我也想談一談我的人生經驗。我過去幾十年一直教高中生、大學生要「不住相讀書」，不計目的的廣泛閱讀，讓腦子裡充滿龐雜無序的知識。若從作者敘述的架構來談，腦子裡積存的知識越多，將來要發揮「結晶智力」就越容易。過去二十年，我深深感受到龐雜知識對我的幫助。

最近，剛剛寫完一篇學術文章，分析中國的「戰狼外交」，也許可以做為「散亂知識結晶」的註腳。我與合作者分析 #Me Too 運動，認為那不僅限於性騷擾，其實更泛指所有「弱勢者對強勢者霸凌的反彈」。#Me Too 的關鍵是：越多弱勢者發聲，就能鼓勵更多原本不敢發聲的人挺身而出。除了理論與統計分析，我們也將分析應用到「全球弱勢者對戰狼外交反彈」的此起彼落，指出那也是一種 #Me Too。喊話抗議的包括北歐諸國、包括東歐諸國、包括最近英國機場的鋼琴演奏者。把 #Me Too 與戰狼鏈結在一起，你覺得有沒有一點「結晶」的樂趣呢？

你的自由不是你的自由
——《拯救我們的自由》與 AI 管制

作者 Bijan Moini 是德國的律師，一年半前來台灣開會，由中央研究院法律學研究所所長李建良接待，幾經接觸之後，李所長願意為原作者翻譯此書。書的內容，大致是解說：為什麼人的自由極可能在數位時代遭到侵犯？大型科技公司如何操作資料、推薦商品、獲取利益、扭曲資訊？對於這些扭曲，作者提出的解決方案，就是「管制」這些資訊業者，例如用公平交易法強制打散 FB、Instagram、WhatsApp，或是禁止單一個人控制資訊公司、或是強制平台之間互通連結、或是禁止程式設定的推薦、或是將資訊業者設定為資訊受託人……等等。

對於作者的憂慮及其對資訊業者的管制建議，我差不多都同意。以下，我則要提出一些書中沒有提到的意見。

Moini 認為，數位環境與 AI 侵犯了我們的自由，我認為作者對於為什麼「他們」能夠侵犯「我們」，解說得還不夠清楚。是什麼因素決定誰是侵犯者、誰是被侵犯者呢？我自己的看法是這樣的：AI 的操作需要快速的運算、先進的晶片等，這些都需要錢。但是這些預算門檻還不算高到駭人；最難的是巨量資料的

取得。就算我們家後院都有超級電腦，速度可以操作 AI，但若是沒有巨量資料，AI 根本無用武之地。關鍵是：在 AI 崛起的資訊時代，「資訊擁有」的極度不公平，決定了誰是強者誰是弱者、誰可以知道別人的底細但別人卻一無所知。Google、Amazon、Facebook、Alibaba 這些大科技公司之所以喊水會結凍，就是因為他們手上擁有的資料是我們的幾兆倍，所以他們才有需要、有能力去操作 AI。因此，資訊大量不公平是源頭，造成 AI 只能為資訊強者所用，以致於資訊弱勢的我們失去自由。所以，不自由與資訊擁有嚴重不平等，是密切相關的。

對於 AI 的扭曲，Moini 提到大型資訊公司以及極權國家如中國。但是 Moini 所建議的管制手段，絕大多數是針對人型資訊公司，沒有太多涉及中國的討論。我們當然了解「處理 Amazon 侵犯人權自由」與「處理中國侵犯人權自由」是不同的課題，可是我想提醒：中國對於美國等民主國家人權的危害，恐怕不小於資訊公司如 Amazon 或 FB。Amazon 長期收集我們的購買資訊，經過側寫（profiling），經常向我們推薦一些無厘頭的商品，干擾我們的選擇自由，這是作者的重點。但是淘寶呢？如果民主國家的公民經常在淘寶買東西，淘寶也可以側寫，知道某甲愛貓，可以針對個人，製作深偽（deep fake）的影片。在美國大選前一天，某甲的 TikTok 收到一則影片，錄到某位候選人不利的影片。由於影片是針對部分人精心設計，所以影片種類有數百萬，候選人根本沒有辦法一一澄清。但只要有一兩趴的人因為心生懷疑而不去投票，那效果就達到了。所以，威脅我們自由的，既來自大型資訊業者威脅，也（更）來自中國。

前述的故事完全不在 Moini 討論範圍之內，但是我覺得更恐怖。Moini 擔心民主國家的大型科技公司用 AI 侵犯民主國家人民的自由，而前述故事卻是極權國家利用 AI 去侵犯民主國家的體制、扭曲其選舉、炮製一個極權國家想要的人當選總統，比 2016 年俄羅斯影響美國大選更為嚴重。我們要怎麼辦？我們要怎麼防範呢？由於極權國家根本不在民主國家的管轄範圍，我們該如何處理呢？個人自由是私法益，國家民主制度是公法益；AI 不但影響私法益，也很可能影響公法益。造成傷害的不只是私人資訊公司，更可能是境外勢力。

　　不論是 Moini 的書中所寫或是我前段所舉的例子，目前都還欠缺超越合理懷疑的證據。即使歐盟接受了 Moini 的建議，提出一些管制政策，但由於我們是法治國家，受到約束管制的公司可以向歐盟法院提出訴訟。例如美國川普曾經禁過 TikTok，但是業者提出訴訟，美國政府敗訴，禁令無效。歐盟也是一樣；萬一業者挑戰哪個管制，司法審判是唯證據是問的。我們要怎麼「證明」淘寶有側寫？如果真有，它「如何」侵犯我們的自由？我們怎麼知道「如果沒有俄羅斯干預」的美國選舉會怎樣？能否創造「干預與否」的實驗組與對照組，俾便統計檢定？

　　侵犯自由背後有幾重元素：「收集資料」的可能是軟體（例如 TikTok），可能是內鍵在設備裡的 sensor；「分析、側寫」資料的可能是 AI；「使用資料」的目的可能是推銷商品、或是影響我們的投票行為。對於民主國家內的大公司如 FB 或 Google，我們要管的究竟是資料的收集、還是分析、還是使用？我認為這需要釐清。但是對於極權國家，由於我們不可能管到他們怎

麼分析、怎麼使用，我們唯一能做的，似乎只有「禁止他們收集」。2024/02/28 美國總統拜登發布禁令，禁止極權國家對美國公民的資料「收集」，大概就是這個考量。但是我們得想清楚：資料收集，可能來自向淘寶購物、Alipay 支付、用北斗衛星導航的汽車、上微信聊天、用中國平台搜尋……。我們是不是要全部禁止？概念上，在數位環境下，「資料牆」必然涉及「實體行動牆」；禁止北斗七星導航，恐怕必須要禁售中國製造的 Volvo 汽車（內建北斗七星導航）。這背後，是頗為複雜的。

科技與共榮的千年辯證
——讀《權力與進步》

　　這本書的副書名是「科技變革與共享繁榮之間的千年辯證」。作者的主要論點大略是這樣的：（1）科技進步必須要伴隨著「幫助人類」的初心，否則極有可能回過頭來反噬，或是侵犯人權、或是造成一些人的災難。（2）歷史上科技進步反噬的例子很多，例如軋棉機的發明強化了美國南方的蓄奴制度、或是強化了殖民帝國在殖民地的奴役。又如工業革命雖然也是科技進步，但其後一百年卻出現慘無人道的童工、女工、長工時、低工資的壓制，也是共產主義興起的背景因素。再如化學肥料的發明與製造化學毒氣是同一位諾貝爾獎得主，但是毒氣當然是反噬人類生存的著例。（3）當然，也有一些科技進步是有助提升人類福祉的，例如「電」的普及大幅改善工廠布建與運作，促成了汽車、家電等物品的大規模生產，於是勞工需求大增、產業圈擴展迅速、而收入增加的勞工也會增加購買，如此正向循環，二十世紀上半世紀大幅提升人類的生活水準。

　　至於哪些科技可以幫助人類、哪些科技會反噬，兩位作者刻畫了一些條件，大致而言有兩個重點：一、科技的發展必須是

「擴展效果大於取代效果」；二、必須要政府監管與勞工參與兩項制衡機制。且讓我簡要說明。

所有的科技進步，難免都有一些「取代效果」，新技術踢走舊技術，於是原來倚賴舊技術的勞工就「被取代了」，他們的福利一定受損。但是在此同時，只要新科技創造的新方法、新連結、新應用、新活動夠多夠廣，那麼這些「擴展效果」就可以彌補取代效果，造成正面的結局，就像是前述二十世紀上半的例子。

但是新技術未必是擴展效果大於取代效果，而且就算新技術有這個潛力，也不保證會「選對的技術、走對的路」，原因是：新技術的趨動，背後往往有資本家或發明人的利益；他們的利益很可能與社會利益背道而馳。例如軋棉機的發明並不是壞事，但是能夠利用軋棉機新技術的大都是棉田地主，而他們又多蓄養奴隸。於是基於自利，奴隸蓄主會在軋棉機發明之後更加「好好利用」奴隸，奴隸遂成了軋棉機新技術下的受害者。但是如果國家有禁止蓄奴或勞工保障的監管法規，或是棉田工人能夠形成強大工會，制衡棉田雇主，那麼軋棉新技術就沒有什麼不好。

講完過去一千年的技術變革樣態，Acemoglu 與 Johnson 的重點其實是當下最夯的新科技：AI。兩位作者認為，無論是橫看豎看立看躺看，AI 都是「取代效果大於擴展效果」。至少到目前為止看到的 AI，大都是取代原本勞工可能做不好的事，於是 AI 使這些舊勞工失業了，但卻沒有什麼「因為 AI 而新創」的工作機會。此外，AI 被少數科技巨頭所掌握，例如 Facebook、Amazon、Google 等，他們遊說國會、惡意併購、壟斷資訊、放

任社群媒體的惡毒或極端言論、激化社會矛盾、摧毀民主、干擾選舉、侵犯隱私、少數人大賺錢、激化貧富不均，簡直就是豬狗不如。這些都還是在民主國家；至於極權體制國家，由於他們手上的個資是「集大成」的，所以根本就是豬狗不如的平方。這些，作者認為都是 AI 或是（更廣泛而言）數位創新的後遺症。究其原因，就是前述監管不足、擴展不夠兩項。

基本上，兩位作者所述都是對的，但是我還是有幾點補充：

一、作者認為自 1980 年後美國的薪資凍漲，主要是因為技術進步「擴展不足、監管不力」，我認為似乎輕忽了「全球化」的影響。即使技術面有兩位作者所說的問題，但是全球化與「中國工廠」的崛起，對美國勞工絕對產生極大的「取代」效果。不止美國如此，台灣如此，全球皆如此。

二、作者雖然提到大數據對 AI 非常重要，但是沒有強調這兩者之間的強烈互補。簡言之，沒有大數據，AI 只是個沒有學習標的的閒置軟體，而若沒有 AI，大數據只是一堆無從下手的閒置資料。但兩者相輔相成，則威力盡顯。正由於 AI 與大數據的強烈互補，所以「AI 對擁有或能接觸到大數據的人有利」；那些碰不到大數據的人，就處於絕對劣勢。前述在數位時代呼風喚雨的兆元富豪 Zuckerberg、Bezos、Page 等，不都是靠大數據 AI，分析資料、側寫特徵、精準投放廣告、再度收集資料、再次改善廣告精確……而大賺其錢的？我們必須要了解 AI 與大數據的強烈互補，才能理解背後的問題。

三、AI 對於民主的威脅，也與前述互補性密切相關。一般而言，獨裁者手中握有的大數據資料，遠比反政府的社群要多。

除了戶籍、租稅、房屋、土地、股票、汽車、國營電話通訊等資料，獨裁者可以強取社群媒體、搜尋引擎、電子商務、GPS 追蹤、各種流覽、各種 apps 的資料，形成一個超級大的資料庫，輔之以 AI，就完全掌握了民間社群的一舉一動。從前的「帝力於我何有哉」，現在的獨裁帝王可以高呼「異議於我何有哉」。AI 對於民主的危害，乃在於此。

四、雖然兩位作者也提到 AI 在維尼政權的恐怖操作，但是他們畢竟不懂國際政治，所以本書所有的建議，都是針對「民主體制內的資訊業者」，如 Facebook、Amazon、Google 等。Acemoglu 與 Johnson 對於維尼，基本上是束手無策。但問題是：民主國家單單處理 Facebook、Google、Amazon 等體制內的巨頭，打散之、監督之、規範之，恐怕並不能解決問題。即使管了 Amazon，還是管不了淘寶藉美國人上網購物而蒐集美國人的資料。即使管了 FB 的訊息流程，還是管不了境外透過抖音的訊息篩選。即使規範了大選期間的美國社群媒體，還是管不了俄羅斯介選。簡言之，由於「資訊無國界」，老美恐怕不能「自掃門前雪」，也必須管「他人瓦上霜」。

五、我自己粗淺的推論是：將來恐怕難以避免出現民主陣營與極權陣之間的「資訊牆」。牆的兩邊，陣營之內資訊互通；陣營之間，則彼此都有許多「禁止蒐集資訊」的限制，幾乎是雞犬互不相聞，反而實體人員商品互通，老死之前常相往來。這種詭異的場景，我連想像都覺得毛骨悚然。理想上，資訊科技是要促進大家的訊息收集。但如果結果卻是實體空間互通，虛擬空間阻絕，這是何等的諷刺！

最後，我覺得這本書相較於 Acemoglu 先前的幾本書，例如 Why Nations Fail、The Narrow Corridor、Economic Origins of Dictatorship and Democracy，似乎遜色了一些。章節銜接有點鬆散、若干推理有些霸道、第三章「說服的力量」論述有些離題、對極權體制的討論缺少因應想像。Acemoglu 著作真的是「等身」，這本書也還是瑕不掩瑜。在理想上，著作不必「等身」；不必多。因為「君子不多言，言必有中」才是硬道理。

人物傳記

談談兩個「小人物」

　　這兩本書，都是「天下雜誌」出版的。兩冊書的主角——陳定信與賈伯斯——都是因為胰臟癌而去世。兩人之中，我只尊敬一個人。

　　Steve Jobs 當然是電腦界的巨人。他推出的 Lisa 電腦、Mackintosh 電腦、Next 電腦、iPod、iPhone、iPad 等，在市場上都能引領風潮；尤其是 iPhone 與 iPad，那幾乎是革命性的影響，改變了「捷運搭車文化」。比聲名比財富，天下雜誌所出版書籍的所有主角，恐怕沒有什麼人能夠與 Steve Jobs 相比。但是人生本來就不是要比名聲財富啊！

　　《小人物》一書的作者是 Steve Jobs 的女兒，她用平淡的筆觸記述她與父親相處的十幾個年頭，大概從她有記憶的七歲到大學畢業的二十歲出頭。Lisa 的媽媽從來沒有與 Steve Job 結婚，1978 年生下 Lisa 後，Steve Jobs 一直否認 Lisa 是他的孩子。後來經過 DNA 鑑定，Steve Jobs 才心不甘情不願地承擔起扶養，1980 年起每個月支付 385 美元。我 1981 年領教育部公費留學獎學金，差不多也是那個數字，相當微薄。

　　依據 Lisa 記載，扶養官司爭執好幾個月，但是 Steve Jobs 的

律師最後匆匆妥協。在他父母簽定協議之後四大，蘋果公司上市，Jobs 的身價突然變成二十多億美元。看看！二十億相對於每個月 385 美元，由這個精心算計的爭議妥協時點，你大概已經了解 Jobs 這個人了。

Lisa 慢慢長大之後，Jobs 也許發現 Lisa 與自己長得很像，漸漸增加與女兒的互動。說這是「互動」其實不太精準，也許更像是單向的「臨幸」。Jobs 有空了，就約她們母女二人吃個飯、看個戲，陪 Lisa 滑直排輪、帶她去逛街；Jobs 沒空就不會出現。哪天 Jobs 想到了，就幫她們母女買輛新車、稍稍增加扶養費金額、換間大一點的房子等等。但是這樣的臨幸式獎賞，金額絕對不會太大、車子絕對不會太好、房子頂多只是夠住。而且絕大多數時候，是要母女二人提出「請求」，然後由 Jobs 依心情決定准駁。所以，重點不在於「20 億 vs. 385 元」的財富差距；重點是「控制」。Steve Jobs 完全利用他的財富，完成對這對母女的控制，長達十幾年。

以下我想要引書中一兩個場景，刻畫一下我對 Steve Jobs 的厭惡。

Lisa 有一位年齡相近的表姐來玩，Jobs 帶 Lisa 母女及一群小孩子上餐廳吃飯。書中沒有提到那是哪一年，但是前後文對照，表姐大概十幾歲初中生吧，大里大氣，少根筋那種。Jobs 那天也許工作不順心情不好，只因為表姐點菜聲音大了一點，Jobs 就有以下的羞辱性訓斥：「你有病是不是？」「你連話都不會說，吃飯也不會，你們在吃屎。」「有沒有想過你的聲音很可怕？拜託你，別再用那種可怕的聲音說話了。」「真希望我不用

來這裡看到你。我完全不想再多花半分鐘跟你相處。醒一醒好嗎？當個像樣的人」。Jobs 聲音很大，別桌客人也聽到了。然後，表姐大哭……。

再一個例子。Jobs 帶她新婚妻子與 Lisa 到夏威夷度假，那時候 Lisa 已經讀高中。他們在房間裡點餐，Jobs 可能要點新鮮的紅蘿蔔，但是廚房送來的可能是新鮮的混著煮熟的。Jobs 先退回一次，第二次送來還是「不全是新鮮的」，Jobs 就對服務生開罵：「你應該想想自己為什麼在這裡。還有你到底有沒有認真做你的工作。因為到目前為止，你做得爛到可以。你做的每件事都爛到可以。你只是再三地把這盤狗屎端出來……」。當然，最後經理出來道歉……。

我想說的有兩點。第一，我們每個人都發過脾氣，有時候是真的氣到、有時候是惱羞成怒。但是，我非常討厭一個人針對弱者發脾氣，因為那是欺負人。在《小人物》一書中，Lisa 所有印象深刻的、描述細節非常清楚的發脾氣，都是 Jobs 對比他弱很多的人。前例中一個是十幾歲的中學生，一個是在大飯店打工的服務生。這些人其實都沒有犯什麼大錯，就只是莫名其妙地碰上 Jobs 心情不好。Lisa 觀察其老爸久矣，知道他什麼姿態、什麼時候會發作。Lisa 把這發脾氣描述為「攻擊」。可是我的出發點不同；我是看發脾氣的對象。專門對於弱勢發脾氣，那是欺負人。

台灣也有一位「首富級的」大老闆，以「對員工羞辱性斥罵」聞名。我覺得對弱勢、對員工、對沒有辦法頂嘴回斥的人發洩，都是卑劣的。若有種，Steve Jobs 就該在 Warren Buffett 家吃飯的時候發飆看看？Jobs 若是敢對 Warren Buffett 飆罵，我還稍

微尊敬他 一點。

第二，發脾氣，還是有「擇言」的空間。Jobs 對於十幾歲的孩子、旅館的女服務生用那麼刻薄惡毒的語言咒罵，他完全沒有一點點想像，這會造成什麼傷害。這個孩子夜深人靜的時候，會不會有心理創傷呢？會受傷多久呢？能復原嗎？那位旅館打工女服務生，一定也是社會的弱勢群體，她會不會被老闆 K，甚至失去工作呢？她如果丟了飯碗，怎麼生活呢？

雖然說「觀微知著」，但是我們還是可以耐心閱讀作者在書中描述的其他例子，更能掌握全貌。Steve Jobs 要女兒搬來他家住，他心底已經打算給女兒某一間房間，可是女兒選了另一間，Jobs 就不爽。冬天，那個房間的暖氣壞了，女兒向老爸提出維修暖氣「申請」，老爸拒絕。這是對「女兒自己選擇房間」的懲罰嗎？幾年沒有暖氣之後，有一天女兒用自己的零用錢找人修暖氣，也不過 40 美元。以 Steve Jobs 的身價，拒絕出這 40 美元，這是不是病態？

又有好幾回，他要求女兒到家裡或是他處度假，都是用「你有義務多參與家庭活動」做道德喚召，附之以「你如果不來我就不幫你出學費」之類的金錢威脅。後來，女兒真的有一年的大學學費 Jobs 懲罰性拒付，反而是鄰居看不下去而贊助的。讀者有看過這種威脅子女的父母嗎？Lisa 母女居住的庭院清潔工有性騷擾的傳聞，Lisa 媽媽向 Steve Jobs 提出「更換清潔工」的「申請」，他拒絕；寧可讓念初中的女兒暴露在性騷擾的風險下，也不輕易「批准」一件母女申請案。這不是病態，什麼是病態？

我想說的是：對 Steve Jobs 而言，幾乎所有人、所有事，都

是沒有意義的、都是可以做交易標的的。唯一真正有意義的，就是他自己的目標達成。在他的自傳、維基百科的紀錄，我們找不到任何他捐助慈善團體或事業的痕跡。一切，都只有他自己。

接下來我談談另一位剛剛因為胰臟癌而去世的長輩——陳定信院士。陳院士生肖大我一輪，他與我如果以朋友相稱，幾乎是「忘年之交」。我與陳院士相識，是在 1992 年第一屆的台大校長遴選委員會，那時他是醫學院代表，我是法學院代表，我們一起開過大概 30 次會。由於開會的過程「精彩」，所以我們彼此相知相惜。30 次會議，人焉廋哉？

斯時也，台灣所有的大學校長，還都是官派的。用非官方指派方式選校長，台灣從來沒有發生過。我於是把「如何遴選校長」當成學術研究，努力跑圖書館，先找文獻，看看全世界別的大學是怎麼遴選大學校長的。但是當時台大有一些所謂「一人一票拜物教」的老師，只想把政治選舉那一套搬到校園，主張「校長普選」或是「校務會議代表普選」。我與定信大概是當年遴選委員會 15 人中反對普選的二三人。我們聯手作戰失敗，但是也因此彼此有些了解，成為好朋友。

定信理想中的校長人選是黃崑巖，當時他是成功大學醫學院院長。台大校長遴選委員會請他來座談，15 票全票同意。但是黃崑巖教授說：「如果你們要我來做，我接受。但是如果要把我與其他人放在一起去投票、比票數，那是競選，不是遴選；我不會在大學校園裡競選。」但是礙於台大的爛規定，遴選委員會一定要送二至三個名字給校務會議做普選投票，我們沒有辦法依其所願，黃崑巖於是退出，這是台大的損失。三十幾年前，定信與

我都支持對的遴選辦法，支持有理想抱負的校長候選人，可惜我們沒有成功。結果，台大的「普選校長」辦法影響了全台灣其他幾十所大學，迄今依然。我認為，台灣高等教育之衰敗，很大一部分歸咎於這種「一人一票拜物教」的選校長爛制度。

陳定信院士與 Steve Jobs，一個是學院教授，一個是企業家，行業差距甚遠，也許比較起來不甚公允。但是我覺得，兩者之間的對比，頗有資本主義與社會主義的差別觀照。Jobs 是成功的企業家；就像馬雲、Buffett 一樣，許多人都喜歡瞎跟風，搞盲目崇拜。「哇！賈伯斯吔」，拚命「從名人句子中尋找智慧」。例如 Jobs 說，「永遠永遠永遠永遠永遠不放棄」、「把每一天當成生命最後一天」、「人生有限，別浪費生命為他人而活」，許多人都當成金句來琢磨，非常可笑。你冷靜想想，這些「名句」真的那麼有智慧嗎？句子中的描述，真的是人應該追求的嗎？

對教學研究者而言，我們與做生意的人至少有三點不同。這些差別，幾乎有點像是純粹資本主義與社會關懷的差別。首先，大學教授當然希望學生們創業成功、實驗成功、寫作成功。但是我們永遠了解，許多學生不是那麼成功，甚至總有 10%、20% 的孩子會失誤失敗。一個好的教授，其對失敗失誤者的關心、疼惜、扶持，恐怕還要大於他對於成功者的喜悅。教授們若能把一個原本脫軌的學生拉回來，那才是真正的滿足。此外，在企業競爭的市場環境，每個人都維持著一些「提防」之心。但是教授之於學生，卻是全無保留的傳承。

其次，教授希望學生們努力，但是未必是要他們「每一天當成生命最後一天」。所謂「最後一天」，通常周邊環境都已經設

定清楚了，當事人所需要做的，只是權衡種種成本效益，然後全力以赴。但是學生階段的生命探索，卻充滿了許多不確定性，周邊環境未必明朗。我們老師經常鼓勵學生，不要那麼在乎以前人的看法想法，而要勇敢地嘗試摸索。我們欣賞的學生，不是把每一天當成生命最後一天，而往往是把每一天當成生命第一天，勇敢而無畏地點燃自己的生命蠟燭。

教授與企業家的第三點差別，則是「人生目標」。Steve Jobs 說他不想「浪費生命為他人而活」，但是做老師的一生，幾乎都是在為他人而活。老師的唯一使命，就是知識傳承，而傳承，當然就是為了他人。我記得黃崇憲教授記述他在研究所時期的老師 Eric Wright 教授，有這樣的敘述：有學生對 Wright 教授提問，通常原來問的問題離離落落，Wright 則將問題用他的語言重述，然後順過邏輯，重新呈現。這時候學生已經受寵若驚，「我竟然問了這麼好的問題！」如果問題是質疑 Wright 見解的，他不但順過問題，還拉高層次，直到正反雙方勢均力敵，然後才提出自己的見解。Wright 對於學生反對的意見，看得比提出問題者還要嚴肅。你說，教授是不是「為他人而活」？

這個事例也讓我想到幾年前一個台大的案例。台大校務會議的學生代表提案，要在校內成立轉型正義小組，檢視過去數十年的校內事件，然後提出檢討報告之類。這個學生提案也許有不周延之處、也許受到社會事件的影響；照前述 Wright 教授的做法，老師輩應該嚴肅看待，然後善意順過提案的鋪陳，補強論述，提升到勢均力敵，然後再仔細討論。結果台大的做法是：先把提案醜化到「拆傅鐘」，然後匿名串連校友及媒體，發起圍勦。這個

做法不但不是平順、補強、提升學生或許有瑕疵的提案，而是扭曲、貶黜提案，搞到提案不但不是「勢均力敵」，而是「不忍卒睹」，然後由多數教師代表投票封殺之。對學生提案施以這樣的大學「教育」，台大的表現真是惡劣，與 Wright 教授所述有天壤之別。陳院士如果還在世，我相信也是相同的教育理念、相同的感慨。

在過去近 30 年的互動中，陳定信教授偶爾會提到一些他的處事原則，對我影響很大。台大醫學院的研究風氣原本不夠積極，陳院士制定升等改革方案，推動了十幾年，逐漸打下基礎，脫胎換骨。醫學院有些教授喜歡文章亂掛名（你知道是誰吧？不知，去 google），占學生輩的便宜。定信告訴我，他絕對沒有任何一篇掛名的文章，不是自己看過、改過的。陳院士已經是內科正教授之後，卻親自擔任「中央研究院駐院醫師」，每個禮拜來半天看診。這種工作既無油水也無研究題材，通常是小咖醫師被塞去做，但是陳院士完全不介意。

定信與我偶爾一起聯署一些文件，對某些政治事件或人物表達支持。所有他聯署支持過的人物，即使後來表現走調或不如預期，他也從來不會像某些學界大老，或是惡言相向或是撇清關係。定信的同學捐助了一個獎學金，每年得獎者都有成果發表會。雖然只是大學生的初步嘗試，內容普普，但是定信通常坐滿一整天，仔細聆聽並且提問討論。若不是我親戚在現場事後轉告，外界根本不知道。定信有兩次鼓勵支持我選台大校長，我說我絕對不拉票拜票，應該是選不上的。陳院士回說：敬一，如果你是會拉票拜票的人，我就不會支持你了。哲人已遠，這些點滴

對話，過去幾年都在我內心低盪不已。

定信一生最大的成就，應該就是對於台灣人「國病」——肝炎的研究，以及相關的疫苗施打與普及。我在做行政院科技政委的時候，他跟我聊過許多當初投入過程，包括幾十年前科技政委李國鼎的支持，與他團隊的努力等。在台大肝炎研究中心許多人的努力下，台灣的肝炎已經受到控制，「國病」讖名不再。定信因為台灣本土肝炎研究的貢獻，2005 年獲選美國國家科學院海外院士，我高興得不得了，當天晚上打電話給我熟悉的幾個媒體，希望他們多報導這件「四百年來第一人」的台灣喜訊。

對比教授與生意人也許未盡公平，但是我想要對比的，是兩個生命、兩個典型。但只有一個，是我推崇尊敬的。

讀《喬·拜登》談「從政」這回事
──說說二林科學園區的故事

　　二林園區要轉型，必須要調整產業用水量。2012 年因為面板產業不去設廠了，我們將整個產業方向調整為「精密機械」業，用水量由每日 16 萬噸驟減為 2 萬噸，重新提計畫到行政院。但是不論如何溝通，行政院不批准就是不批准。另一方面，環保團體還是不滿意；他們認為整個園區計畫要撤銷。這個我卻不同意。政府計畫背後有千絲萬縷的合理與不合理利益，都糾結在一起，園區用水只是其中之一，例如在地產業發展，不能說不是合理利益。現在既然用水大幅減少，園區「產業轉型」幾乎是行政機關能夠調整的極限。我認為，環保與經濟發展不是 0 與 1 的選擇，而是要大家妥協到 0.4 或 0.6。要妥協到哪裡可以商量，但不能堅持 0 啊！我們的產業轉型方案既被環保團體罵，也被行政院嫌，兩面不是人。

　　就像《喬·拜登》一書所描述，人的一生充滿曲折，運氣往往比規畫更重要。整個二林園區轉型的事，因為兩件事而改變。第一件，是林益世因貪汙案錄音而被拔官。林益世一走，彰化黨籍立委的行政體系靠山頓失所依，施壓力道難以為繼。至於行政

院祕書長林某為什麼與黨籍立委沆瀣一氣，要靠大家的膝蓋想想。此外，行政院高層涉貪下台，也使得彰化農田水利會的氣勢收斂。

第二個轉折，則是中部科學園區管理局局長及手下主管工程的技正，被監察院彈劾。這件事真的是機緣巧合：依據監察院調查，司法機關因為別的案件監聽某甲，結果某甲在與技正通電話時，意外聽到技正洩露工程底標，叫投標公司提高標金，多編了一些工程車租用與其司機聘用的經費。監察院也發現，若干工程車聘僱的司機是女性，甚至沒有大貨車相關駕照（至於為什麼聘沒有駕照的「女司機」，也要大家用膝蓋想想），可見預算必然是浮編。基於這些理由，監察院彈劾了中科兩人。

我記得彈劾案新聞稿大概是星期五早上 11 點發的，我正在與若干主管開會。當時的行政院長已經換作江宜樺；如果還是陳冲在位，以下的事鐵定做不成。我火速與院長聯繫，要將被彈劾的中科局長調離中科，院長口頭同意後，大概當天下午一點多發命令，要求下週一報到。這樣，等於是立即把盤根錯節的環節打散。此外，我也想些辦法，「鼓勵」受到彈劾的技正主動請辭（辦理退休），鼓勵的口氣像是 Michael Corleone，"this is an offer too good to be refused"。於是技正退休，整個中科二林轉型，才能「健康」地展開。

你以為故事結束了？還沒哪！調動中科管理局長之後幾天，我接到民進黨台南資深立委的電話，警告我「不可以調動中科局長」，理由是：「他跟我很熟」。對話細節不重要，但是最後一句大概是：你要是不收回成命，那就走著瞧，之類。我想，我好

像得罪了朝野兩黨的立委。我隨即打電話給林淑芬委員，說：少用農水、產業轉型都是你們在立法院要求的，現在快要做成了，怎麼冒出來一位貴黨台南立委。這樣我怎麼搞？結果，林淑芬委員大怒，立刻說她會去擺平。結果真的擺平了。

你以為故事結束了？還沒哪！中科二林產業轉型的同一會期，國科會預算審查將要朝野協商，由王金平院長主持。這個會議只有各黨黨團幹部參加，只有十人左右，偶爾也會有關鍵立委出席，在那裡決定的事在立法院院會就不會再有爭議；但若是預算在那裡被刪，回復的機率大概微乎其微。國科會當年的預算及科發基金預算加起來大約近一千億，我們公關做的不錯，在立法院委員會只象徵性地刪了幾百萬，照理說在預算朝野協商只是鞠躬哈腰就結束了。可是當天我剛進會場，就看到「為二林搶水案率領遊覽車包圍國科會」的彰化立委，莫名其妙出現會場。我趨前打招呼：委員好，今天怎麼在這裡？他陰惻惻地回答：我今天專程來砍國科會預算的。我當下心也涼了、人也傻了。

又是好命，碰巧有一位我很熟的立委到場，我向他請求協助，他就跑去跟彰化立委又扭打又擁抱，說「朱主委是我哥兒們，別為難他」，對方才悻悻然離開，國科會又逃過一劫。

你以為故事結束了嗎？還沒哪……。其他還有一些，不再提了。

看完《喬·拜登》，我真的是感慨良多。拜登已經從政 40 年，我做行政院部會首長才三年。短短三年，也不過執行一個科學園區的產業轉型，就不小心踩到別人的利益，真的是靠好狗命，才能一一度過難關。拜登許多年都在外交委員會。可以想

像，以美國的對外觸角，外交上牽涉的利益絕對比中科園區多得多。我真不知道他這 40 年是如何全身而退的。

政治難免涉及利益，但是在我眼中，「是非」比「利益」重要太多太多了。推動中科園區的轉型，只是因為「友達光電不去了，原本的規畫案不合理」。我一開始根本不知道有什麼賣水利益、工程利益；我也不清楚，為什麼當時的行政院長陳冲要那麼用力阻擋我的轉型簽案。他有聞到利益的味道嗎？他會因黨派考量，而阻止一件合理的改變嗎？我真的不知道。但是，若要我因為地方利益對一個完全不合理的開發案放水，那派一隻豬來做首長就好啦，幹嘛要我來做首長？

有一次，彰化的王惠美立委質詢我：朱主委，你的園區改造方案與行政院核定的方向不同；如果主委意見與院長意見不一致，你要不要服從？我回答：如果雙方相差 10%、20%，我吞下去。如果超過這個臨界點，我辭職。這是我一貫的想法，過去如此，現在如此，永遠如此。

與拜登比，我在內閣的「從政」經驗太短了，僅有三年。如果不是與卸任助理聊起來，我也不曾察覺，二林園區案背後有這麼多有意思的故事。如果不是卸任助理聊起，我也從來沒有彙整過那些波折。看助理聽完這麼多委屈、羞辱故事之後的瞠目結舌，回想起來，我才體會當年女兒說的話：「爸爸，你做國科會主委之後，老了好多。」

我們有可能真正擺脫「臉書」嗎？
——讀《後臉書時代》

　　該書作者 Steven Levy 是《Wired》雜誌特約編輯，撰寫此書費時至少三年，訪問臉書大頭目祖克柏九次，堪稱新聞界調查報導的力作。這樣的投入也有回報：該書獲得《金融時報》、《紐約時報》、《華盛頓郵報》、《經濟學人》等媒體的讚許。該書英文版 2020 年刊出，中譯本耗時一年餘，主要是因為「書太厚」，連注釋將近 600 頁。書雖然厚，讀起來卻沒有壓力。以下是我的讀後感，用我自己的理解，詮釋此書刻畫的問題。

　　臉書推出於 2004 年，短短十幾年之內躍居全球最重要資通訊產業，與 Amazon、Google、Apple 並列為資訊產業的「四騎士」。這「四大」企業如此成功，當然有其道理，也有其對應的風險。我逐一解釋其中關鍵。

　　四騎士之中的 Apple，其企業性質與其他三家不同。Apple 的成功背後不太有「網路效果」（後文會解釋），所以它面對的挑戰比較大，不見得穩坐手機或平板電腦的龍頭寶座，韓國三星隨時可能篡位，Apple 要靠不斷的研發創新維持領先地位。但是 FB、Amazon、Google 這三家企業都有明顯的網路效果，一旦今

天領先，對手明天、後天就很難追上。

　　什麼是網路效果呢？它是指「某家公司的客戶越多，就越容易吸引新客戶」。以 Amazon 為例：該銷售平台流覽與購買的客人越多，每家廠商就越希望能夠在這個銷售平台鋪貨，於是 Amazon 平台貨品就越完整，一般消費者就更願意成為 Amazon 平台的流覽者與購物者。因此，總體購買量越大，越能提升個體需求。

　　同理，加入 FB 的人越多，你我就更容易在該社群媒體找到朋友，該平台的延伸連結就越廣，因此你我若要選擇加入一個社群連結，就更傾向選擇 FB。再看 Google，越多人用 Google 搜尋，Google 的廣告收入就越多，財力越豐之後，該搜尋引擎的「雲」就越大，於是在該平台搜尋所能得到的資訊回饋就越豐富，於是人們越願意在該平台執行搜尋。

　　講到這裡，大家應該都了解「網路效果」的精髓了：越大越有競爭優勢。這個競爭優勢與傳統成本面的「規模經濟」不同，是需求面的。此外，網路效果未必來自於企業的經營效率、程式寫得好、內部控制得當、管理階層偉大；這些都不是充分條件。網路效果的優勢往往源自於「某公司現在就已經夠大」。現在大也許是偶然、也許背後有政府暗助，這都不重要。重點是：今天大，今天的競爭優勢強，明天就容易更大、後天容易更更大……。於是，在具有網路效果的產業，其競爭關鍵就是要「快快取得領先」。

　　本書提到，祖克柏開創 FB 時的關鍵策略，就是「快速行動，先做再說，有錯慢慢修正」。在商言商，這個競爭策略，在

具有網路效果的社群媒體是絕對正確的。台灣有若干網路媒體，一開始不在乎賺錢賠錢，而是拚命衝點擊量，也是同樣的邏輯。傳統的電腦軟體在推出之前，都要反覆測試、消除 bug，寫完程式往往要好幾個月之後才能推出。臉書營運雖然是靠軟體程式，但是由於社群媒體的網路效果特性，其營運概念就是與一般軟體不同，說改就改，新軟體也許程式寫完幾個小時就推出。祖克柏的「快速行動」策略也許源於此人個性，但卻是臉書迅速稱霸的主因。

但同樣具網路效果，臉書這個資訊產業又與 Google、Amazon 不同。我們使用的 Google 與 Amazon，大部分是「我們主動」：我們想要買水晶燈，才會去 Amazon 網站敲下 Chandeliers；我們考慮多看水晶燈款式，才會去 Google 網站鍵入搜尋 Chandeliers。但是臉書不同；我們上臉書確實是想要看看臉友動態，但是我們究竟會看到哪些朋友的什麼動態，其實是臉書背後的人工智慧程式決定的，是業者處於主動，使用者處於被動。這裡，就隱藏著極大的社會問題。

本書中提到的社會問題，有好幾個面向，我們來一一檢視。臉書強調「連結」，所謂連結，當然就是靠資訊傳遞。但是（1）萬一這資訊是假資訊呢？如果 FB 傳遞了假資訊而造成收訊者的損害甚至生命危險，FB 要不要負責？（2）萬一這假資訊是有心人散布的，其目的是要製造某種恐慌，甚至侵害國家安全，FB 要不要負責？（3）一般報紙雜誌也是平台，但是這些傳統媒體平台有「編輯」，他們會過濾掉假新聞、刪除人獸交的照片。但是 FB 通常沒有做編輯。為什麼同是平台，FB 可以不做？

（4）FB 現在有過濾訊息了，但是該平台每天有幾十億人點閱，幾乎是絕大多數媒體點閱人數的一萬倍，這樣的海量資訊，要如何過濾？

因為平台連結的訊息量太大，所以將來的過濾，恐怕非得由人工智慧承擔。一般人工智慧協助判別 X 光影片，最後還是要交給醫師做最後的判讀，因為醫師是專業的。但 FB 呢？最後做資訊判讀的人數上萬，誰堪稱有「假資訊判讀專業」？

所以簡單地說，祖克柏「連結」大眾的發想不能說錯，但是規模一旦大到一定程度，「連結」就一定涉及資訊判讀、審查，甚至包括資訊流通背後的動機、利益、陰謀等。這些面向複雜得不得了，涉及倫理、哲學、經濟、社會、政黨競爭、意識形態、文化歷史等，即使哈佛大學名師 Michael Sandel 都不敢有把握處理，FB 一家公司當然也不可能處理。

FB 另一個為人詬病的面向，就是資訊隱私保護。上 FB 是免費的，FB 之所以賺錢，是靠廣告。由於 FB 背後有人工智慧的操作，它記錄了每個用戶點擊哪些影片、駐足哪些連結、按讚哪些貼文……經年累月，FB 可能還比我自己還了解我。基於這些了解，他們的廣告是「精準投放」的。一般媒體廣告是亂槍打鳥，但是 FB 可以「只對經常觀看狗狗影片的人」投放狗飼料廣告。這樣的廣告效果當然好，於是財源廣進。

前述精準投放資訊的技術，是人工智慧的標準應用。可是請返其始：我們上社群媒體平台流覽照片影片，有授權平台記錄我們的流覽足跡嗎？有授權他們記錄足跡停留的時間嗎？有容許他們把我的流覽記錄做大數據分析嗎？有授權他們依據這些數據，反過來對我投放廣告嗎？他們沒有問、我也沒有答，這表示我同

意嗎？我可以主張「我不同意」嗎？這裡面隱私權的問題非常廣、非常複雜，美國總統轄下就出了好幾份報告，有方向，但是難說有結論。

更嚴重的情況，是 FB 曾經把許多用戶的個資草率流出。最著名的案例，就是劍橋分析公司影響 2016 年美國總統大選的事。現在已經證實，劍橋使用的資料來自 FB，然後經過精準投放協助共和黨，對於希拉蕊的支持者投放「不要去投票」，對於川普的支持者投放「去投票」的廣告。這樣操作，當然會影響選舉結果，甚至可能影響歷史走向。

本書作者對於 FB 這家公司、對於祖克柏這個人，貶遠大於褒。作者的觀點，我幾乎都同意。從知識大圖像來看，社群媒體平台所創造的「連結」，背後有太複雜的人文社會議題。面對這樣的大議題，照理說我們應該謀定而後動，先醞釀自己圓融廣泛的思考（而不是頭痛醫頭、腳痛醫腳），然後才能對於種種社會衝擊有因應處理的概念與方向。若用通識教育的語言來描繪，就是「先學做人，再學做科技人、資訊人」。如果「科技軟體宅」的人文社會通識太過殘缺，連做人都不完整，卻因為軟體撰寫迅速而先占先贏，那就會產生災難。

現代生物科技早就可以做複製人、無頭人、生物寄養器官移植，但是因為基因倫理的問題沒有釐清，所有民主國家都非常謹慎，不願意「快速行動，先做再說」。生技產業比較少網路效果，所以偷跑搶快的誘因不大。然而，若干資訊產業在網路效果主宰之下，促使競爭者努力爭取領先地位，形成今天的一連串問題，良有以也。

對比胡雪巖與季辛吉
——讀四冊有關「紅頂商人」的書

　　四本書中的三本，描寫中國清代的紅頂商人胡雪巖，另一本描述二十世紀西方的紅頂商人——季辛吉。這兩位先生相差大概兩百年，但都極具代表性，值得做個對比，也可以看出中國與西方、極權與民主、古代與現代的商界環境差別。

　　胡雪巖人稱「商聖」，大概是近兩百年一等一的商場好手。他活躍於鴉片戰爭之後，在太平天國興盛、滅亡之際大展身手，白手起家，財富累積達數千萬兩白銀，絕對有他的本事。

　　做生意講究眼光精準、掌握機會、決斷迅速、會用人才、毅力堅定；這些其實卑之無甚高論，幾乎是從事所有行業能夠成功的共同特質。但是商場畢竟是鬥爭逐利之處；在商場要能成功，難免需要鬥爭。而一旦涉及鬥爭，則我們當兵時學到的「與匪鬥爭」六大要領，就非常經典了。我們可以把這六大要領套在胡雪巖身上，看看此人如何應用。

　　一、拉關係：胡雪巖經商是從「票號」起家的。票號就是今天的銀行。在兩百年前，銅幣的「無限法償」還不夠徹底，許多交易還是靠「銀票」。胡雪巖的「阜康」票號能夠在短時間內取

得大眾的信任，主要是因為他攀上了兩個大官：一是浙杭巡撫王有齡，二是總督左宗棠。拉上這兩層關係，使得阜康變成閩、浙兩省的「官方行庫」；朝廷撥款撥到這裡、政府調度經過這裡。人民一看：這幾乎是「公家銀行」，當然對阜康有信心。有信心則存款源源湧入矣。

二、套交情：胡雪巖的時代動盪不安，先是有太平天國之亂，各大城市有列強租界，英美法等國家又有內河航行權。胡雪巖的生意涉及糧食、蠶絲、軍火的運輸，於是他攀上「漕幫」的交情。靠著幾個幫派手訣口訣，胡氏對於幫派角頭幾乎是有香必燒、逢尊即拜。這使他在戰亂時期物流順暢，非常有利。

三、搞派系：胡雪巖為了要對付外國蠶絲收購者，串聯起浙江絲業者一起屯積、拒售、抵制。胡氏與左宗棠結合，協助其調度西征軍需，當然所有的「採購」都得經過胡氏，如此自然而然形成「左宗棠派」。當年，左宗棠與李鴻章皆為曾國藩帶出來的紅人，「左派」的對頭，當然就是「李派」。

四、弄糾紛：胡雪巖基本上是個厚道的人，和氣生財、有錢大家賺、彼此抬轎。但是關鍵時刻，他絕對不惜搞到天下大亂。例如，他要把敵對票號鬥垮，事前即大舉搜購對方的銀票，然後安排擠兌，搞到對手破產，他再用「清算價格」入主。這樣子吃掉對手，稱得上是心狠手辣。

五、摻沙子：這招式是學自《水滸傳》。梁山泊兄弟想要招攬某甲上山，但某甲家庭美滿、事業順利、老闆信任。這個時候，就要先設下陷阱，把某甲的家庭弄點摩擦、再把他的事業弄點紕漏、再勾起老闆的疑心，讓他「不再幸福美滿」，才有可能

招攬成功。這像是在鋼筋水泥的結構中灌入海沙。胡雪巖也常用此招。

六、挖牆角：在商場，這就是把競爭對手的王牌挖到自己陣營。來投靠之人如果還「帶槍」，雙手奉上敵對陣營的營業機密，當然更補。

拉關係、套交情、搞派系、弄糾紛、摻沙子、挖牆角，這六大招式，就是胡雪巖的商場鬥爭手法。再加上他眼光精準、掌握機會、決斷迅速、會用人才、毅力堅定，塑造了他的成功。

但是，胡雪巖終究是垮了。我也要分析一下為什麼他會垮。我的分析不是對人，而是對制度。胡雪巖的本事我差一大截，分析批評，不表示我能做得更好。

胡氏在左宗棠全盛時期，掌控閩浙兩省的省庫兼採購。採購當然要收「手續費」，也可以稱之為「回扣」，這是一層油水。掌控省庫則使得阜康票號有國家信用擔保，存款源源不竭。這樣的豐沛金流，使胡雪巖可以進行軍火買賣、糧食買賣、屯積蠶絲、收購對手銀票，這是另一層油水。但簡單地說，他的行為嚴重違反「產金分離」的原則。

「產金分離」是所有先進民主資本市場的大原則。它的意思是：銀行的經營者如果投資其他例如紡織、百貨、電商、建築、通訊、醫療產業，則不能涉入這些事業的「經營」，只能做為這些行業的被動「股利收受者」。這個立法的目的，是要強化銀行的「公共性」，避免與其他產業連動，而形成系統性風險。

胡雪巖時代沒有「產金分離」的概念，因此他用他票號的存款（其實是別人的錢），去大筆買進蠶絲，這就使得金融業莫

名其妙地連上蠶絲產業。一旦蠶絲產業垮了，胡氏的金融票號必垮，殃及成千上萬存戶，甚至影響閩浙所有的政府運作。在現代的銀行，一家擠兌又會創造一拖拉庫銀行的擠兌，後果嚴重。產金分離的目的，就是要避免經營者因為業務包山包海，而擴大系統性風險。

台灣的銀行監理很糟，幾乎沒有產金分離的概念。各位看看幾家大銀行（何、徐、吳、辜、蔡），其家族都明目張膽涉及包山包海的產業，系統性風險大得不得了，亟需改革。

胡雪巖的垮台，當然與左宗棠與李鴻章的鬥爭有關。左宗棠最大的商界靠山就是胡雪巖，朝廷中人都了解：要鬥左，先鬥胡。所以，胡雪巖的政治投資，風險不夠分散，所有雞蛋都放在一個「左」籃，幾乎注定了是「左垮即胡垮」，後來果然如此。現在的商人都知道「藍綠都要給政治獻金、都要投資」；清末亂世，胡雪巖怎麼可能期待左宗棠永遠得勢？如果左不可能永遠得勢，那麼胡就應該風險分散，或是早點收山，cash out，溜之大吉。此著之差，影響深遠。

胡雪巖做的生意看似與人命無關，但其實不然。左宗棠征西，史書上記載，殺了非常多邊疆民族。融資什麼都可以，但若融資「種族清洗」，你說，算不算造孽？借省庫牌、收受回扣、產金不分，我都可以原諒。但是融資種族清洗，我受不了！

胡雪巖是所謂「紅頂商人」，因為他有皇帝御賜的二品頂戴，雖然不是編制內人員，卻像是「總統府國策顧問」，行走江湖方便許多。過去近五十年，西方最知名的紅頂商人，非季辛吉莫屬。他曾任美國國務卿，是正一品大員。下台之後頗不寂寞，

民主、共和兩黨通吃，而且還不只是「總統常約見面」，而是「總統常去請益」。季氏儼然是「中國通+中國老友」，身兼多家遊說公司「顧問」，其實是超級說客。他也身兼許多公司董事，年入幾千萬美金應該是稀鬆平常。

與胡雪巖比，我認為季辛吉厲害多了。胡雪巖垮了，季辛吉活到一百歲，五十年不垮。胡氏認錯道歉常有，但季氏死不認錯，死前還在為極權體制辯護。季辛吉最後十年擔任一家生技公司董事，該公司已經被美國檢察官認定詐欺背信予以起訴，媒體亦揭露一大堆證據，但是季辛吉這個沒有半點生技專業的人擔任該生技公司董事，卻仍然振振有詞，毫髮無傷。他 1970 年代末的「聯中抗蘇」的戰略，沒多久蘇聯就解體垮台了，俄羅斯經濟上軍事上漸漸一無可觀。俄羅斯雖然不舉，但是季姓老司機卻仍然在賣「聯中」的老藥，越賣越起勁。

胡雪巖的紅色頂戴，只有在衰退的清朝有用。但是季辛吉的一品頂戴卻是「國際」的，全球呼風喚雨。美國波音公司、迪士尼樂園、肯德基、好萊塢電影……，想要去中國市場發展，或是想要化解什麼「誤會」，季辛吉都是王牌，大家磕頭求見。當然，每次遊說，總是要收費的。即使只是利益的一成，也是幾百萬美元之譜。同樣的紅頂，你以為胡與季比，誰厲害？

季辛吉在美國紅藍通吃，走的路數不再是「拉關係、套交情、搞派系、弄糾紛、摻沙子、挖牆角」這六大招式，而是另闢蹊徑。他創作了一個「論述」：美國應該與中國和好，因為這樣可以帶中國經濟走向世界。當中國經濟走向世界，就會讓他們的政治更開放、更民主。就是這套論述，奠定了他「中國通」的教

父地位，藉此槓桿商業，無往不利。

　　季辛吉的論述提出 50 年之後，事實證明，中國不但沒有走向民主，反而是更極權專制。在此同時，季氏還是在用閃爍的言詞繼續胡說八道、繼續當說客捐商、繼續賺錢、繼續看新疆與香港人民的失去民主自由、繼續做個不要臉的紅頂商人。他幾十年來，一直在探索十八層地獄的地下樓。我希望，他能在適當的地方尋得他的歸宿。

拒絕獨裁者除了要勇氣，也要有「武器」
——讀《向獨裁者說不》

　　英文書名是 "How to Stand Up to a Dictator"，台灣商務印書館中譯。這本書的作者是 Maria Ressa，2021 年諾貝爾和平獎得主。她是菲律賓人，在菲國辦媒體 Rappler，嚴厲批判該國總統杜特蒂。杜氏任總統期間，以「掃蕩毒梟」為名，豢養一群私刑隊，完全不走司法程序，在菲律賓濫行殺戮他們認定的毒販。殺死人之後隨手丟一片硬紙板，上面寫下「毒梟」之類的指控。當然，外界永遠不知道這些成千上萬的死者究竟是不是毒販。這樣的病態殺戮，像是亞洲版的希特勒，也像是亞洲版（呼籲民眾去眾議院）的川普總統。然而美國畢竟是個兩百多年的民主國家，川普想要實踐瘋狂，終究還是被制度綁手綁腳。但菲律賓畢竟民主傳統尚有不足，所以還是有不少杜特蒂民粹的擁護者支持他的暴力統治。Maria Ressa 的新聞報導背景，就是這樣一個民主不成熟且政治狂人胡作非為的社會。

　　像杜特蒂這樣的狂人，當然不容許任何人的挑戰，而媒體的監督、批判、指責，更是如鯁在喉，必欲除之而後快。於是，菲律賓透過控告 Ressa 一大堆莫須有的罪名，逮捕記者、傳喚總

編、撤銷執照、恐嚇金主等，不斷折磨 Ressa，逼她就範。看她所經歷的種種，我相信絕大多數人都會受不了。Ressa 有美／菲雙重國籍，也經常出國開會。受不了壓力最簡單的做法，就是流亡國外。但是 Ressa 偏偏不妥協。即使知道菲律賓已經發出逮捕令、即使知道一下飛機就可能像艾奎諾一樣有生命危險、即使美國衣食無憂，她還是堅持奮戰體制。概念上，流亡就像是投降；雖然可以保住性命，但也就失去了戰場。流亡人士或許還是可以繼續批評獨裁者，但是那種遙遠的指責終究是不痛不癢，對獨裁者起不了什麼作用。

面對獨裁者，Ressa 的頑強抵抗當然是很不容易的。她與幾位摯友勇敢地與對手周旋，從釐清謠言、社會募款、勤跑法院、資訊收集、律師安排、籌資保釋、安全維護等，都要有綿密穩當的規畫。讀者可以想像：如果沒有這一群理念相近的摯友長期相挺，Ressa 絕對撐不下來。而即使有這麼綿密的支持，Ressa 也幾度在崩潰邊緣。Ressa 的經歷，真的是「苦其心志，勞其筋骨，餓其體膚，空乏其身，行拂亂其所為，所以動心忍性，增益其所不能」。Ressa 是位了不起的人物，她所捍衛的是極為崇偉的理想，其所經歷的是尋常人難以體會的煎熬。這樣一位勇敢鬥士獲得諾貝爾和平獎，真的是名實相符（不像某些唐獎得主）。

Ressa 奮鬥的故事可歌可敬，但背後還是有一些環境因素，且容我分析一二。

Ressa 所對抗的獨裁者是杜特蒂，其所處國家是菲律賓。菲國曾經被美國殖民，雖然是殖民地，但是管理的「體制」許多都承接了美國。諸如司法體系、媒體角色、國際銜接、語言溝

通等，雖然還沒有現代民主國家的實質內涵，但至少那個民主的「軀殼」大致聊備。因此，菲律賓的獨裁者還是沒有北韓、中國、利比亞「那麼獨裁」。如果 Ressa 對抗的是毛澤東、金日成、習近平這樣的「正港」獨夫，有可能 Ressa 早就「被消失」或是「被再教育」了。

正如史奈德在《血色大地》書中所描述，納粹屠殺猶太人的集中營雖然悽慘，卻還不是最殘暴的模式。集中營還是逮捕、拘禁、飢餓、死亡，有個「趨向死亡」的步驟；納粹最殘忍的手段，則是現場集體槍殺，丟進亂葬崗。若是如此，則根本沒有集中營、沒有活口，當然也就沒有故事可以記述。讀者可以把 Ressa 的故事與中國的劉曉波做個對比：Ressa 是對杜特蒂直接批評，但劉曉波只是寫了一篇《零八憲章》的文字，對當權者一句批評都沒有；Ressa 確實受到許多騷擾但至少是自由之身，但劉氏直接進大牢，一直關一直關一直關，關到重病身亡，這個政權只是發個「死亡通知書」。Ressa 與劉曉波都得到諾貝爾和平獎，Ressa 獲獎之後有如金鐘罩護身，在菲律賓應該近乎百毒不侵。但是劉曉波呢？中國共產黨根本不准他出國領獎。不但不准，還杯葛頒獎國挪威，禁止其鮭魚進口，長達八年。中國獨裁與菲律賓獨裁相比，更為悽慘殘暴。但中國的民主鬥士或則監禁或則流亡，絕對不可能像 Ressa 那樣，在境內「妄議中央」。這就是中國比菲律賓更難翻轉民主的關鍵，也是這個國家的悲哀。

Ressa 對抗獨裁有一個重要的背景因素：臉書。Ressa 與許多「阿拉伯之春興奮群」一樣，在阿拉伯之春靠社群串連成功推翻獨裁政權之後，以為像臉書這樣的社群網絡將成為社群動員的

利器，可以形成獨裁者芒刺在背的牽制。但是「阿拉伯之春興奮群」不但錯了，而且真實情況是每下愈況，反而對獨裁者有利。在社群媒體時代，有以下幾個因素衝擊資訊生態：

（a）由於發送訊息門檻低，所以在網路時代各種極端言論不再受到傳統的篩檢，四處在社群間流竄。傳統媒體有編輯把關，比較不會有這種情形。

（b）社群網站參與者人數眾多，一切由軟體程式操作。平台會優先傳送哪些訊息，是由演算法決定的。有心人只要了解這樣的演算法，就可以「創造」瘋傳，主宰網路資訊。

（c）前述「有心人」是誰呢？可能是干擾美國總統大選的俄羅斯、可能是敵對國的網軍、可能是意圖操控社會輿論的獨裁者、可能是企業競爭者。無論如何，這些有心人都是想要扭曲、改變、利用我們民主國家的資訊自由，去摧毀資訊自由的人。正因為如此，社群網路正在侵蝕我們珍貴的民主自由體制。

（d）社群網站如臉書是以營利為目的。倘若有心人設計了一個侵害民主自由的資訊散播模式，只要這個模式仍然為社群網站創造利潤，則社群網站完全沒有動機去阻止。於是，社群網站就變相成為獨裁者、國外駭客、敵對國家摧毀我們民主自由的幫凶。Ressa 對於臉書有嚴厲的批評，我都同意。但是這個問題要怎麼解決，目前為止還沒有確切的方向。

現在我們已經理解：網際網路與社群媒體都是中性的，「阿拉伯之春興奮」都是錯覺，網路的蓬勃發展未必對民主自由有利。政治學者最近發表文章指出：網際網路與社群媒體都是對獨裁者有利。演算法要精準操作，需要大數據的背景分析與人工智

慧的運算。關於大數據，很顯然政府手上最多。於是，獨裁政權如中共者，就可以運用他們擁有的大數據與人工智慧，嚴密監控人民，甚至完成社會計點系統，用未來獎懲規範人民當下行為。

　　Maria Ressa 的書清楚描繪了她在菲律賓如何「向獨裁者說不」，我敬佩、感動到流淚。但是，如果面對的獨裁者不是杜特蒂，而是毛澤東、習近平這種，Ressa 的下場恐怕不會樂觀。杜特蒂豢養的爪牙不過數百數千數萬，然而中國的控制機器卻是一個「黨」，是一個組織綿密的機器，是一個幾近喪心病狂的列寧體制。我不知道如何如何對抗，也不知道民主自由的未來在哪裡。知我者謂我憂心，不知我者謂我何求。

Elon Musk 的出現，有使世界更為美好嗎？

　　《馬斯克傳》的作者 Walter Isaacson 也寫過《賈伯斯傳》、《達文西傳》等暢銷傳記，是傳記寫作高手。這本書共有 800 多頁，但是作者把全書拆解為 95 章，每章都短短數頁，先讀若干頁、放下休息片刻再續讀，這樣接力進行一點也不費力。

　　但是容易讀並不表示有閱讀的愉悅。讀這本書的感覺就像讀賈伯斯、貝佐斯（Bezos）、祖克柏（Zuckerberg）這些世界大富豪的傳記一樣，只有一種「厭煩」。這些創業大富豪都有若干共同特質。（1）大富豪創業時隨時隨地打算拚命，可以幾十個小時不休息，拚勁十足。（2）大富豪也要求為他們工作的部屬同樣的拚命，但差別是：他們下達指令的時候，別人說不定已經瘋狂工作了很久，接到指令後繼續爆肝，勞累程度往往遠甚於老闆。（3）大富豪通識教育非常差；其實他們「只」在某些領域極為成功（否則成不了富豪），但誤以為其成功模式可以推廣到其他領域，卻往往帶來災難。（4）大富豪習慣性地壓榨周邊人士，對朋友、對家人刻薄寡恩是常態。什麼禮義廉恥、忠孝節義、待人以誠等，對他們來說都一文不值。

　　當然，不能否認，Musk 絕對有他超級犀利之處。比之於

全球任何一位創業家，他應該都還勝一籌。Bill Gates 創辦了微軟、Mark Zuckerberg 創辦臉書、Steve Jobs 創辦蘋果電腦、Jeff Bezos 創辦 Amazon，這些企業模式大致還在我們的「想像」範圍之內。在 Musk 開創的企業中，PayPal、Tesla 是一般人比較能理解的，但是 SpaceX 與 Starlink 大概就超過絕大多數人的想像。SpaceX 是一家「火箭發射公司」，提供火箭發射商業服務。它是白手起家、完全靠成本優勢打敗了原本官方維運的火箭發射，也吸引到全球主要國家的發射業務委託。此外，SpaceX 發射的火箭是可以「回收重複使用的」的，也因此必然有極為複雜的天文計算、軟體操作、燃料控制等設計。簡單說，Musk 旗下的太空科技水準，可以說是「技可敵國」。

至於 Starlink 背後更是有驚人的遠見。Musk 打算在低軌太空布建大約 40,000 顆衛星，成為將來第 6 代資通訊（6G）的基礎。現在的 5G 通訊還是仰賴地面的基地台，但是在沙漠、海洋等沒有基地台的地方，5G 即耳聾眼盲，根本無法通訊。但將來，如果低軌太空有數萬顆衛星，則這些衛星就是「天空上的基地台」，沙漠海洋都完全不會斷訊。目前低軌衛星的布建 Musk 遙遙領先，Bezos 在後追趕。當他們布建完成，則他們會主宰下一個世代的所有通訊傳輸服務。大家可以想像：要布建幾萬顆低軌衛星，需要火箭發射的尖端技術以及超級雄厚的資金。Musk 在這一方面的企業勇氣，恐怕是前無古人；Jobs、Gates、Zuckerberg 都還遜一籌。

然而，即使 Musk 是如此雄才大略，也無法「抵消」這一咖令人厭煩的病態。縱觀全書，讀者大概可以整理出他「企業經

營成功」的訣竅；Musk 在企業內，是個完全不顧僚屬人格、尊嚴、體力、休息、專業、家庭的大暴君。所有的事情他說了算、所有員工的休假休息他喊停就停、所有不合理的工作目標他強力催逼、所有的員工都曾經被他罵到臭頭。在 Musk 的公司裡，員工就像是在伺候殷紂王、周幽王；唯一的差別是：Musk 給付的員工待遇應該不差。「爆肝」二字大概不足以形容 Musk 的僚屬；他們體力爆肝、尊嚴掃地、膽顫心驚，每天都在魔鬼集中營。Musk 的電動車、Space X、Starlink 確實都成功了，但是他的成功永遠是奠基在「周邊人士的大量挫折感」，是最標準的「一將功成萬骨枯」，看他成功其實沒有喜悅，而是厭煩。

Musk 做成這麼多重要的開創性事業，是不是代表他「天縱英明」呢？我不敢說成功背後沒有他的能力，但是「運氣」絕對占了極大的比重。此人的胡整瞎搞，容我舉兩個例子說明：

例一，是他收購推特（Twitter）。Twitter 根本不是一個「科技業」，它涉及言論自由的邊界、「仇恨言論」的定義、社群與媒體的差別、憲法保障的範圍等，複雜得不得了，這些問題言人人殊，依我了解全世界法哲學的討論都還沒有任何定論。但是 Musk 誤以為他可以用處理火箭發射、人造衛星的方式，去處理 Twitter，於是派幾位軟體工程師進駐Twitter 軟體中心，然後他以老闆之姿一人決定誰的帳號可以封、誰的帳號不能封，倒行逆施幾近瘋狂。到目前為止，我還沒有看過任何人贊同 Musk 對 Twitter 的處理策略，公司內外可以說是天怒人怨。但是，這個人的行事風格、暴怒習慣，使得周邊人士不願意、也不可能去勸誡任何事。這就像是沒有人會去向暴君曉以大義一樣。偏偏，這個

咖是全球首富，他可以一直燒錢一直燒錢。但是同時，我們也在見證言論自由的持續崩壞。

例二，是他一個人決定全球通訊秩序。如同書中記載，2022年烏克蘭危機發生，俄羅斯摧毀了絕大多數的烏克蘭地面通訊設備，幸虧 Starlink 提供低軌衛星通信，才能維繫烏克蘭的軍事聯繫。後來，烏克蘭打算用無人潛艇去攻擊停駐在克里米亞的俄羅斯艦艇。Musk 認為「這個攻擊可能會引發嚴重災害」，所以切斷克里米亞附近的 Starlink，於是烏克蘭不得不放棄此作戰計畫。由此例可知，Musk 可以用他幾近愚痴級的國際政治判斷，去決定「哪種攻擊可以、哪種攻擊不可以、哪種戰爭我支持、哪種戰爭我不支持」。天啊！這是什麼樣的世界皇帝權力？一般的通訊「平台」都還有「平台中立」的準則，但是 Starlink 沒有，一切 Musk 說了算。

不只烏克蘭，Musk 也認為美／中若在台灣海峽有衝突，會引發世界大戰，所以他反對美國介入台海，甚至公開指稱「台灣是中國固有的領土」云云。Musk 對於東亞近代歷史的了解是一片空白，當然也完全不了解中國共產黨治下的土法煉鋼、大躍進、大饑荒、三反五反、地主鬥爭、文化大革命、六四天安門、共同富裕、一帶一路……。他什麼都不懂，但權力卻大到什麼都能管、什麼都有影響力。如果這不是災難，什麼是災難？

回到我的文章標題：我寧願這個世界沒有 Tesla、沒有 SpaceX、沒有 Starlink，我也不要被一個通識白痴的科學怪人主宰未來。人文社會的怪咖頂多只是「鐘樓怪人」，頂多只是嚇到鄰居，危害有限。但是科學怪人的危害，程度要大上好幾個級數

啊！Musk 非常關注人工智慧 AI 對人類的可能危險，但是，又有誰能夠告訴他「周處除三害」的故事呢？

AI 泰斗李飛飛的養成之路
——讀《電腦科學家李飛飛的視界之旅》

　　還是一樣：任何一本書如果得到某些名人推薦，它未必好看；但若一本書得到金融時報、Amazon 選書第一名，它幾乎一定好看。本書是後者。名人或大官推薦背後往往有人情壓力，但是媒體或銷售平台卻相對公正；這個道理，即使不用人工智慧，也是顯而易見。

　　李飛飛是中國赴美的第一代移民，跟隨父母前往，幾乎是「從零開始」。書上記述，她父母親在 1989 年之後決定移民，1992 年付諸實踐。我自己的閱讀，感覺到「1989 那件事情」產生了衝擊。既然作者隱晦，我也不需要越俎代庖。飛飛家族似乎有「國民黨的淵源」，所以在中國生活並不順利。1992 年飛飛赴美時英文完全不行，家庭經濟拮据，母親身體狀況不佳，幾年之後能夠靠自己獲得 Princeton 獎學金，然後 CalTech 博士，這背後有天分、有努力、有機運、有貴人。

　　依我閱讀的體會，影響李飛飛成長的背後有兩個重要因素。其一，是她的高中數學老師薩貝拉。薩氏對飛飛照顧備至，從課後閱讀到急難貸款，無怨無悔不求回報的付出，大概是一個老師

能夠對學生做的極限。後來師生二人成為至友，飛飛幾乎像是薩氏的乾女兒。如果沒有這樣一位超級「貴人」，我相信李飛飛的境遇絕對截然不同。

第二個影響飛飛的關鍵因素，是她母親長年的疾病。這樣的父母病痛對子女而言絕對是沉重的壓力，但是客觀而言，它也是把一位成功的電腦科學家「拉回人間」的重要因子。許多成功的人之所以脾氣越來越差、對屬下越來越苛、周邊越來越少人有不同意見、科學家越來越像科學怪人，都是因為「成功、再成功、更成功、超級成功……」這樣一個無法回頭的發展軌跡。以前的超級成功促使當事人發展出更大的野心，一波又一波，逐漸走向瘋狂。但是李飛飛身邊永遠有個「她必須彎下腰耐心傾聽」的媽媽，身體一直不好，日復一日、年復一年。這樣的羈絆，有些人視為拘束，我卻認為是「把科學怪人拉回人間」的重要因子。換一個佛家的說法，飛飛的母親，是她上輩子修來的菩薩；那些疾病的羈絆，其實是一種人性的呼喚。

李飛飛是 Stanford 大學電腦科學教授，獲獎無數，絕對是現代 artificial intelligence 重要推手之一。飛飛的重要貢獻，是率先建構了一個超大圖像資料庫 ImageNet。她建資料庫的時候還不完全知道其重要性，直到資料庫加上 AlexNet 的學習方式，才彰顯、發揮大資料庫對 AI 學習的重要。AlexNet 是神經網絡的學習，像是我常說的「不住相讀書」，或是嬰兒的「自然學習」。嬰兒學習語言是從「聽父母親幾百萬句對話」開始，然後在腦袋裡自己編規則，某一天就蹦出「爸爸咬狗」這句話。父母親只需要回饋：不是不是，是「狗咬爸爸」就好了，完全不需要解釋

「狗是主詞、咬是動詞、爸爸是受詞」這種「文法」。母語的文法，是嬰兒用它的「神經網絡」自行生成的。我們都知道，幾乎所有人的母語學習都比其第二語言的文法學習效果更佳，其背後有「大量文句輸入」與「神經網絡摸索學習」這兩類因素。這是我對人工智慧的粗淺理解。

除了創建 ImageNet，李飛飛也是史丹福大學人本 AI 研究院的共同院長。所謂「人本」，英文是 human-centered，大致說來就是強調 AI 的發展是要以提升人類福祉為主軸。這個構想當然是正面的；「把人類福祉置為目標」當然比「不顧人類福祉」的科技發展，要好得多。但是，我也有一些不同的思考。

飛飛書中提到：沿著視覺辨視這個路徑去發展 AI，之所以會出現突破，也許與寒武紀物種數量大爆發有關。有人猜測，寒武紀大爆發背後可能的原因，是因為「視覺基因」開始出現，而因為視覺的變化面向極為複雜多元，其所產生的演化優勢種類繁複，遂創造了非常多元的生物發展。

生物演化有兩個重要的要素。（A）微觀而言，每個物種的基因突變，「天擇」都會留下「更適合生存」的突變種；宏觀而言，每個物種都像是在「追求極大化繁殖」。（B）演化的均衡，每個物種的淨繁殖率都必然是零（如果淨繁殖率是正的，則幾萬年下來該物種數量早已爆炸；如果是負的，則該物種已經滅絕，我們今天也看不到）。我們以前說演化是「物競天擇，適者生存」，其實忽略了 B。

但是 B 這個法則在最近 300 年發生了改變：「人類」變成超級強大的物種，人口數量已經爆炸成長近百年，而人類靠著極有

效率的操作，決定「一切」。以 AI 為例吧：我們可以用 AI 分析蛋白質結構、尋找到「生產最有效率」的稻米雜交品種。這個 AI 應用很「人本」，因為它提高糧食生產率，可以使幾億非洲人民減少飢餓。這，當然是沒有錯。

可是當農民開始普遍種植這種 AI 選中的稻米之後，稻米的多樣性就消失了。我不是危言聳聽：過去百年，人類的主食物種已經大幅下降近百分之九十。因為主食物種多樣性下降，又進而促成對應的昆蟲、細菌等其他物種的多樣性下降。以上這一切的一切，似乎都是由「挑選生產最有效率的稻米」開始的。

我們能說「用 AI 幫助改善種植效率」不對嗎？當然對！能說它「不人本」嗎？當然不行！因此，我想說的是：「人本」不是 AI 問題的全部，我甚至不知道是不是「大部分」。AI 能大幅改善效率，使得人類這種已經最強的物種又更強上好幾倍。有超強物種的演化均衡，絕對會降低生物多樣性。事實上，生物多樣性文獻老早就有 homopocentric 這個字，就有「太過 human-centered」的意思。那麼 human-centered AI，真的是個理想的哲學概念嗎？這是個值得思考的課題。

生活影藝

讀《胡適文存》四大集

　　我在某一篇文章中提到了胡適當年推動「白話文」與「白話文學」的種種，好友汎森以為我自社會科學研究起義來歸，投入人文領域，遂好心寄送「胡適文存」四卷。但這顯然是匪諜的陰謀：意圖以此閒雜舊文，占據我的研究時間，鬆懈我與匪鬥爭的研究努力。這四卷文總計有兩千一百多頁。我、我、我努力讀完了。

　　說實話，真好看、真佩服、真是為中央研究院的老院長豎起大拇指！

　　第一要佩服胡適的，是他研究與學識的淵博。他的寫作，涵蓋宋明理學、儒家、墨子、禪宗、楞伽經、清代的女性藝文、王莽、井田制、文學史、西洋哲學史、中古文學概論、訓詁治學方法、詞曲、戲劇、呂氏春秋、老子、四十二章經、左傳、聲韻學。當然，他因為推動白話文學，所以對於眾多白話小說更是廣泛評論，包括《水滸傳》、《紅樓夢》、《西遊記》、《儒林外史》、《鏡花緣》、《官場現形記》、《海上花列傳》、《七俠五義》、《老殘遊記》、《醒世姻緣傳》等。此外，他自己寫過哲學史、編過詞選、收錄過自己的新詩選。這樣的漢學研究成

績，不要說當代沒有對手，我認為古今中外歷史上也是第一人，更不用提胡適當年可是白話文學運動的開山祖師，撰寫了、回應了不計其數的檄文與回覆，堪稱是「社會運動」的身體力行人物。他短短幾十年學術生命，哪裡來這麼多時間、這麼多精力、這麼堅韌的學術毅力？

各位不要以為胡適如此廣泛的研究，多為蜻蜓點水，淺論即止，其實不然。就拿我自己有點接觸的「禪宗」古史研究來說吧，我認為適之先生的功力，不下於我讀過的任何一篇論文作者。當然，胡先生的禪宗研究只探索其歷史演變，不觸及哲學思想本身，但即便如此，他閱讀文獻之廣、對於前後跨越數百年歷史事件時間軸線掌握之清楚、對於神秀／慧能／荷澤等人文獻記述中些微關鍵字之敏感、對於朝代背景與事件參照之精準，都有超越常人的本事。魏晉迄唐記述禪宗事件的文字也許數百萬言，我相信絕大多數人恐怕要一讀再讀，才能梳理出個脈絡。胡適先生顯然不必這麼辛苦；如果胡先生做學問也像我輩這樣「勤能補拙」，他大概只能完成兩三項研究，斷無可能如上段所說那樣「遍地開花」。

說到遍地開花，那真是令人心儀的研究姿態。我討厭一門深入，我喜歡遍地開花。做學問一門深入久了，必拘必窄必呆必滯必自閉（不能舉例，但是歡迎對號入座）。但是諸多龐雜無關的漢學研究題材，胡先生幾乎是信手拈來，毫無滯塞。當今人文社會學科因為也受科學方法的汙染，做研究的題材越來越窄，題目越做越小。通識教育大師、芝加哥大學前校長 Robert Hutchins 曾經埋怨：以前芝大歷史系如果有老師生孩子請假一學期，找其他

老師代課一下非常容易。但是現在越來越難；老師會說：啊喲，不行吧！Ａ老師研究的是明神宗，我研究的是清世宗，沒有辦法代課吧。人文領域分工瑣細到這種地步，幾乎是向科學方法論看齊，真的有點煩人。

在人文社會領域，社會科學研究瑣碎切割的問題更為嚴重。我曾經把社會科學研究者概分三種：上焉者斬荊披靡，開拓出一個嶄新的研究領域，像是一條新的研究大道，大家都知道沿著大道走去會有好多風景。中焉者沒有能力開拓新的道路，但是他們能夠在別人已經開闢的道路兩邊，闢建一個個漂亮的花園、造景，讓後來的旅人都不禁發出讚嘆：「哇！好漂亮的花園喔」。下焉者既不能闢新路，也沒有能力造花園，只能在舊有道路邊、在既成花園裡，拔起一株小花，改種另一株，然後退兩步看一眼，自我安慰道：嗯，我覺得風景好像不太一樣了。其實下焉者自己也知道：來往行人都不會觀察到任何景致差異。令人遺憾的是，絕大多數的研究者皆屬此類。他們因為找不到新研究，經常把一株同樣的小花正面種一遍、反過來種一遍、側種一遍、插枝壓條再種一遍、密栽一次、疏栽一次，渾然不覺其花色花種之單調無趣。胡適先生的研究多元、豐富、大膽，絕不會給我們這種感覺。

百年前，社會變遷極為迅速，胡適生逢其時，其一生既是學術研究者，也是社會運動者。我們今天所使用的、閱讀的白話，就是胡適與若干人「運動」出來的，而胡適絕對居首功。他能夠居首功，我認為最關鍵的原因，是他的古典文學功力超級好，即使反對白話文的古文派要和胡適拚古文，也完全占不到便宜。胡

適撰寫文章或信函辯論，經常直言指謫對方哪一句不通、哪一句不合文法、那首詩不美、哪些文章死氣沉沉。絕大多數情況，對方都難以抗辯。一個古典素養如此卓越之人居然在推白話文，你想，古文派焉能不敗？此外，胡適對於文學的期待簡單而有說服力：他說好文章不難，只要四點：須文之有物、不摹仿古人、須講文法、不無病呻吟。對於無病呻吟，他的解說是「春來恐其速去、花發懼其早謝」之類，清楚明白到令人捧腹。《老殘遊記》哪裡好哪裡不好，胡適直率指出，完全不扭捏迂迴。文學社會運動有這麼厲害的推手，當然容易擴散其影響。

胡適文學歷史武功蓋世已如前述，而且他不避戰、不畏戰，真像是武俠小說裡的獨孤求敗。當年梁漱溟曾經把西方文明過於扭曲簡化，述說東方／西方沒有好壞之別，間接否定五四運動所推的科學與民主。胡適明白回文單挑，把梁氏文章中矛盾處、不周處、模糊處、推理謬誤處一一點明批判。又如考據儒家的緣起與觀點，胡適也直接槓上馮友蘭、顧頡剛、錢穆，真的是四處開戰。前述胡適研究面向極廣，全盛時期大概同時開了五、六條戰線，幾乎是 AlphaGo 一台電腦同時對六個九段棋手下棋。胡適的個性好像與我有點相近，基因裡有調皮的因子，所以下筆戲謔到近乎刻薄。梁漱溟受不了，致函胡氏：「至尊文間或語近刻薄，頗失雅度；原無嫌怨，曷為如此？」語氣有些哀怨。

胡適文章得罪人的另一個原因，是因為他的科學方法。胡適是服膺實證主義的，受科學方法薰陶甚深，這在一百年前的漢學界，頗為獨樹一幟。於是在文章辯論交鋒時，胡先生經常可以發現對方倒果為因的謬誤、以偏概全的謬誤、前提不成立的謬誤、

時序錯置的謬誤。把這些謬誤堆疊累積，就形成對方碗大的破綻。這些當年有頭有臉的學者，碰到這麼屬害的對頭，不但啞口無言，也往往是無地自容，怨恨自然難免。

最後，我對於胡適的研究方法，倒是有一點意見，可以給漢學界的人士參考。適之先生的漢學研究，以考據居多，例如考證水滸傳究竟是誰寫的？坊間流傳的幾個版本，究竟關係如何？有哪些是後人偽作的？這裡面涉及參照諸多文獻詞句之間的因果、矛盾、時序、環境。一百多年前要做這樣的工作，恐怕需要驚人的記憶，把各個文獻中的各個點，都放在大腦某處，然後靠記憶交叉比對。但是在人工智慧時代，我認為研究方法可以大幅改善，唯一的關鍵，是要告訴電腦：不同名詞的時間座標。例如皇帝甲有名、有字、有號、有詔書的代號；如果我們告訴電腦這所有的名詞代號皆有同一年碼（皇帝在世或在位年序），則電腦就能輕鬆判別「時間矛盾」。同理，其他非時間的一致性或是矛盾性，也可以依此找出。例如「包公」事例歷史上越寫越多，這個「增胖」的譜系與釐清，也是人工智慧分析的強項。如果一百多年前給胡適一台好電腦、一個好的 AI 工程師，那麼今天的《胡適文存》恐怕就不是四集，而是四十集了。

胡適與我有三個共同：都是中央研究院院士、都做過中華民國駐外大使、文字上都頗多戲謔。胡先生最成功的，也許是白話文的推動。我的學問與他差遠了，前一陣子在寫 "The Ultimate Economic Conflicts Between China and Democratic Regimes" 一書，也是一種不一樣的社會運動吧。不知道百年之後，能不能留下一點足跡。

《胡適文存》讀後，又（重）讀了三套古典章回小說

《胡適文存》四卷中有不少篇幅都是他在民國初年推動「白話文」的記述，包括他的發動「白話文運動」檄文、他與其他同時代老古板的筆戰、他對若干章回小說的考據等。其中，我們中央研究院這位老院長對於《水滸傳》、《西遊記》、《三國演義》等章回白話小說，更是讚不絕口。在胡適眼中，文言文、押韻詩詞等都是「死」文學；唯有白話文學是活的。我生性易受（大人物）騙，在新冠肺炎期間，為了減少死亡機率，就在家重新讀了三套六冊的章回小說。

老實說，我覺得被胡老先生騙了。

先說最難看的，是《水滸傳》。裡面的情節除了武松打虎、西門慶與潘金蓮等少數橋段堪稱布局精彩細膩，其他的都是千篇一律。貪官汙吏橫行啦、索賄未遂後加害啦、英雄好漢索性殺了官差投梁山啦，一章一回都差不多，到後來頗為無聊。

有些內容甚至是梁山諸漢把善良百姓騙去梁山落草，那真是看不下去。例如，某甲幫縣府大官看孩子，帶著小孩逛街，梁山泊的人偷偷把孩子抱走放在偏僻處，孩子沒人照顧摔死了，以致

某甲沒有辦法向縣府大官交待，不得已上梁山。你想，這是什麼混蛋情節？這種為了騙某甲上山而罔顧小孩性命的混蛋勾當，與當年自己被逼上梁山的委屈相比，又哪裡有什麼可取之處？貪官陷害不得不落草為寇，我可以理解；但是為了誘人入夥而害死孩童，那真是喪心病狂。

梁山泊的「英雄好漢」行為，在以前的動員戡亂時期《懲治盜匪條例》中，恰有一條足以描述。我記得，那一款犯罪的法律文字是「出沒山林，抗拒官兵」。年輕的時候看到這樣的「行業」，其實還滿羨慕的。「出沒山林」吔！真酷。「抗拒官兵」吔，表示與軍警勢均力敵吔！現在是網路時代，盜匪也用手機，而警方只要 GPS 定位一下，就沒有辦法「出沒」山林了，甚為可惜。現在的盜匪行業，真是了無樂趣。

《西遊記》的情節也與《水滸傳》一樣，有千篇一律的毛病。我整理以下幾個重點：（1）唐僧是個愛哭、好騙的膽小鬼，都是先受妖精之騙、受騙之後束手無策大哭，然後等孫悟空來救。（2）妖精通常都有個法寶，什麼芭蕉扇、乾坤袋、收魂葫蘆之類。（3）厲害的、孫猴兒收不了的妖精，通常都要他勖斗雲去搬救兵。（4）救兵分兩類：玉皇大帝統領的「行政院」體系成員，例如托塔天王、哪吒太子等，通常沒什麼路用；一定要攀上如來佛的「總統府資政」體系，諸如觀音菩薩、普賢菩薩、太上老君等，才能收妖。（5）難收的妖精，通常是「資政」大老豢養寵物變的，例如太上老君騎的青牛、普賢菩薩養的白象，之類。

胡適說，《西遊記》中把玉皇大帝的正規行政院體系（包

括執法人員的蝦兵蟹將）描寫得窩囊不堪，其實是在譏諷時政。這樣的評論，放在今天好像也若合符節。在小說中，如來佛是老大，幾位菩薩與太上老君、元始天尊，都像是老大底下的從僚，很有意思。孫悟空拜別如來佛，如來居然請個菩薩代為「送客」，真是把天神佛菩薩，全都「官僚體系化」了。資政豢養的奴才下凡招搖撞騙、運用特權插隊打疫苗，現在也都還常見。

　　三種章回小說中，我覺得還是《三國演義》寫得最好。這倒不是因為羅貫中的功力比施耐庵、吳承恩好，而是因為三國故事有歷史事實為依據、有正史記載做大背景，編寫故事不必完全憑空捏造，自然就避免了千篇一律、江郎才盡的困境。

　　《三國演義》中大小戰鬥數以百計，但是幾乎每一役，都有「雙方主將先單挑」的戲碼。例如關羽提青龍偃月刀，不知道殺了多少敵方大將。殺了主將，然後勝方大隊人馬趁勢進攻掩殺，幾乎是戰鬥常態。這種「先由主帥廝殺，然後再由士兵擁上」的描述，我不知道是真是假？古時候打仗，難道都是這樣打的嗎？如果是，為什麼要這樣打？這恐怕要由歷史學家解答。

　　《胡適全集》中推薦了幾種白話章回小說，前文記述了其三。我已經記不得原先看過沒有，現在是用「防疫」的心情殺時間。唯一沒有辦法在防疫時間讀的，就是《紅樓夢》。我是功夫迷，平常就喜歡看「主角把對方斷手斷腳」的電影，尤其欣賞斷手斷腳時「喀嚓」那一聲的配音。被病毒困在家，只能靠孫悟空的金箍棒、武松的拳頭、關羽的大刀，打打殺殺之下，腎上腺素激發，來加強免疫力了。

讀林裕森《生命不可過濾》，談葡萄酒文化

　　台灣寫葡萄酒書籍的作者寥寥可數。早年有顏慶章的《法國葡萄酒品賞》、《酒中珠璣》等，然後有陳新民的《稀世珍釀》、《酒緣彙述》、《揀飲錄》等。在新民兄撰書同時，則有楊子葆的《葡萄酒文化密碼》、《微醺之後、味蕾之間》。前面這幾位作者，都是「業餘」的。顏慶章做過財政部長、駐 WTO 大使；陳新民是法律學教授、司法院大法官；楊子葆是工程專家、也是外交官，做過駐法國大使與外交部代理部長。

　　業餘組三人之中，如果要分「評酒」功力，我認為楊子葆最佳。這倒不是因為味蕾敏感度或文筆流暢度，而是「文化體驗」。葡萄酒不能「分析」，必須要品嘗。這就像是理論物理與實驗物理；前者幾乎可以純靠推理，後者必須要靠鍥而不捨的實驗嘗試。愛因斯坦太太描述他老公推導廣義相對論之前幾天，經常時而樓上書房、時而樓下客廳四處遊走，他下樓之後就彈鋼琴。如此在琴聲中思考沉澱，幾小時之後再上樓狂寫狂推，就完成了驚世理論。但是實驗科學不能這樣搞、葡萄酒的評論更不能這樣搞。葡萄酒的功力，絕對與品嘗過多少酒、拜訪過多少酒莊、理解多少酒鄉文化有關。

子葆兄留學期間就在法國，然後又做駐法大使，不僅懂葡萄酒，更懂法國文化。陳新民留學德國，留學期間接觸的葡萄酒應該比較少，依我了解是回台灣之後才開始飲葡萄酒。新民兄的書主要是「介紹」酒與酒莊，包括酒莊歷史、拍賣酒價、品嘗滋味、搭配菜色等，讀起來起承轉合完整，像是大法官釋憲文的協同意見書。朋友曾經開玩笑：法律人的文字經常聱牙拗口，像是「殊難謂之非是」這樣的句子，讀多了消化不良，容易「便祕」。幸好新民兄的酒評文字沒這毛病。子葆兄的書則多了許多文化襯托，更能呈現葡萄酒的感性世界。

　　但是與林裕森比，前述這幾位作者都是業餘的，林裕森則是專業的。所謂專業，是指林裕森是「無業遊民」，根本是「以酒為業」。他先是到法國留學五年，研習關於葡萄酒的知識，然後二十年間走訪全世界數十個產酒國家、幾百個產酒區、上千家酒莊。裕森喝過品過多少酒，我不知道。但他對葡萄酒的態度像是「實驗物理學家」，一個地方一個地方、一瓶酒一瓶酒體會。這樣的毅力（與財力），慢慢形塑了他的葡萄酒功力。

　　林裕森最近的書都是他近年在雜誌的專欄文章彙集而成，早年則包括《酒瓶裡的風景》與《城堡裡的珍釀》兩本大部頭書。這兩本寫於二十年前，我覺得他當時的「功力」還在累積之中，書裡大多是描述酒的客觀，比較少呈現自己的主觀評論。到了最近十年，他寫的「弱滋味」，已經有朝自然、有機酒的方向漸成一家的走勢。《生命不可過濾》一書則已經把自然酒的理念完整化，應該對葡萄酒已然不惑，近乎知天命了。

　　我對於葡萄酒全無功力；或者說，我的功力只有一個字

「喝」。對於林裕森提到的雜七雜八的葡萄品種 Brancellao、Souson、Caino Tinto、Godello、Loureira、Treixadura……我的媽呀，我通通不知道。書中又提到不少化學名稱，例如二氯乙醇，媽媽咪呀，我也不知道那是什麼。至於葡萄種植的岩石，片麻岩、閃長岩、雲母頁岩、蛇紋岩等，什麼岩石生長的葡萄有什麼香氣，我也投降。我是絕對的業餘，林裕森是絕對的專業，他不但知之甚詳，而且可以將這些冷僻知識自然地寫出來，文筆流暢又有內斂的含蓄，讀起來非常舒服。

我在做中華經濟研究院董事長的時候，曾經參與過一些產業推動規畫，其中一項，就是「文化創意產業」。當時有一些「俗辣」，把文創產業非常狹窄地定義為「加值」、「推廣」，像是台灣如何學習韓劇啦、如何凸顯某些族群的手工製品啦。老實說，我從來不認為那些方向有什麼搞頭。我認為，法國葡萄酒是過去數百年以來全球最引人注目的文化創意產業。

更深刻一點說：先拋開近五十年的表現藝術、科技呈現不談，過去幾千年的人類文化，都是植基於土地。而由於人類絕大多數時間是在農業社會，所以我們許許多多的文化特質，都與農業有關。葡萄的種植、土壤、氣候；葡萄酒的釀造、發酵、保存、運送；葡萄酒的裝瓶、杯器；葡萄酒與宗教的關係、其販售、進貢，全部都是文化。幾乎可以這樣說：不懂法國與歐陸文化的，不可能稱得上是葡萄酒專家。

以前在一本書上看過：放天燈、放風箏都是台灣文化，但是現代都市人體會的，都已經退化了。以前的農村，風箏、天燈都是要手工做的。把樹皮剝下、砍一段樹枝、薰火彎曲、綁繩固

定、糊紙包裹、繪圖上色、尾端牽線⋯⋯，每個階段都是動詞（剝、砍、薰、彎、綁、糊、繪、牽），都是鄰居群聚、都是互動、都是文化的影像。現在都市小朋友，還有幾個玩過風箏？即使玩過，他們又怎麼可能群聚「做」風箏。都市孩子的風箏，只涉及一個動詞：「買」。

許多葡萄酒酒評之於葡萄酒，就像都市孩童之於風箏，只剩下兩個動詞：「買」與「喝」。林裕森這本書希望幫大家延伸，除了買、喝葡萄酒之外，希望也能嘗試了解生產葡萄酒的土地、氣候、礦石，發酵的酵母、陳放的器皿、殘存的渣滓、甚至是將近腐壞的酸氣。這些，都與買、喝無關，卻都是文化。林裕森介紹的酒，絕大多數是歐陸；歐陸中，絕大多數談法國；法國中，絕大多數介紹 Bourgogne；Bourgogne 中，絕大多數談小農。為什麼呢？禮失求諸野；Bourgogne 的小農，是保留葡萄酒文化最完整的地方。你如果去 Bordeaux，大概比較容易看到財團勢力與貴族古堡，不容易看到葡萄酒文化。

林裕森的意見也許有一點我不同意，就是把葡萄的生長與中醫做對比。中醫說，人的身體是一個小宇宙，注重其陰陽五行的平衡。但是我不認為「葡萄」有類似的對照。許多釀酒師都說，葡萄酒背後有三個因素：氣候、土地、釀酒師，或者說是天、地、人。以我粗淺的理解，「自然酒」的理念，是要減少「人」的角色，或是盡量使人不要違逆天與地的角色。這個想法我完全同意。這與我所理解的道家、老莊頗有參照，但是與「中醫」，似乎還有點距離。

《生命不可過濾》是本好看的文化書。

《大人的床邊故事》，讀了兩遍，還會繼續讀

當年在念研究所的時候，不少期刊論文或是艱深書籍，不得不一讀再讀。拿學位後進入研究生涯，偶爾也需要重讀以前讀過的文章。金庸小說、胡適文存、白話章回，有的我也重複閱讀。但是幾十年來，幾乎不曾有非學術性的、非經典小說的，會讓我讀兩遍以上。《大人的床邊故事》這本書之特殊，由此可見。

所謂床邊故事，通常是大人在小孩睡前讀給他們聽的故事。「大人床邊故事」顧名思義，就是大人睡前給自己準備的讀物，用讀這本書來幫助睡眠。我所認識的政治人物平常不讀書的居多（所以他們言詞乏味）。我的若干著作還是會送給政壇朋友，有一位大尾政治人物打趣跟我說：敬一兄，你的書應該放在西藥房賣；它有助眠效果，每次我讀沒有幾分鐘就睡著了。《大人的床邊故事》不是寫給這種咖看的；它是寫給「有睡眠障礙」的人看的。

絕大多數年輕人根本不了解什麼是「睡眠障礙」。幾年前，記得有位七十幾歲的長輩對他的子女說：我最近都睡不好。他子女的回答很妙：「爸爸，為什麼會睡不好？」老爸哭笑不得，根本不知道怎麼回答「為什麼會睡不好」。另有一回我跟朋友說，

我坐長途飛機沒有辦法在飛機上上大號。朋友的回答也是經典：「為什麼？飛機上不是也有地心引力嗎？」睡不好或是飛機上不能輕鬆排泄，都是心理障礙。沒有這種障礙的人，根本「難以與之論道」，他們恐怕不能體會「助眠書籍」的功效。

《大人的床邊故事》每一則都不長，大概三、五分鐘可以讀完。每篇故事都有一些共通性：（1）故事是平靜的，絕對不會有打殺、追逐、驚悚的情節。（2）故事都是居家生活，絕對沒有工作。職場工作難免勾心鬥角、競逐職缺、商場成敗，不愉快經驗太多，很難助眠。（3）故事經常連結到童年回憶。童年都是無憂無慮的，不時有呆呆的、純潔的幻想。能夠把當下連結到童年回憶，往往都有一種哂然一笑的釋懷。（4）故事都有「善意的人際互動」，像是幫路人撿個東西、送服務生一點小禮物等。那會使自己愉快，心情放鬆。

床邊故事也有它發生的背景環境。作者住在美國密西根州，是我以前讀研究所的地方，緯度很高，四季分明。我記得密西根的夏天，室外打網球打到晚上九點半，都還可以清楚看到球。冬天十二月一定會有某一天早上起床，被窗外覆蓋的一整片新雪驚豔。秋天戶外烤肉聊天，涼爽宜人。春天則是讀書天，因為雪融之後地面到處是髒水塘，乾脆在乾爽的家裡喝咖啡。這些，都是身處 Michigan 作者的記述，也是我的記憶。隨著四季變化記載自己的生活，尋找不同節氣的喜悅，就有一種依順天命的怡然自得。

作者記述的故事，也呈現了一部分她的背景。（1）她應該是素食者，因為她寫下的大約十份食譜，沒有任何葷料。（2）

她有養過狗、也有養過貓，但是好像沒有「同時」養兩種寵物。如果有，那麼故事大概不會那麼平靜。（3）她有相當的瑜珈功力，描述的動作、心法、境界、冥想，都中規中矩。（4）她喜歡種花種菜，自怡於土壤環境，是正港的「吾怡農」。瑜珈、素食、愛小動物、親近大自然，這些，會不會也有助於心情平靜呢？

祝你好眠。

讀《神行陌路》，體驗葉錦添的藝術觀察

　　葉錦添是大名鼎鼎的藝術工作者。他 2001 年以電影《臥虎藏龍》獲得奧斯卡「最佳美術設計獎」與英國電影學院「最佳服裝設計獎」，享譽國際。由他來詮釋藝術，大概人人都會屏息注目。

　　我不是什麼有驚人視覺藝術細胞的人，對於繪畫、攝影等，領悟力有限。但是葉先生的表現藝術及寫作，幾乎是介於「外在藝術呈現」與「內在理路梳理」之間，因為學術研究的梳理訓練，我略能體會他所想要表達的境界。葉先生提出了「新東方主義」的藝術概念，也解析了日本、孟加拉、美國等地的藝術呈現風格，更推廣「神祕劇」的舞台劇。這些，都是前文所說的「介於外在藝術呈現與內在理路梳理之間」的寫作。

　　葉先生自述其藝術內涵的成長，源自於內心隱隱然感受到東方與西方文化深處的扞格。也許是因為西方文化或美國文化在帝國主義掩護下的強勢，使得我們從小就對於西方思考的理路視為理所當然。但葉錦添體驗到這裡的潛在衝突，於是希望在藝術呈現的風格上能夠有所突破。這樣的內在動機，大概就是他所描述的「新東方主義」的出發點。

可是如果你仔細讀他所述，恐怕又有所失望。我反覆嘗試理解，還是不知道什麼是新東方主義。這也許不能怪作者，而是反映出我與他思考理路的不同。葉錦添對於世界史、各地文化發展史、帝國主義近代歷史，有一定的理解。但是這些理解只是「輕骨架」性的，從思想脈絡的角度觀之，稱不上深刻。如果拿余英時《朱熹的歷史世界》那樣的思想史治學標準來度量，那麼葉錦添的記述只能算是「蠅量級」的。

但是這樣評論，其實並不公平。葉錦添的專長，是藝術創作與表現，而不是藝術「分析」。藝術分析是一門「學問」，但是藝術創作著重的是「呈現」。葉錦添這本書，是要把他極為善長的「呈現」，再多往內延伸一點，再增添一點思想脈絡的回溯。他已經比其他藝術家多做了一些、多走了一哩路。多走一哩半哩都是貢獻，即使不走到藝術學問殿堂，也已經很了不起了。

也許因為是表現藝術工作者，葉錦添的文字呈現非常的「緊實」，讀起來幾乎像是看他設計的服裝，在種種細節處一絲不苟，文字密不透風，讀起來有壓力。說它通順呢又有點不知所云；說它不通呢又覺得其中有些特殊的體悟。讓我引一段，讀者可以體會一下：

「若以上帝與佛陀之名，人的身體只有一個，人的歷史只有一次，所有人所有事，都是其中的一部分，天國、地獄，也是回歸於這個故事以前。我們的靈魂在這個大氣層的底下，不斷新陳代謝，我們的行為、身體，在化為塵泥後，不斷地摩擦與衝擊，成為一個實在的對應物。當我們感覺到存在的必然性，必須要找到根源，那回頭之路。去察覺我們從何而來，將歸於何處。我們

都處於同一個時間之輪，同一個夢，同一個真實，同一個靈魂與身體之中。只有在愛與美發生時，我們才會在乎身體以外的身體，靈魂以外的靈魂，不存在於『我』的一切，分享他者存在的快樂，……」。

以上這樣的寫作，就是葉錦添的風格。它有些模糊，但是隱隱然，我卻能感受到他心裡意識的竄流。大導演 Francis Coppola 有句話有些類似的味道："Time is the lens through which dreams are captured"。你如果真的要去分析句中的邏輯，則邏輯真的不通。譯成中文則是「時間是捕捉夢想的鏡頭」，卻有相當的意涵，也呈現出導演、攝影師、製片人怎麼看待「鏡頭」、詮釋「時間」。葉錦添在書中說，攝影的畫面呈現是截斷的，是一種「死的藝術」。但是他說，他的攝影慢慢能夠捕捉的，是更深入的時間與空間。他的方法是：「找尋所謂的既定語言模式的反面，等待既定邏輯的移開」。一樣，我不太了解他想表達的是什麼，但是又對這句話彷彿有些體悟。

我超級喜歡作家木心，因為他用藝術的美感分析文學、呈現文學。葉錦添則是嘗試告訴讀者表現藝術美感的文化源頭與意識根源。有他這樣表現藝術呈現功夫，已經不簡單了；而能夠寫這樣的書，更是需要天分。

我不是「獨裁者」，但是我想當個廚師

　　《獨裁者的廚師》是本非常好看的書，厚厚三百頁，兩天讀完。作者 Szablowski 是波蘭記者，親自訪問了幾位幫獨裁者燒菜的廚子。這些廚子本人都名不見經傳，但是僱主卻都是滿手血腥的知名人物：伊拉克的海珊、烏干達的阿敏、阿爾巴尼亞的霍查、古巴的卡斯楚、柬埔寨的波布等。這些人直接間接殺過的人，加起來應該超過一千萬。

　　關於廚師的文章或報導，一點都不稀奇。大廚接受訪問大多是為了打知名度，甚至是多多益善。關於獨裁者的專訪或報導也是常見，獨裁者如波布，也想接受美國廣播公司的訪問，也許心中還有一些「洗白」的念頭。但是「獨裁者」的「廚師」這樣的組合，卻是極為少見。這些廚師侍候的主人，幾乎都有「瞬間翻臉」的人格特徵，生性多疑且殘暴，殺人不眨眼。為這些主人燒飯，真的是完全不一樣的經歷。

　　主角廚師的共同點，就是一定要得到獨裁者的信任。廚藝像是一種巧藝，這讓我想起中國春秋戰國時代幾大公子「養士」，有些人養的其實也只是「雞鳴狗盜」之徒，會些巧藝。但是當年被養之士，應該是沒有殺身之慮，他們偶爾甚至能發發牢騷，

「長鋏歸來乎！食無魚」之類。但是如果是主人是獨裁者，周邊大概沒有人敢發牢騷。

故事主角雖然都是廚師，但是還是有些不同。高棉久經戰亂與饑荒，波布又是打游擊出身，食物極為簡單，廚師永滿看起來不是什麼「美食巧手」，完全是靠「神經系統的信任」而掌控廚房。但是其他幾位獨裁者因為經濟環境稍微好些，食材多些，也就有廚師發揮的空間。這些廚師都能烹煮美食，勾住獨裁者的脾胃，建立一種「消化系統的信任」。這些能夠勾住獨裁者脾胃的廚師，如果在餐廳工作，應該也是「超級名廚」級的。

其實民國初年的軍閥，雖然稱不上是獨裁者，也都有自己的廚師。「東北王」張作霖的廚師菜色沒有名氣，但宴席奢侈卻是大大出名。「山西王」閻錫山的廚師也是號人物。第一任國民政府主席譚延闓，他的廚師名號可就大了，人稱「譚廚」。網路上譚廚有好幾人，我一個也不認識。但是譚廚後人有一位來到台灣，與我投緣，我領教過他的手藝，佩服到五體投地。我曾經請他夫婦來家裡，饗之以炭烤牛排，雙方成了好朋友。

有功力深厚的大廚朋友，其幸福無法以筆墨形容。我們常去他開的餐館用餐，後來熟了，就問他：羅老闆，有沒有什麼家常菜，你能表演一下，讓我們食客真正服氣？他說有啊：蔥燒豆腐、大滷麵、兩面黃、牛肉麵、茄汁牛腩、醋溜高麗菜等。這些家常菜單價不高，他的宴席平常根本不賣這些「廉價菜」，全台灣羅老闆大概只為我燒。口福如此，你說，好命不好命？

這些家常料理，好吃到什麼程度呢？我舉幾個例子。（1）他的清燉牛肉麵如果算 100 分，全台灣最好吃的、得冠軍的，頂

多 70 分。他燉的牛肉，香可以香到肉裡！（2）他的大滷麵，通常都是最後才上，上菜的時候大家都已經九分飽了。但是沒辦法，忍不住一碗接一碗吃，吃到撐。（3）他的醋溜高麗菜如果100 分，全台灣最好的第二名，了不起 50 分。其油醋糖比例恰好，加上一些大火上鍋的炙燒焦香。（4）他的蔥燒豆腐，每一次客人都會「搶盤底滷汁」。第二天只是滷汁拌白飯的便當，都會香到鄰座同事都會嫉妒。

中餐與西餐一樣，好吃的關鍵，一定是「高湯」。前述羅老闆的高湯，要用全雞、大骨、柴魚等食材，用一尺半高的大鍋熬煮四天四夜，一大鍋高湯可以用很久。所以「醋溜高麗菜」，其實是「高湯醋溜高麗菜」；蔥燒豆腐，其實是「高湯蔥燒豆腐」。唯一例外，只有清燉牛肉麵，完全沒有高湯，自成一格。

羅老闆後來隨子女搬去上海住，我們就吃不到他的菜了。有一年，記不得是誰過大壽，想吃他的菜，央求我想想辦法。我打電話給他，請「他們夫婦回台北一週，擺一桌，菜錢之外，我們再額外支付夫婦兩人的機票」。看在老朋友面子，他們回來一趟、擺了一桌。同桌一位朋友喜歡吃豆瓣魚，我們事前跟他講，羅老闆就專程去石門水庫釣魚。那是我這輩子吃過最好吃的魚。

羅老闆兩年前去世了，他做的菜再也吃不到了。他的菜有天分，我學不來。光是想到熬煮四天四夜的高湯，我就投降了。獨裁者的廚師除了柬埔寨永滿，每個人都提到高湯。

獨裁者的廚師還有一點特色：平實。由於生活環境不算富裕，所以沒有玩花俏的空間。我很討厭坊間的所謂創意料理，只是在盤子、裝飾上搞花樣，無聊透頂。一個兩尺大盤，上面菜色

只有滑鼠大小，斜灑幾滴醬油膏，上面擺一根馬路上撿來的枯樹枝，做作得不得了，還敢拿出來賣？此外，也有越來越多的所謂米其林餐廳，講究食材「原味」，放棄了醬汁、高湯等一切料理，我認為也是走火入魔。這一群「原汁原味」幫，似乎以「茹毛飲血」為終極目標，因為只有那樣，才能算是「原汁原味」。

前述羅老闆的創意是什麼呢？也舉個例子：他有一道菜，叫做「龍行萬里」。上湯龍蝦的口味不在話下，他把蛋白打成泡沫，像西式甜點那樣，然後煮熟鋪在龍蝦四周，像是龍在雲中遨遊。你說，漂亮不漂亮？

我自己呢？大概有幾樣菜色敢稱有點把握：（1）紅酒牛肉燉飯、（2）綠竹筍炸醬麵、（3）16 褶大使素包、（4）16 褶大使肉包、（5）黃金春捲、（6）泡菜臭豆腐。等到累積到十項，我就要出版一本食譜。

光陰的故事
——讀《改變人類文明的 12 座時鐘》

　　我把這本書與幾年前閱讀的另一本書同放在照片裡，因為他們有非常多的相似點。《改變人類文明的 12 座時鐘》一書，其作者是英國格林威治天文台計時館館長，而《看得見的世界史》作者，則為大英博物館館長。我們都知道英國這兩間典藏館歷史悠久，聲譽卓著，館長鐵定是權威。由他們來說故事，精彩可期。

　　大英博物館館藏超級豐富，其收藏有許多是英國在全盛時期，從全球各地殖民地搜刮來的。為了寫《看得見的世界史》一書，大英博物館館長挑選出近百件館藏精品，針對每一件訴說其背後的故事。例如，某一個南美洲印地安住民的雕塑品，其意義、歷史、環境、象徵、社會張力等等。也因為這種「由一件館藏文物訴說世界各地的歷史故事」，所以書名叫做《看得見的世界史》。

　　這本鐘表書也是一樣。作者的職業、掌管、知識都與時間、鐘表有關。與大英博物館不同的是，大英博物館的館藏全是收藏品，器物（只要沒有被豬頭打碎）就在眼前，館長只是「針對眼

前器物」說故事，不需遠遊。但是計時館裡不可能收藏大量時鐘，而像百年前日晷之類的東西，都是巨石做的龐然大物，也不可能一件件運去格林威治。此外，幾百年前英國的鐘表工業領先全球，所以各地時鐘有許多是英國殖民者在當地建造的，當然也沒有必要運回英國。但作者幾十年工作生涯，走訪古鐘、古晷、古沙漏，以及觀看作品上有時計的雕塑或壁畫，再講述其背後的故事，就彙集成這本有意思的書。

　　前述以「古代器物」或「古代時鐘」做為切入點的歷史寫作，我不知道有沒有什麼特殊的學派名稱，但是大家都可以體會：這個方法論與一般歷史研究頗為不同。假如我們攤開世界地圖，把地圖上个同地標出土的或是座落的器物標示出來，然後考據此器物周邊的故事，這樣，大概會是零零散散的一大片，根本湊不出一幅圖像，難以成書。通常，需要靠作者自己的知識或想像，把離散片斷串連在一起，才能蔚然成章，成為好的作品。此書收錄了 12 個時計，作者分別用秩序、信仰、美德、市場、知識、帝國、製造、規範、反抗、認同、戰爭、和平來代表時鐘背後的抽象元素，很有創意。

　　針對「時間」，我想談兩三個一般人不太會想到的觀點。第一，時間是一種人類社會原本沒有的規範。在時間準確測量之後，才能做到時間的「標準化」。一旦時間被標準化了，它反過來約束我們的生活點滴。例如，我們羨慕「睡覺睡到自然醒」的人，代表此人不受時間或鬧鐘的約束。又如，餐廳六點開始營業，表示「你我雖然肚子餓了仍然需要受制於時間」，時候不到沒辦法吃東西。再如，中國全國強制一個時區，北京天亮了新疆

喀什其實才入夜，但人民一樣得起床上班幹活。

在某種意義上，能夠控制時間的人其實就掌握了我們的許多行為步調，所以「掌控時間」是一種權力，服從時間是一種屈服。當兵的時候起床號、熄燈號都代表時間的規範；曾幾何時，我們成了時間的奴隸？此外，我們通常等候權力大的人，權力大的人總是姍姍來遲，最後一個進場。令我們等待越久，表示這個傢伙權力越大。

其次，從愛因斯坦相對論發表之後，我們就知道時間背後有頗為複雜的知識。這本書作者告訴我們：太空中的人造衛星上有幾百顆「每幾億年才誤差一秒」的超級準確原子鐘，他們是今天全球衛星定位系統的基礎。因為這些原子鐘極為精準，所以他們所在的衛星接收到地球表面物體移動訊號，其時間會出現極微小的毫秒時間差。每個時間差測量，可以對應出若干地表弧面，然後用兩個以上的衛星偵測，輔之以球面幾何的物理測量，就可以準確知道地表定位。因為光速是絕對的，時間是相對的，所以我們「才可能知道我們在哪裡」。用時間來計算地理，這樣的時間科學，是「器物」所沒有的。

此外，在時間衡量準確，變成標準之後，也創造了許多莫名其妙的機會與浪費。因為紐約與芝加哥時差一小時，紐約金融市場的資訊就形成芝加哥市場的套利機會，而且下手要快。於是，許多人在美國有時間差的市場之間建置速度越來越快的光纖，彼此之間只有毫秒之差，光纖速度越快的越先下單，越能賺錢。這種無聊透頂的光纖布建競爭，完全是在玩零和博弈，沒有建設性，也沒有真正的企業創新。這顯然是「被時間害的」。解決之

道很簡單：不要管時間先後，每五分鐘才准許下單結算一次，那麼快慢一毫秒，就沒有意義了。

作者短暫提到英國鐘表產業的衰落，從百年前銷量占全球之半，到現在消聲匿跡，完全不是瑞士鐘表的對手。我也有一陣子是鐘表迷，對於什麼樣的手表齒輪結構可以呈現精準的月相、萬年曆、黃道十二宮，小有涉獵。此外，鐘表工藝也有一套獨特的邏輯，有些句子頗值得玩味。例如，攝影師說：Time is the lens through which dreams are captured，釀酒師說：Life is too short to drink mediocre wines, and time is too expensive to be read on an inaccurate watch，鐘表設計師說：To change the rules, you must first master them，戴飛行手表的知名演員說：Actor is my occupation, but flying is my profession。這些，都好玩。

對本書唯一的埋怨是：書名翻譯太爛，什麼「改變人類文明的時鐘」。鬼扯鬼扯！英文書名是："About Time —A history of Civilization in Twelve Clocks"，這個英文能夠翻譯成《改變人類文明的 12 座時鐘》，譯者恐怕也是天才。My time is too precious to criticize lousy translations。

一本「超越旅遊書」的旅遊書
──《不只有巧克力，你想知道的立陶宛》

　　這本書作者用的是筆名，到現在我還不知道本尊是誰，只知她是台大財金系、新聞所的畢業生，得過卓越新聞獎、吳舜文新聞獎等。獲得這兩個新聞獎項不容易，至少反映作者的寫作能力。這本書雖然是介紹立陶宛，但是比一般旅遊書好看太多，且讓我一一解說。

　　絕大多數的旅遊書、介紹國家的書，都是「第三人稱」的；寫作者把某個地方的人、事、地、物說給我們聽。這樣的寫作經常流於乾澀，像是「資訊傳達」，就像是我們從 Google 搜尋而得到資訊一樣。因為寫作乾澀，大概沒有讀者會喜歡閱讀。但這本書給讀者的不是資訊，而是第一人稱真切的體驗。

　　由於這本書是第一人稱，書中所有的食物、景點、博物館、古蹟、老街、歷史記憶、交通運輸、文化體驗、超市巡禮、洗衣房操作等，作者都是把自身嘗試的感受寫出來。由於文筆帶著自己的感受，所以讀起來非常容易引起共鳴。作者文字功力了得，通篇都是筆鋒帶感情。

　　描寫立陶宛，當然是從「贈送台灣疫苗」開始。為什麼這

個「波羅的海三小國之一」的國家會願意支援台灣呢？這可能是許多人的疑問。如果我們了解波蘭、立陶宛、愛沙尼亞、拉托維亞、烏克蘭等國近一百年的歷史，如我為《血色大地》寫的書評所述，我們就不難理解這些國家在蘇聯、德國這兩個強鄰壓迫下的血淚辛酸、抵抗強權外侮的慘烈犧牲、以及對民主自由的熱情擁抱。以前背三民主義教材，記得有「與全世界平等待我之民族共同奮鬥」的句子，完全不知所云。讀這本書，才真能體會民主自由國家人民彼此「相濡以沫」的可貴。

書中有不少篇幅介紹立陶宛食物，並且將這些食物與台灣的本地食物如肉圓、咖哩餃、刈包、煎蛋、巧果、奶茶相比，非常有意思。我在 WTO 做大使三年，每年 5 月 9 日歐洲日附近某一天，歐盟大使館都會騰空一整層樓，由 28 個歐盟成員國擺「食物攤」，請各國各階外交官免費品嘗。我記得立陶宛的攤位，但是不太記得他們食物的長相。如果早讀這本書，我一定會去大力捧場。「靠共同食物拉近彼此距離」，於我心有戚戚焉。

作者提到，蘇聯占領期間對立陶宛文化多所打壓，但是人民靠堅忍的毅力保存下來。聽說立陶宛文非常難，名詞的「格」多達七種。但是語言文法即使繁複，卻只能自然融合，不能像蘇聯那樣強制扭轉。我記得以前看過一幅 CoCo 的漫畫，畫宋楚瑜身穿醫師服，站在已故布袋戲大師的床前，漫畫中只有一句話，宋楚瑜說：「怎麼我幫他動了個聲帶手術，他就死了？」這應該是描述宋擔任新聞局局長期間對本土劇「使用語言」政策的反彈。我想，立陶宛人對於蘇聯打壓文化的痛恨，應該是類似的。

此書是中文撰寫，沒有經過翻譯的時間延遲，所以時空背景

非常及時。例如 COVID-19、俄羅斯入侵烏克蘭等，書中都有描述。許多台灣人也許不了解歐洲各國對於俄羅斯侵略烏克蘭為什麼如此反感。作者描述立陶宛人民的心境，正是所有中、東歐國家的共同心聲。過去一百多年的俄羅斯，真的非常討人厭。鄰居弱的時候侵略之、打仗打贏了占領之、在地人民反抗了鎮壓之、占領之後極權統治之。雖然 30 年前蘇聯解體了，但是俄羅斯人幾乎沒有對當年的混帳行徑有任何羞恥與慚愧，到現在還想再對烏克蘭玩這種「強凌弱眾暴寡」的混帳勾當。我與歐洲許多國家的大使互動，都問一個同樣的問題：你們國家人民最「恨」的國家是哪一國？許多中、東歐國家的答案都是：Russia。有一回在捷克，我接著問：為什麼最恨 Russia？對方回身指一指漂亮的布拉格市景說：你看，城裡最醜、最像集權統治地標的建築是哪一幢？那就是 Russia 留給我們的記憶。

從立陶宛回到亞洲，我們如果問亞洲人民：最討厭的國家是哪一個？因為二次大戰期間的侵略歷史，三十年前，許多國家人民會回答「日本」。但我想，最近十年，這個問題的答案正在逐漸改變：越來越多人的回答，會與台灣人民的答案相同了。

近百年的蘇聯殘酷史
——讀《克里姆林宮的餐桌》

　　過去十年吧，不記得有讀哪一本書讀到掉眼淚的。但這一本確是如此。

　　《克里姆林宮的餐桌》的作者 Witold Szablowski 是波蘭人，以前也寫過《獨裁者的廚師》，這一本像是系列作品，但是比《獨裁者的廚師》更精彩。表面上看，這兩本書都是描述「廚師」，只是廚房場景分別挑在皇室、宮廷、軍閥，但其實不然。《克里姆林宮的餐桌》其實是一本「近百年蘇聯殘酷史」的歷史故事書，從沙皇、列寧、史達林、戈巴契夫，一路寫到現在掌權的普丁。

　　雖然全書的主角都是「廚師」或「廚娘」，但是其工作的「廚房」場景變化太大，令人震撼。而所謂廚房場景，也不能真稱得上廚房，例如史達林於二次世界大戰前在烏克蘭、東歐等地所製造的饑荒，德國 1930 年代列寧格勒圍城，其間幾百萬人死亡，根本就已經沒有食材，廚師還能煮什麼呢？作者所描寫的，其實是「吃草根啃樹皮」的饑荒食譜：用松針、樹皮、松果煮出來的湯。很諷刺，這也是廚師的「手藝」。

作者說，蘇聯或其他極權統治下大饑荒時期，只有兩類人比較不會餓死，在學校與醫院工作的人員；他們每天為學生與病患煮一鍋「草根樹皮松針湯」，多少有一點熱量，外加草根松針的些許維他命 C，就是勉強存活的關鍵。當然，廚師有更大的存活機會，因為煮湯時只要自己喝一口，就是上輩子修來的福分了。許多廚師也有機會 A 一點點食材回家，溫飽家人。真的！饑荒時期，廚師像是「天選」的職業。當然，還有一個例外：控制人民的共產黨員與軍隊，他們永遠有食物優先權，絕對不會餓死。

　　除了饑荒，本書還有另外兩個令人震撼的煮飯場景，其一是 1981 年蘇聯入侵阿富汗的戰場，其二是 1986 年車諾比核電廠事故的現場。這兩個地方的廚師，都是活生生被國家「騙」去工作的。

　　徵召去阿富汗燒飯的廚師，蘇聯政府從來沒有告訴他們「阿富汗在打仗」，反正資訊封鎖，蘇聯人民還以為他們的國家是去阿富汗「友情干預」。等廚娘人到了現場，才發現砲聲隆隆，士兵一個個有去無回，或是斷手斷腳而回。主角廚娘說，她完全是因為愛黨愛國，才一口答應離鄉背景去異邦協助「友情干預」。廚娘說：「朋友可能會騙你，就連我有時候都可能騙你，可是黨絕對不會騙你」。唉！一個政府把人民洗腦成這樣，真的是可悲！

　　騙自己人民去阿富汗，還只是共產集權政府的小場面。我們再來看看車諾比的例子。車諾比發生核災，全世界都知道，但只有蘇聯人民自己不知道。政府派一群技術人員去清理，這些技術人員要吃飯，於是再徵求一群蒙在鼓裡的蘇聯廚娘去燒飯，薪

水比一般高 50%。當年派去的 13 人，完全暴露在核汙染中，每個廚娘一點核防護都沒有，政府索性把核放射的蓋格測試器丟掉。結果則是：「一個人在回來後馬上就死了，第二個人是幾年後走的。第三個人則是在災難的十週年紀念後過世……還在世的這七個人當中，有六個都是病痛纏身，每個人都動過幾場手術……」。你說，是什麼樣的政府，會做出這種喪心病狂的事，騙自己的人民去核爆場？

對於前述「是什麼樣的政府，會做出這種喪心病狂的事」這個問題，依我最近幾年對集權體制的整理，結論大概是這樣的：（1）民主國家當然也有政府侵犯人民權益的事；但是只有極權國家，才可能大規模侵犯人權。這也是諾貝爾經濟獎得主 Amartya Sen 所說的：只有極權體制會發生大饑荒，死亡上千萬，民主體制絕無此事。（2）崛起的極權統治者，個性上通常有「痞、狠、陰」三個字。因為只有這種人，才能把競爭對手及其黨羽鬥垮、鬥死、鬥倒、鬥到無以翻身。（3）這種痞、狠、陰的人掌權之後，對手無寸鐵的人民，當然不會手軟。像「死一個人是悲劇，死一萬人是數字」的話，也只有痞、狠、陰如史達林者講得出來。

台灣的鄰居中國共產黨，其八十年前的領導者毛澤東，也是一個集「痞、狠、陰」大成的人。七十年前的土改、大躍進、三反五反，到五十幾年前的文革，這位獨裁者手下死亡幾千萬人，他眉頭都不會皺一下，因為「那只是個數字」。對毛澤東而言，死人根本不當回事。我認為，史達林跟毛澤東比陰狠，恐怕還略遜一籌。與歷史上的暴君比，史、毛二人應該都會「勝出」。

之所以蘇聯共產政權與中國共產政權如此之「出類拔萃」，其關鍵就是其「列寧體制」。人類歷史上不論是哪一個暴君，都不曾設計過如此控制嚴密、集體洗腦的體制。也因為其洗腦徹底，所以很難出現內部動亂，因為人民的一舉一動都受到監控。美國有一些人主張「與中國交往而非對抗」，我認為這些人對於列寧體制真的欠缺了解。簡單地說。這些「交往派」認為中國共產黨不是死硬的頭殼，還是會「遷就現實」。

　　我不認為如此。共產黨當然會觀察現實環境，但是一旦現實有可能影響其黨的絕對控制，共產黨絕對不會向任何現實妥協。這，就是列寧體制以黨領政的精髓。我認為，絕大多數的台灣人民，尤其是一些所謂「反戰」人士，都還不夠了解列寧體制。

　　這本書讀起來沉重。但是要讀它，才能了解集權統治的恐怖，才能凝聚我們拒絕集權的意志與決心。

《政府不敢告訴你的健保危機》預測健保必倒

　　鴻仁兄寄來《政府不敢告訴你的健保危機》一書，居然是另一好友初安民先生的「印刻文學」出版社所出版，驚訝之下閒暇之餘，一口氣把它讀完了。按照柯文哲先生的垃圾分類，鴻仁兄學醫，是一流人才，而我這位學商的三流人才，只能斗膽對全書寫一些補充意見。

　　《政府不敢告訴你的健保危機》一書用種種證據，指出台灣的健保制度難以永續。儘管健保的民眾滿意度很高，但是「民眾滿意與否」與「制度能否永續」是兩回事。作者提出的證據包括：台灣可治療疾病的治癒率與其他國家相比偏低、台灣護理人員薪資偏低、台灣醫藥給付價格管制不合理、台灣存在病患濫用醫療資源的浪費、台灣新藥進入健保給付的審查時間太長、台灣醫師的手術給付不合理、台灣健保收入絕大部分掛在薪資不合理等。這些都是事實，反對的人大概不多。除了上述，也許還可以加上「台灣花太多資源在死亡前的無效醫療」。

　　因為以上種種原因，以致台灣的醫療資源使用欠缺效率，作者認為健保制度是「搖搖欲墜」。要怎麼解決呢？這又是另外一個問題，此中爭議也比較多。以下，我這個三流人才提出一些不

同或是補充的看法。

健保制度不健全，我同意。但是它會垮嗎？我認為不會。當健保真的搖搖「欲墜」時，台灣的政治人物一定會想出一套「暫時續命」的葉克膜辦法。政治人物不會用力去思考解決問題，但是他們都是生存力極強的物種。健保之「墜」，代表政治人物的危機。厲害的政客會想辦法「生存」，把問題拖拖拖，至少再拖幾年。所以，像比薩斜塔，它確實欲墜，但就是墜不了。

健保是社會福利制度的一環，健保收支失衡，其實根本問題是整體社福收支失衡。最近十幾年，台灣的社福制度越來越「北歐化」，哲學上接近「社群主義」，強調社會國家對個人的「體制性支撐」，像是一個 social network 的概念。國民年金、全民健保、長期照護等，都是著例。但是，「要吃幾碗麵，就要下幾把麵條」。台灣政客的天才，在於他們「要用一把麵條下出十碗麵」。以租稅負擔率（總稅收除以 GDP）來看，2021 年台灣是 13.2%，美國 20.3%，英國 26.8%，韓國 22.1%，德國 24.6%，法國 30.3%。我不敢列北歐國家，大家自己去查吧。簡單說：不只健保，我們「所有」的社福政策都是「敢承諾花錢但是不敢收錢」，都是「搖搖欲墜」。勞保年金墜不墜？長照制度墜不墜？

所以怎麼辦呢？鴻仁兄提到一些健保解方，例如保大不保小、新加坡制、商務艙／經濟艙差別定價等。我的另類思考不是著眼健保，而是著眼整個社福收入不足。我的建議如下：健保收入除了現有的薪資比例課徵、二代健保課徵之外，另外對不動產的「財產交易所得」，課徵一定比例的「不動產交易社福捐」。

我曾經整理過一個圖表，表中呈現越有錢的台灣人，有越

高比例的所得，是來自於不動產的交易所得。以最有錢的 1% 為例，他們的平均薪資所得只占 28.16%，但是平均不動產交易所得卻占 44.15%。如果看最有錢的萬分之一，更是可怕：他們的所得有 68.93% 來自不動產交易所得。現在各種社福收入都掛上薪資的制度，根本就是用總所得不高的受薪階級去補貼真正的有錢人，不公平也不合理。

課「不動產交易社福捐」做得到嗎？以前不容易，但是現在採取不動產實價登錄了，一定做得到。這個社福捐符合公平正義，衝擊到的人數不多，政治可行性高。此外，房屋買賣多課 2-3% 的稅有助平抑房價，又是一大德政。

有些腦袋不清楚的豬頭主張「增加加值型營業稅 1%」來挹注健保或社福支出，我是絕對不贊成的。營業稅是依「消費金額」百分比計算，是累退稅。所得是你我一千倍的人，他們使用的衛生紙、汽油、食品等消費，絕對不會是我們的一千倍。此外，富豪的支出有很大一部分都是由公司公帳支出，營業稅根本不是由他們付。所有有公平正義感的人，都該反對「增加加值型營業稅 1%」來挹注健保或社福支出。

以上，我只講到如何增加健保或社福的收入。至於增加的收入要怎麼用才能使健保制度更合理，那需要更多的討論。鴻仁兄書中提到魏福全醫師的手術給付台灣只是美國的 1/30，我覺得是個有趣的例子，但是並不表示該比照美國的水準給付。台灣有太多職業其待遇都與國際行情差太多，絕對不只是「一流人才」充斥的醫界現象。這背後的扭曲太多，恐怕要再寫幾本書討論。

關於健保制度「商務艙／經濟艙」的討論，我認為可以轉

換為「附加健保」，這樣比較周全。所謂「附加」，就是完全不改變原有的健保制度，但是容許「頂樓蓋違建」。至於這個違建要怎麼蓋，要看保險公司的智慧，也要看人民的選擇。最後的市場均衡，大概就是「不同艙等」的飛機。我之所以不想去直接談艙等，就是因為「設計艙等」幾乎動搖了全民健保的精神。但是附加保險本來就是契約自由，也不會掀起太大的辯論。大哲學家 Ronald Dworkin 最著重的，不是一個制度有多理想，而是「我們如何由現行制度順利走向改變」。我的看法也是一樣。

讀蘇曉康的《海慟》

《海慟》一書為蘇曉康多篇短文編輯而成，其內容有環保、有黨政、有文學、有歷史評論。但是所有的主題都環繞著一個共同軸心：中國。文學歷史大多談的是中國的文學歷史；黨政評論也大多批判中國共產黨的體制與施政。蘇是 1989 年（天安門事件那一年）流亡海外，迄今三十餘年矣。天安門事件後流亡海外的中國知識分子，有好幾位都有深厚的文學底蘊，前幾年去世的木心是著例，而蘇曉康也是代表人物。他下筆行雲流水，評論、責罵、戲謔、記述，都有一氣呵成的暢快。

但是，每次讀中國流亡作家的寫作，老實說我都感受到一股莫名的壓力。有這些壓力，我認為也是真實呈現作者自己的鬱悶。《海慟》一書有文學的筆觸，但文章架構卻是政治評論的體質。流亡作家的鬱悶，也許背後有幾個因素，析論如下。我當然不見得對，只是胡亂整理而已。

其一，「一個如此邪惡的政權，實在看不出它有垮台的跡象，何其悲哀」。《海慟》書中列舉了許多中共統治下的悲慘事例，如文革批鬥、如達賴喇嘛、如天安門鎮壓、如嚴鳳英慘死、如毛澤東之視人命如草芥、如愚蠢的「大躍進」所造成的饑荒、

如「第三次世界大戰中國死X億人」、如「殺二十萬人保二十年安定」……。關於中國共產黨殘暴統治倒行逆施的種種,寫不勝寫、聽不勝聽。如果我們把近代歷史上的暴君分級,我認為希特勒與史達林不相上下,但毛澤東絕對是更勝一籌,堪稱近代魔王之冠,其泯滅人性變態扭曲,古今中外似乎無人能及。中國經歷這位魔王近 30 年的邪惡統治,又經歷西藏、天安門、維吾爾、香港的無情踐踏,卻沒有倒台的跡象,豈不令人慨嘆!

其二,「一個如此邪惡的政權,偏偏監控手段如何綿密,滴水不漏,何其悲哀」。《海慟》書中寫了許多中國監控的手段超;與歷代的獨裁者相比,中國共產黨的監控人民確實恐怖。這裡有幾個特殊面向,值得解說。蘇曉康只寫了一部分,還不夠完整。(1)中國是有史以來執行「列寧體制」最徹底的國家;機關、學校、社團、媒體、醫院、工廠、企業、村里,全有黨組織,負責監控舉報。(2)中國是有史以來「電子資訊串連」最綿密的國家。舉凡金融支付、購物清單、搜尋記錄、社群聊天、旅行足跡……,中國共產黨全面串接掌握,人民哪有可能逃出掌心?(3)中國是有史以來唯一將個人服從連結上以後機會的國家,這就是所謂的 "social credit" 制度。因為這個制度,個人的反抗將會有極嚴重的後果。國家機器如此無所不在,豈不令人慨嘆!

其三,「一個如此邪惡的政權,偏偏人民被洗腦嚴重,何其悲哀」。此處的洗腦,主要是指十幾億人民幾乎全被「洗刷百年國恥」、「中華民族偉大復興」、「中國可以說不」等狹隘民族主義所綁架。小粉紅霸凌「不夠愛國」的民間人士、什麼鳥不

生蛋的南海都是「中國神聖而不可分割的一部分」、深信西方資本主義社會之腐敗、把發展科技產業當成 2025 年的國家目標、把外國捐贈的疫苗視為美帝的施捨⋯⋯。這些民族主義的對外仇恨，恰可分散、移轉人民對內的不滿。愚民洗腦如此成功，豈不令人慨嘆！

其四，「一個如此邪惡的政權，我們看不到它能健康轉型的希望，何其悲哀」。像柏林圍牆倒塌、像阿拉伯之春，怎麼看，都不太可能在中國發生。天安門學運、香港街頭遊行，中國共產黨都是殘酷鎮壓，發揮了強烈的震懾效果。再加上電子監控、AI 管理，我們很難想像，要什麼樣的狀況，才能使極權體制垮台？柏林圍牆倒下時，東德警衛沒有開槍。如果有類似場景，中國公安會不開槍嗎？天安門事件鄧小平眉頭都不皺一下，那麼是不是一定要有「更大更大」的動亂，才能創造中國人民民主自由的機會呢？問題若要往這裡想，要靠動亂才能使獨裁極權者垮台，豈不令人慨嘆！

蘇曉康的文章反映一種心境；欲知其詳，買書閱之。如果要簡版，也許就是康有為的詩句吧：

闢向桃園百樹栽
桃花已落我才來
可憐風雨凋春盡
滿地殘紅獨倚台。

一本少見的「中亞諸國遊記」
──《失落的衛星》

　　作者劉子超，北京大學中文系畢業，先前做過記者，現在是專職作家。

　　這本書是一本少見的中亞遊記，涵括吉爾吉斯斯坦、塔吉克斯坦、烏茲別克斯坦、土庫曼斯坦、哈薩克斯坦等。我自己在 2004 年左右與王汎森院士一起旅遊過絲路，走的是「南疆」路線，比一般人熟悉的「北疆」路線更原始。書中對於中亞地區的描述，大致與南疆類似，讀來並不陌生。「絲路」在中國這一段，差不多從蘭州開始，越往西越荒涼，且非漢人的比例越高。蘭州附近還有些文物、古蹟、博物館等，最西到喀什。沿途乾旱至極，人的屍體都不會腐壞，稱為「乾屍」，每個博物館都有陳放。我們這一趟絲路，「看到的乾屍比活人還多」。

　　為什麼說這是「少見」的遊記呢？讓我引一段書中敘述：「酒店的設施處處陳舊。電梯間死氣沉沉，走廊又長又暗，還鋪著歪歪扭扭的地毯。房間形同囚室，只能打開一扇小窗，電源插頭更是遍尋不著……浴室的設計偏偏又那麼巧妙，能夠有效地遮蔽手機訊號。於是，你只好呆坐在天鵝絨面的椅子上（上面有若

干不明汗漬），呆望著窗外的一片蘇聯社區，聽著鐵軌上傳來的火車聲」。

你告訴我，有多少人會喜歡這樣的旅行、這樣的旅館？「椅子上有不明汗漬」，這描述夠噁心吧？然而，這些都還是室內。到了戶外，處處有漫天要價的餐飲、計程車、包車、嚮導。他們的開價，有時候期待你「還價一折」，就看你敢不敢、有沒有這個臉皮。你如果不敢，你就被坑了；你如果狠狠殺價，又擔心地頭蛇翻臉，給你一頓狗罵。

有一次我在烏魯木齊一家旅館搭電梯，進來一個吸菸客，手上持著燃菸。電梯上寫著「禁止吸菸」四個大字。我客氣告知「電梯內是不能吸菸的」。他瞄了我一眼，又看一眼手上的菸，惡狠狠地回答：我沒「吸」啊。那裡的民風，就是這副德性。

又有一回去一家餐廳，告訴經理「有人對味精敏感，請勿添加」。經理一臉狐疑：「味精？我們這沒這玩意兒」。結果上菜之後，一桌菜都是重味精，朋友差點掛急診。

再有一回買條圍巾，老闆開價 5 元，我們回 2.5 元，談判不成我們轉身走人。老闆隨即呼喚：好啦好啦。我們回頭，付 10元，老闆只找 5 元而不是 7.5 元。我們問：不是講「好啦」嗎？老闆說：好啦是叫你們回來，不是同意折扣。「怎麼樣？觀光的，要不要衝突打架呀？」

你會想去如此險詐惡劣的環境旅遊嗎？在中亞旅遊，絕對不會像《老殘遊記》那樣，「到了濟南府，進得城來，只見家家泉水戶戶垂楊……」，卻是荒漠、風沙、晝夜溫差大、乾旱、整個餐廳只有一桶水、「木板後面就是廁所，只有兩塊凸起的磚頭算

是落腳之墊」。戈壁沙漠中就只有你一輛車，道路被黃沙覆蓋而不明顯，開車不時會輾過一塊石凸而使乘客頭部撞頂。每台車看起來都已經「折舊完畢」，但是在地人東拼西湊，好像還打算用個一百年。路上偶逢軍警，十之八九都是要賄賂，大家都知道行情，也都計在車資之內。

這，就是中亞的旅遊環境，它實在不「舒服」。但是，那是一個非常「生猛」的生存環境，貧瘠、荒涼、原始、隨時要有防人之心。所謂絲路，其實是「路過」用的，不是目的地。當地人在艱困的環境下深知旅人都只是過客、都只是萍水相逢，所以不必建立信任與友誼，能占便宜就占便宜。

蘇聯解體之後，中亞諸國紛紛獨立。但是，這些國家似乎還沒有民主化的環境，目前的統治者十之八九是獨裁者。也因為這些客觀形勢，中亞諸國還是頗為生猛原始。你如果喜歡體驗這種原始風情，就可以選擇來此地旅遊。如若不然，還是看看小說就好了啦！

文學叢書 741

千卷耕讀一卷評

作　　者	朱敬一
總 編 輯	初安民
責任編輯	林家鵬
美術編輯	黃昶憲
校　　對	孫家琦　朱敬一　林家鵬

發 行 人	張書銘
出　　版	INK印刻文學生活雜誌出版股份有限公司
	新北市中和區建一路249號8樓
	電話：02-22281626
	傳真：02-22281598
	e-mail：ink.book@msa.hinet.net
網　　址	舒讀網http://www.inksudu.com.tw

法律顧問	巨鼎博達法律事務所
	施竣中律師
總 代 理	成陽出版股份有限公司
	電話：03-3589000（代表號）
	傳真：03-3556521
郵政劃撥	19785090　印刻文學生活雜誌出版股份有限公司
印　　刷	海王印刷事業股份有限公司

港澳總經銷	泛華發行代理有限公司
地　　址	香港新界將軍澳工業邨駿昌街7號2樓
電　　話	852-27982220
傳　　真	852-27965471
網　　址	www.gccd.com.hk

出版日期	2024年 9 月　　初版
ISBN	978-986-387-753-0

定　價 550 元

國家圖書館出版品預行編目資料

千卷耕讀一卷評／
朱敬一 著 --初版, 新北市中和區：
INK印刻文學, 2024.9 408面；
14.8 × 21公分. --（文學叢書；741）
ISBN 978-986-387-753-0 (平裝)
1.CST: 臺灣政治 2.CST: 兩岸關係
573.07　　　　　　　113011193

舒讀網